近代日本社会と公娼制度

——民衆史と国際関係史の視点から——

小野沢あかね著

吉川弘文館

目　次

序章　本書の課題と方法

一　近代日本の公娼制度

本書の課題は、①近代日本社会における公娼制度批判の特徴を民衆史的側面から明らかにするとともに、②近代日本の公娼制度政策の特徴を国際関係史的手法で明らかにすることである。こうした課題を設定する理由を説明するために、まず、近代日本の公娼制度に関する本書の見解を示すことから始めたい。

周知のように、日本の遊廓と身売り奉公は、近世以来の長い伝統をもっていた。そして、近代日本社会においては、法的には人身売買が禁止されていたにもかかわらず、事実上は、芸娼妓などの人身売買が行われ続けた。主として芸娼妓の親権者が貸座敷などから受け取る前借金を、芸娼妓稼業を通じて返済するまで彼女たちの人身の自由は事実上奪われており、しかも前借金の返済自体が困難をきわめた。

草間八十雄によって行われた「芸娼妓酌婦周旋業に関する調査」（中央職業紹介事務局、一九二六年）から、一九二〇年代半ばの実態をやや詳しくみてみたい(1)。一九二五年（大正一四）五月現在の芸娼妓の人数は、芸妓七万六九八一人、娼妓五万一八四五人であった。彼らは通例周旋人の手を経て抱え主に抱えられたが、その際、貸座敷と芸娼妓の間で、芸娼妓の主として親権者を連帯保証人として金銭消費貸借証書がかわされた。それらの証書では娼妓稼業については言及されていないこともあったが、同時にかわされる形式上別個の娼妓稼業契約で、娼妓稼業によって借金を返済していくことが契約されていたのである。(2)

この調査では、娼妓五一五二人の前借金の一人当たり平均額は一〇一八・三一円、芸妓六六〇三人の前借金一人当たり平均額は九五四・九三円であった。そして、たとえば吉原遊郭では揚代金のうち、四分の三が楼主の取り分となり、娼妓たちは残りの四分の一から前借金を返済しなければならなかったことが明らかにされている。(3)同調査で事例としてあげられている娼妓金吾は、前借金二二五〇円であったが、九ヵ月間働き、遊客四七二人の相手となり、揚代金一四八七円八五銭を稼いだにもかかわらず、前借金残高は二一三九円余であり、九ヵ月間にわずかに一一〇円八六銭ほど減額したにすぎなかった。(4)前借金償却不能に陥り、負債が日に日に高まる者もあった。また、芸妓には仕込・丸抱え・分け・七三・自前などという就業形態が存在した。このうち丸抱えは、契約した稼業期間の彼女の稼いだ金額はすべて抱え主の収入になるというものであった。分け、七三には所得があるものの、反面、前借金を返済し終えるまで何年でも勤めなければならず、無年期であった。(5)同調査における洲崎遊廓廃業娼妓三二〇人の調査結果によれば、最も多いのは、「他に転換」したもの一一三名、すなわち、別の貸座敷へと移動したにすぎない者たちであり、娼妓稼業自体を廃業したわけではなかった。ちなみに、別の貸座敷への移動は、利子徴収免除を取り消され、前借金に対しての就業時以来の利子を徴収されるので負債がかさんでいくのが常であったという。この調査では、前借金を完済して娼妓稼業そのものを廃業した者はわずか三八人にとどまった。(6)

遊郭や芸妓置屋が女性を抱えるにあたっては、前述のように通例芸娼妓酌婦周旋業が周旋を行った。芸娼妓酌婦稼業は警察による許可制度の下にあり、「家計の実情が芸娼妓酌婦にならねばならぬ事由」を確認し、「家計が左まで困窮にあらざる」か、「身分又健康に於て故障」がないかどうか、求職者に対する調査を行うことも周旋業の仕事で

あった。(7)

近代日本の公娼制度は、以上の芸娼妓稼業・貸座敷・芸娼妓酌婦周旋業に対して、鑑札を与えて国家公認した。同時に、娼妓に性病検査を強制し、性病予防を意図した。人身売買が表向きは禁止されていたにもかかわらず、上記の慣習が禁止されることなく存在し続けたのは、下記の事情に基づくことが知られている。一八七二年のいわゆる「芸娼妓解放令」は、いったん芸娼妓を解放した。しかし、娼妓の「自由意志」に基づく稼業に座敷を提供するという建前で、遊廓は貸座敷と称され、同営業と娼妓稼業が存続した。また、前借金返済が困難ななかで、前借金返済以前の廃業を求めた娼妓たちが一九〇〇年前後の時期に行った裁判闘争では、実質上一体である前借金契約と芸娼妓稼業契約とを別々の契約とする法的解釈に基づき、人身の自由を奪う芸娼妓稼業契約は無効とし、自由廃業を認めたものの、前借金契約の方は無効としなかったという事情があったからである。実態としては、主として親権者が入手した金銭を娘の芸娼妓稼業を通じて返済させており、その間の廃業の自由を事実上認めておらず、つまりは人身拘束を前提に、貸座敷業者は芸娼妓の親権者へ金を貸しているのであり、そういう意味で、前借金契約は廃業の自由のない芸娼妓稼業契約と一体であることは誰の目からも明らかであった。にもかかわらず、両契約は別個の契約であるとされ、芸娼妓稼業を廃業することはできるが、同稼業とは別個の純然たる消費貸借契約とみなされた前借金契約は合法であり、借金を返済しなければならないという判断であった。一九〇二年（明治三五）の大審院法廷では、娼妓稼業は公認されているので、この稼業を通じて債務を弁済することは「公の秩序もしくは善良なる風俗に反する所なし」との判決が行われた。こうした判例が、返済困難な前借金による娼妓の人身拘束を継続させてしまう原因となり、事実上の人身売買が処罰されることなく公然と行われ続けたということである。(8) 前借金違法の判決が下されたのは、敗戦から一〇年も経た一九五五年のことだった。その間、つまり戦後になっても、米軍基地周辺や赤線地帯での事実上の人身売

買が続いたことは、さまざまなルポルタージュや調査から明らかである。(9)

　このような状況について、一九五一年に川島武宜は次のように述べた。「芸娼妓身売り契約の約款は、単にそこに書かれていることを正直に目的としているものではなく、実はその背後にかくれた違法の目的〔前借金契約で人身を拘束して働かせる―引用者〕がある」。にもかかわらず、「多くの判例はこの点を見逃し又は見誤り、契約の個個の約款や評価に注意を集中し、『木を見て森を見ざる』誤りにおちている」。その結果、判例は「本来問題とすべき点から目をそらし、結果において人身売買に一定の法的保護を付与するに至って」しまった。しかも「裁判所――特に、大審院――が、身売り契約の構造やその約款の真の意味を知らなかったわけ」はなく、「むしろそれを知りつつ、しかも身売り契約の法的無効の原則の下に、抱主の経済的地位を無視し得ないでこれを保護する、ということに法律解釈上の苦心をしたのではなかったであろうか」とした。そして「裁判官にこのような苦心をさせるに至った根源」が、「あの芸娼妓制度乃至遊郭制度の公認ということであったろう」（傍線引用者）と主張したのである。つまり「芸妓や娼妓を『抱え』それらの者の労働による収入をすべて占取するところの抱主を、公けに許すということは、彼らの経済的地位を私法関係の領域においても合法的なものすなわち法的に保護されるに値するものたらしめるように、事実の上において作用したと考えられるのである」(10)（傍点原文のまま）と結論付けたのである。

　ようするに、国家が公認している営業である以上、「公序良俗に反する」としてその営業を否定することはできず、そのために抱え主側の利益の源泉である前借金契約を否定することができなかったので、その結果人身売買を温存させる役割を裁判所が果たしてきたのだということである。前借金契約を裁判所が否定できなかった背景についてはより厳密に議論する必要があるかもしれないが、国家公認ということはそれほどに重く、貸座敷業者の利益の存続とその存続の基礎的条件である人身売買を担保した一要因だったと考えられる。それゆえ、同時代の人々は、人身売買根絶の第一歩をふみだすために、そして女性の人身売買や男性の放蕩が非道徳的行為であることをはっきりさせるために公娼制度の廃止、すなわち国家公認の取り消しを強く求めたといえよう。

とりわけ、一夫一婦に基づく女性の尊重と子供の保護を重視するキリスト教徒やキリスト教社会主義の人々、日本キリスト教婦人矯風会・救世軍・廓清会などが、一貫して公娼制度廃止運動を担ったことはよく知られている。明治二〇年代から娼妓救済運動や公娼制度廃止の建議活動を担った日本キリスト教婦人矯風会や救世軍、一九一〇年に結成され、一九二〇年代半ば以降、矯風会と連合して「廃娼連盟」を結成して公娼制度廃止運動を担った廓清会などの運動が知られている。しかし公娼廃止は困難をきわめ、一九四六年のＧＨＱによる公娼廃止令という「外圧」によってようやく遂行されたのであり[11]、前借金契約禁止や娼家・周旋人禁止の明文化は、敗戦から一〇年も経た一九五六年の売春防止法制定まで待たなければならなかったのである。後述のように、国際連盟ではすでに戦間期において、売春の強要はもちろん、売春周旋人の処罰や娼家の禁止が常識化しつつあったにもかかわらず、人身売買の担い手であった周旋人や娼家を禁止どころか公認し続けていたという点、家族的関係の下での人身売買が長らく続いた点において、日本はやはり特徴的であった。イギリス・フランス・アメリカなどを対象とした近年の売買春史研究によれば、一九世紀における売春婦とその雇い主との関係は人身売買に基づくものでは必ずしもなく、相対的に売春婦の「自立性」が高かったことが指摘されている。また、マフィアなどによる凄惨な人身売買が存在するものの、それは法的には一応処罰の対象であり、日本のように親権者が娘の自由を売り渡すに等しい行為が事実上国家公認されていたのとは異なることが明らかである[12]。売買春や身売りを成り立たせる背景としての、欧米と日本の社会の違いに留意する必要があるゆえんである[13]。

公娼制度を廃止しても売買春、とりわけ「自由な性の商品化」自体は持続するだろうから、公娼廃止は「真の女性解放」ではないといった見解がある。[14] また、身売りやその担い手を処罰化しても、これらの商売は闇にもぐって存続するだろうから、国家の管理下において保護した方が娼妓の待遇を良好に保てるという見解もある。確かに、現実の私娼をめぐる状況がいろいろな点で公娼よりも劣悪であった場合もありえるだろう。[15] しかし、前述のように裁判所が事実上の人身売買を否定できなかった要因に、この種の稼業が国家公認されていたという事実があるのであり、つまりは国家公認され、保護されていたのは、芸娼妓の人権や待遇ではなく、抱え主が芸娼妓の女性たちを人身売買する権利だったということを忘れてはならない。

以上をふまえ、本書は公娼制度批判が近代日本社会においてどのように形成されたのかを分析することを目的としている。ただしその際、本書では、通例よく対象とされる前述の日本キリスト教婦人矯風会や廓清会などの活動や思想の分析というよりはむしろ下記の点を重視する。①各時代ごとの地域社会における遊興の実態とそれが民衆生活にもたらした問題、②①に対して地域社会の諸団体（各地の教会、矯風会地方支部、禁酒会・青年団・婦人会・処女会など）がどのような公娼制度批判を展開したか、を考察することを第一の課題とする。

二　戦前・戦時日本社会と飲酒・「女郎買い」

冒頭でも述べたように、遊郭は長い歴史をもち、近代日本社会に深く根を張っていたのであり、男たちにとってはごくありふれた遊興として存在していた。[16] そのため、遊郭とその国家公認制度への批判は現代の私たちには想像しがたいほど困難なことであった。したがって、東京の日本キリスト教婦人矯風会や廓清会などの人々の言説だけを抽出してみているだけでは、日本社会に深く根を張り、常識と考えられていたこの慣習に対して、人々がどのように公娼制度批判を形成しえたのか、あるいはなぜ批判が困難であったかを考察することはできない。

一方、日本の民衆にとって、遊郭での遊興はごくありふれた慣習であると同時に、農村社会においても都市においても、度が過ぎると自身の破滅、ひいては「家」の没落を招きかねない危険な行為としてみなされてもいた。近代日本社会の人々の大半が依拠した小農・商家の「家」の維持と発展のためには、家族労働の燃焼がきわめて重要であったため、「家」の構成員の放蕩は危険な行為であった。それゆえ、人々に内面化されていた通俗道徳においては、飲酒・「女郎買い」・賭博などが家計や家族員の和合を著しく阻害し、ひいては「家」の没落を招きかねない戒めるべき行為として指摘されていた。[17]また、多くの場合、家長や夫の放蕩の結果、最も苦難を強いられるのはその「家」の女性であり、勤倹貯蓄などの通俗道徳は女性により強く内面化される傾向にあったとされる。[18]こうした点をふまえつつ、本書の課題の一つは、勤倹貯蓄をはじめとする民衆倫理との関係で公娼制度批判を位置付け、公娼制度に対する批判意識の歴史的形成過程を民衆史的に探ることである。

ただし、もちろん通俗道徳自体が公娼制度批判に直結したわけではない。農村諸団体も含めて公娼制度批判が展開されるのは、通俗道徳的世界が変容をみせた第一次世界大戦後であった。大門正克は、第一次世界大戦後の農村社会について、「民衆世界はこの通俗道徳的な規範を引きずりながらも、それとは異なった規範によってしだいに律せられるようになった」とし、都会熱や教育熱を背景とした修養意欲をもち、同時に「家」や村のありかたを問い直そうとした農村青年男女のありようを明らかにした。[19]本書は、そのような戦間期の民衆生活のありようのなかに、公娼廃止の主張がどのような回路で浸透し、人々の批判意識が形成されたのかを読み解くことをめざす。

ところで、戦間期社会運動史研究は、一九八〇年代に労働農民運動研究を中心に進展したものの、九〇年代以降その研究状況は停滞したといえよう。そこでの研究の到達点として、戦間期の社会運動の特徴は、経済的階級としての労働者・農民に限定されて展開したことに特徴があるのではなく、むしろ、「差別的旧秩序（被差別部落における身分的差別、家共同体における家父長的秩序、村落共同体における名望家秩序など）に対する批判・挑戦として、階級的には未分化のままに広範囲に展開されたところにその特質があるといってもよく、そこに部落解放運動や女性解放運動、自主的青年団運動など多様な社会諸組織での運動が発展した」ことが指摘されている。[20]また、この時期の労農運動も、蔑視され、異端視されてきた社会外の社会からの平等を求める運動として、「蔑視と差別を労働者自身の『自覚と修養』によって克服しようとする修養主義による通俗道徳型の主体形成」すなわち、「人格修養」、「人格承認要求」が強く求められていたことが明らかにされた。こうした先行研究からするならば、日常的に飲酒や「女郎買い」や博打にかかわっていた労働者や農民とその「家」のありかた、それを彼らがどのように認識し、克服して労働農民運動の主体となっていったかという点は、本来、労農運動研究にとっても必要な課題のはずであったが、その点に関しての研究はほとんど行われなかった。[21]

一方で第一次世界大戦後には、大戦景気・戦後ブームを契機として芸娼妓酌婦を相手とした遊興が身分を越えて発展し、その後の戦後恐慌などともあいまって、過度の遊興から没落する者も跡をたたなかった。一九二〇年代末から三〇年代にかけてはモダニズムの進展にともない新たに登場したカフェーなどの風俗営業が繁栄したものの、依然として芸娼妓酌婦を相手とした遊興は継続し、日中戦争以降には、軍需景気の下で時ならぬ繁栄をみせることになる。本書は、このように一九二〇年代、昭和恐慌〜一九三〇年代前半期、日中戦争以降の時期における遊興の実態をふまえ、その遊興を国家公認している公娼制度への批判意識がどのように形成されたかを人々の修養意識との関係で位置付けるものである。そのうえで、一九三〇年代に各地の県議会で相次ぐ公娼廃止決議が、どのような政治過程の下で行われたのかを考察する。

三　国民教化運動と公娼制度批判

ところで、勤倹貯蓄精神は、時期により新たな意味合いを付与されながらも、近代日本におけるたび重なる国民教化運動・官製運動（民力涵養運動・公私経済緊縮運動・生活改善運動・農村経済更生運動など）で喧伝され、国民統合・思想善導策のイデオロギーとしても機能した[22]。それゆえ、第一次世界大戦後の修養主義的諸運動も、官製運動と密接に関連しながら展開することが多かった。後述のように、公娼制度批判、そしてそれと連携しながらすすめられた禁酒運動も、こうした国民教化・官製運動と密接な関係をもって展開された。とりわけ日中戦争以降の時期には、勤倹貯蓄は国民精神総動員運動などのイデオロギーとなった。そのため、官製運動のイデオロギーと緊密な関係のあるこの種の運動とそこでの論理は、「体制内化した運動」であったと片付けられることが多かった[23]。しかし、「家」に生きた多くの人々がもともとこうした勤倹貯蓄精神を内面化しており、とりわけ女性が強く内面化していたことを考えるならば、単にイデオロギーとして利用された側面だけに注目するのではなく、その主体的実践の側面にも着目し、双方のズレや矛盾にこそ注目すべきではなかろうか。また、こうした精神を内面化していた人々は、もちろん女性を買う当事者ないしはその家族でもありえたが、同時に身売りする当事者ないしはその家族でもありえた[24]。そうした時代のリアリティの下に勤倹貯蓄精神を読み込むべきであり、官製運動の論理とのズレや矛盾により注意を払うべきではなかろうか。

四　戦間期の公娼制度廃止問題と国際関係

本書はこのように、第一次世界大戦後の民衆世界との関連のなかで公娼制度批判を位置付けることを課題としているが、一方で同時期の社会運動・社会政策が国際的なデモクラシーの潮流の大きな後押しのなかで進展したことにも着目する。労働・農民運動においては、ＩＬＯが設立されたことが大きな意味をもったことが知られている。すなわち、遅れた身分的な関係性を包含していた地主―小作関係を国内に抱えたまま、他方で国際的には第一次世界大戦時の「戦勝国」としてデモクラシー側に立つこととなった日本は、国際連盟において「一等国」として振る舞うことを余儀なくされた。そのことは、外務省や内務省社会局の官僚に危機的意識を芽生えさせ、労働者の保護問題をはじめとした国内社会政策の樹立を志向させたことが指摘されている。その結果、外務省や内務省社会局官僚が、国内の社会運動を後押しするなどの逆転現象がみられる場合もあった。そのことは、たとえば日本農民組合の設立経緯について明らかにされている。[25]地主―小作関係などと比較しても、著しく「遅れた」存在であり、「奴隷制度」と呼ばれた日本の公娼制度は、日本政府にとって国際的動向と歩調を合わせることが最も困難な問題の一つであった。であるからこそ、同制度の廃止にとって国際的契機は決定的に重要であったといえよう。そこで本書は、公娼制度廃止問題をめぐる国際的契機を重視する。これが本書の二つ目の課題である。

なお、国際的契機を問題にする場合、忘れてはならない点は、公娼制度や身売りは、日本人移民の渡航先の居留民社会、ひいては東アジアにおける日本の植民地・勢力圏内に拡大した問題だったことである。一九世紀末からの世界的な移民の急増にともなって、国境を超えた女性の人身売買（以下、当時の表現である「国際的婦女売買（international traffic in women)」とも表記する）が問題化したことが指摘されている。そして、その禁止の取り組みが、一九世紀末からの欧米列強各国女性解放運動を前提として、戦間期の国際連盟によって本格化した。すなわち、戦間期は国際的婦女売買の進展と、婦女売買から女性の人権を擁護するための欧米列強各国による国際的運動との相克が初めて顕在化した時期であった(26)。そうしたなかでさらに重要なことは、一九二〇年代になるとヨーロッパ各国では、国境を超えた女性の売買の抑制のために、本国のみならず、植民地における公娼制度の廃止も行われたことである。植民地におけるヨーロッパ人女性たちの本国帰国や植民地における娼家の閉鎖などが行われた。アジアのなかで唯一植民地保有国であり、かつ国際連盟に加入した日本は、戦間期以降、植民地や勢力圏における国際的婦女売買禁止のために欧米列強の取り組みと歩調を合わせなければならなくなったのである。このことは、日露戦争後にむしろ日本人売春婦が急増し、主として彼女たちを対象とした公娼制度・準公娼制度をしいた日本の植民地・勢力圏都市を考えれば、日本政府にとっては容易には歩調を合わせることのできない深刻な問題であった。

　しかし、一九三一年に国際連盟の東洋婦女売買調査団による東アジア調査が行われ、日本の勢力圏都市における実情（とりわけ周旋業の国家公認と前借金契約）が明らかになると、日本は「帝国」の体面を保つために公娼制度に対してなんらかの方針転換を決断せざるをえなくなったのである。近年、①「日本帝国」の空間的広がり、②植民地・勢力圏における社会・文化現象、③その日本本国へのインパクトなどへの着目の重要性が指摘されている。本書も公娼制度廃止問題を東アジアそして国際連盟に空間的に拡大することによって、植民地・勢力圏における問題が日本本国の公娼制度廃止問題の決定打となった経緯を明らかにする。と同時に、一九三五年に立案された内務省の公娼制度廃止方針の特徴を考察する。以上のこころみにより、国際関係史的にみた場合の日本の公娼制度問題の、各国との同時代性とともに差異を浮かびあがらせ、加えて日本軍「慰安婦」問題の歴史的前提という点をも示唆したい。

ところで、ヨーロッパにおける婦女売買禁止のための国際的運動は一枚岩ではなく、「良家の子女」の処女性の保護を目的とした婦女売買禁止の主張も存在したことが指摘されている。無垢な処女が騙されて売買されるといった実態とは必ずしも合致しないイメージが強調されたこと、同時に、婦女売買の担い手としてユダヤ人が強調され、反ユダヤ主義の風潮とも関連したことが指摘されている。(27)東南アジアの欧米植民地における公娼廃止もこうしたイメージの影響下で行われたのであり、しかもその主目的は宗主国の体面の向上や軍隊の性病予防であったことが指摘されている。しかし、このような背景であったとしても公娼制度を廃止し、本国人売春婦を帰国させた欧米の宗主国と、本文でのべるように、そのような経緯をたどらなかった日本との違いに注目する必要があると本書は考える。

五　先行研究

1　一九八〇年代まで

次に、先行研究について言及する。

階級闘争に比重が置かれていた戦後歴史学では、公娼制度廃止（廃娼）運動は身売りの根本原因である貧困をもたらす経済機構の「欠陥」の抜本的改革（つまりは社会主義）をめざさなかったのであり、「慈善事業」の枠を出るものではなかったとの評価にとどまりがちであった。(28)ただし、女性史研究では、廃娼運動について一定の注目を払ってきたといえる。日本キリスト教婦人矯風会の思想自体については賛否両論があったにせよ、公娼廃止はさまざまな立場を超えて、近代日本の女性解放運動の主要な目的の一つであり、(29)各地における婦選運動も廃娼運動から発展している場合が多かったことが明らかにされてきた。[30]

しかし、戦後の女性史研究の取り組みには、総じて限界があったことを否定できない。「女性解放」への道のりを明らかにすることを重視した女性史研究は、多くの場合、研究者自身の持つ人権認識と類似した理念の運動をすくいあげ、それを基軸にして歴史を叙述する傾向があったのではないか。その結果、研究者が廃娼運動を人権獲得運動と認識していた間は、日本キリスト教婦人矯風会・救世軍などに関する具体的事実の解明がすすんだ。[31]しかし、「女郎買い」やそこから民衆生活に派生するさまざまな影響について、同時代の民衆生活の目線から叙述すること、今日の人権認識とは異なる運動の論理が何を意味しているのかを追究することに欠けていたのではないか。

公娼制度と廃娼運動の研究をかつてなく重視したのが、女性史論争[32]の当事者であった村上信彦だったといえる。村上は、「経済機構の抜本的改革」を強調しながら、目前の身売りの犠牲者を放置しがちであった近代日本の「進歩的知識人」の思想・行動形態を批判した。そして、実際行動によって娼妓救済を行った人々の思想や運動、その人間性の掘り起こしの重要性を強調し、具体的には、木下尚江・救世軍などによる娼妓救済運動に関する事実の掘り起こしと評価を行った。[33]村上のこうした主張は、戦後歴史学の運動史研究に濃厚であったマルクス主義解放理論との整合性を評価基準にして運動を評価するのではなく、現実の暮らしに存在していた困難の切迫度とその解決策の具体性に応じて評価するという、評価基軸の転換を意味していた。換言すれば、暮らしに着目し、そのなかでの女性に固有と思われる苦難に焦点をあわせ、そこでの特有な主体形成のありようも明らかにしようとしたといえよう。村上の仕事は、芸娼妓の女性たちへの聞き取りにも及んだ。一方で、「耐えぬく力」というやや誤解されるフレーズではあったが、[34]「家」の維持のために女性たちが払った膨大なエネルギーとそこでの主体形成のありように注意を喚起した。そしてそうした評価軸転換の必要性の主張は、運動や思想の初心の芽生える場である人々の暮らしにまで分析の視点をおろすべきであると主張した、民衆思想史研究や民間学の方向性と共通していたのである。[35]

本書の発想と方法は、村上をはじめ「女に固有の経験」に焦点をあわせようとした七〇年代以降の民間学的女性史研究[36]と、運動の初心の芽生える場としての暮らしを重視する民衆思想史研究から多くを学んでいる。

2　一九九〇年代以降の研究状況

(1)　ポストモダン・ジェンダーの導入

一方、一九九〇年代に女性史研究は新たな研究潮流にさらされて変貌を遂げ、そのこととの関連で公娼制度や廃娼運動に関係する研究も影響を強く受けた。九〇年代の近代日本女性史研究の特徴の一つは、欧米の第二次フェミニズムによる売買春研究の成果をふまえ、近代そのもののもつ抑圧性へ着目したことである。そうした動向のなかで、欧米の近代公娼制度と近代日本のそれとを同じように近代的制度として把握する研究が登場した。そこでは、欧米＝先進、日本＝後進というとらえかたを否定し、日本の近代公娼制度も欧米公娼制度同様、軍隊擁護のための近代的性病予防制度であったとする。[37]こうした主張は、安易な欧米＝先進、日本＝後進という把握の否定や、公娼制度と軍隊との関係の深さ、性病予防策としての近代公娼制度の役割などへ視野を開いたという点では重要であろう。しかし、本書内でも後述するように、こうした研究は性病予防という点においても異なる日本とその他の諸国との公娼制度政策の違いを論じていない。また、冒頭で述べたように、人身売買の国家公認制度としての、日本の公娼制度の側面を捨象してしまっている。性病予防について付言すると、この問題については戦間期に各国で新たな取り組みがみられた。そこでは、娼婦に限定した性病検査・治療は効果がないので廃止し、かわりに国民一般を対象とした性病予防対策の樹立が必要とのコンセンサスがほぼ形成され、性病予防法の制定と無料診断所の設置などが実行に移される趨勢にあった。こうした取り組みは、もちろん優生思想と関連していた。一方、日本でも一九二一年に設立された性病予防協会を中心に性病予防法制定の取り組みが始まったが、一九二七年に制定された花柳病予防法は、予防の対象を「業態上花柳病伝播の虞ある者」に限定したものであった。その後も国民全体を対象とした法律への改正が試みられたものの、公娼私娼を問わず娼婦に対する強制的性病検査は強固に残り続けた。娼婦に対する強制的性病検査への執着という点に注目する必要がある。(38)

また、八〇年代末には、荻野美穂「性差の歴史学」などを契機として、ジェンダー概念が導入され、同時にセクシュアリティや売買春を対象とする近代批判的傾向を帯びた研究が関心を集めた。そこでは、旧来の日本女性史研究で達成目標とされていた、一夫一婦の近代家族や母性の尊重に対する問い直しや歴史的相対化の必要性が指摘された。すなわち、近代的一夫一婦の性的規範の形成、母性の尊重は近代がもたらす新たな抑圧ととらえかえされ、女性自身がその規範を内面化して自らの性的行動を束縛していく過程で、この規範から逸脱している娼婦を差別・排除する秩序をつくりあげていくことになったと指摘した。そして、その代表的事例として一夫一婦に基づく純潔を強く内面化し、その普及をめざした日本キリスト教婦人矯風会による廃娼運動に新たな関心が寄せられたのである。(39)とりわけ戦時については、同会とその廃娼(純潔)運動が国策と一体化し、日本軍「慰安婦」制度に加担したとの見解も登場するようになった。(40)こうした研究とも関係しつつ、売春防止法の評価も大きく変わり、同法が娼婦を犯罪者化するものであるととらえる研究があらわれた。(41)

廃娼運動が娼婦に対する差別を推進したとの見解は、国民国家と「近代家族」をめぐる議論とも密接に関係している。すなわち、一夫一婦、家族成員相互間の強い情緒的関係、性別役割分業を重要な特徴とし、母性を女性にとっての最も重要なアイデンティティとみなす家族意識が近代日本においても形成されており、そうした家族意識を最も内面化していたキリスト教徒の女性による廃娼運動は「売娼や娼婦を罪深いものとして一般の家庭や『まっとうな』婦人とは隔離され峻別される裏面の存在とすることで新しい性の秩序を作り上げる機能は十分に果たした」と指摘されている。(42) そして、そうした近代家族意識が国民国家の国民統合の装置としてあったとの見解が示されている。

こうした研究成果は、ともすれば娼妓救済運動を無前提に賛美しがちであった研究も少なくなかったのに対して、その担い手たちの一夫一婦観・貞操観を歴史的に相対化して考える視座をもたらし、同時に優生思想との接点を示唆した点で大きな意味をもったと思う。しかし一方で、これら近年の研究状況には、次のような問題点がはらまれていると本書では考える。

第一に、「近代家族」に性差別が内包されているという指摘と、戦前日本の「家」制度下においても以上のような家族・家族意識が形成されつつあったという問題提起自体は重要であるにしても、(43) それらの研究は総じて「近代家族」意識を最も内面化していたとみられるキリスト教徒の女性や、都市新中間層家族の言説のみを抽出して論ずる傾向が強く、近代的ジェンダー規範といわれるもののみに視野を狭めがちだということである。言説分析という手法が採用されることが多いこととも関連し、人々の暮らしとの有機的な関係の下での運動分析が捨象され、公娼制度や廃娼運動をめぐる、ジェンダー関係以外のさまざまな社会的諸関係が捨象されてしまう傾向があった。その結果、戦前日本社会にむしろ広範に存在していた「家」型家族とそれに付随する社会関係に関する目配りが捨象され、「家」的な人間関係改変の努力と公娼制度批判との関係についての分析視角が捨象されてしまったといえよう。(44)

第二に、冒頭で述べたように、事実上人身売買の国家公認であった公娼制度の内実を想起するなら、公娼制度批判のなかにはらまれた娼婦に対する蔑視観のみをあげつらう傾向の強い研究は一面的である。と同時に、そもそも「差別」「蔑視」とはなにかということを考える必要がある。そして単に「差別」「蔑視」したという指摘にとどまるのでなく、「差別」「蔑視」の源を掘り下げることが今日必要とされている。本書は、知識人やブルジョワがその近代家族意識ないしは「階級的偏見」ゆえに娼婦を「差別」したという抽象的見解に立脚するのではなく、民衆であったとしても娼婦を「差別」「蔑視」することは十分にあるとの認識にたち、なぜそうなのかということについても民衆生活における遊興やそこから派生する諸問題をふまえつつ示唆したい。そして第三は、運動の担い手たちが国民国家によって馴致される側面を強調した結果、主体形成に対する詳細な目配りが失われてしまった。三節で述べたように、運動の担い手たちが、さまざまな官製運動との接点があったことは事実であるが、公娼制度批判と公娼制度政策・官製運動とは、たとえ戦時であったとしても、その方向性を根本的に異にしていたことを本書は明らかにする。

筆者は、ジェンダー概念の歴史学への導入それ自体の意義を否定するものではない。しかし本書では公娼制度下の遊興に対する男女双方の批判意識の形成過程を、ジェンダー関係に視野を限定することなく、「家」や都市—農村関係などのさまざまな関係性のなかでとらえようとするものである。(45)

(2)「セックス・ワーク」論

九〇年代には、売春＝労働ととらえる「セックス・ワーク」論が話題を呼び、売春する女性に対する認識が大きく転換したことも、本書の対象とする研究状況に影響を与えた。(46)この議論は、売春が労働と認められていないために労働基準法などの適用外にあり、それゆえ売春する女性たちの意志に反した不当行為を妨げる手段のないことを問題視する。そして、売春を労働と認めることで、労働法の適用や組合結成を可能にし、「売春労働」を続けながらも待遇改善を図ろうとする主張である。こうした議論は、現実に売春で生計を立てざるをえない女性の心身の安全を守るための現実策・実践論として考慮した場合、傾聴に値する部分を有している。ただし、人身売買や搾取・暴力をともなわない「売春労働」はどれほど存在しているのか（しうるのか）、「自己決定」とはなにか、他の労働とは異なるこの種の「労働」が心身に与える影響といった点で、具体的な検証と慎重な議論を要する。(47)

しかし九〇年代には戦間期の芸娼妓や女給による運動を、他の労働者と本質的に変わらない労働運動としてとらえる研究が登場した。こうした研究は一方で、彼女たちを労働者とは認めず、「醜業婦」と呼んでいた日本キリスト教婦人矯風会などの人々のことを、「階級的偏見」をもった差別論者としてとらえた。また、公娼制度が禁止され、「家」制度が廃止されたところで、どのみち性差別や「自由な」性の商品化の問題は解決しなかったという現代的見地から、廃娼運動や公娼制度廃止・売春防止法制定の「欠点」を指摘する。(48)

筆者は、依然前借金の拘束下におかれた芸娼妓酌婦が多数存在していた戦間期において、「売春＝労働」といった認識をもたなかったという理由で、公娼制度批判を担った人々の営為を「女性解放運動ではなかった」と総括するのでは、日本における公娼制度廃止問題ひいては「女性解放」の歴史的特徴をつかみきれないと考える。また、これは本書の課題からは多少ずれた問題ではあるが、前借金があるにせよないにせよ、売春が人間の心身にもたらす影響は、他の労働と異なる特有性があることを指摘する婦人相談員の発言(49)などを念頭におき、そうした点に配慮したうえでの歴史的叙述であるべきではないかと考える。

（3）　日本軍「慰安婦」問題と公娼制度政策史研究

本書に関係する一九九〇年代以降の研究状況の一つとして、日本軍「慰安婦」問題に関する運動の飛躍的な進展と、それにともなう事実の掘り起こしに基づく研究が広範に行われたことも指摘できる。(50)その過程で、「慰安所」にさきだって公娼制度が存在していたことが改めて注目されるようになった。日本軍が広範囲に女性を徴集した歴史的前提の一つとして公娼制度の存在があったのではないかという仮説の下で、公娼制度に関する研究が進展した。[51] 公娼制度研究は、「慰安婦」として徴集された女性のきわめて多かった植民地についてとくに進展した。[52] 植民地の公娼制度については、森崎和江や山崎朋子による、一九七〇年代の先駆的研究がすでにあるが、それらに加えて、数々の知見が得られた。また同時に、一九九五年に沖縄で起こった少女暴行事件などの影響で、戦後の日本本土・沖縄におけるアメリカ軍人による性暴力や買春についての研究も進展をみせた。[53] 米軍資料を使った研究もすすんだ。

それらの仕事からは、欧米諸国の植民地公娼制度やアメリカ軍の占領地における性病予防策と比較した場合の日本の植民地公娼制度・日本軍の性病予防策の特徴が明らかにされつつあるといえる。

本書では、このような近年の研究成果にも学びつつ、日本軍「慰安婦」問題出現の歴史的前提となる戦間期に、国際連盟と東アジアという空間的広がりのなかで、日本の公娼制度政策の特徴を浮かびあがらせることを目的とする。

六　本書の構成

最後に本書の構成について述べたい。本書は三部構成となっている。まず第一部では、第一次世界大戦後の公娼制度批判の広がりについて、日本キリスト教婦人矯風会の地方支部の担い手の特徴や地方教会の動向、禁酒会・青年会・婦人会・処女会史料などからその歴史的特徴を明らかにしたい。まず一章では、二章以降の歴史的前提として、東京の廃娼運動の担い手たちの主張が一九二〇年代にどのような回路で地方社会へもたらされたのかという大まかな見取り図とともに、国際的動向との関連を述べる。続く二章は本書のなかで最も重要な論文の一つであるが、長野県に焦点をあわせて、遊興の実態とその民衆生活への影響をふまえたうえで、公娼制度批判の形成と拡大について地域の諸団体の史料を用いて民衆史的に明らかにする。三章は昭和恐慌のインパクトを経て、地方都市での売買春状況がどのように変化し、新たな政策的対応と公娼制度廃止決議がなされたかを叙述する。そのうえで、一九三〇年代の公娼制度批判の民衆的裾野がどうあったかを、諸団体の史料から検証する。

第二部では、国際的婦女売買禁止の国際的潮流と日本および日本の植民地・勢力圏とにおける公娼制度との関係を国際関係史的に分析する。まず一章では、二〇世紀初頭のヨーロッパ各国とその植民地における国際的婦女売買禁止の取り組みをふまえ、日本、とくに東アジアにおけるその植民地と勢力圏下における公娼制度政策の特徴を論じる。二章では、国際連盟設立後の一九二一年に制定された「婦人及児童の売買禁止に関する国際条約」に対する日本の対応を考察し、日本政府がどのような方法で国際条約と日本国内の公娼制度の実態との間の落差を隠蔽したかを論ずる。三章では、一九三一年に来訪した国際連盟東洋婦女売買調査団と日本政府とのやりとりを通じて、日本の公娼制度政策の特徴を浮かびあがらせる。そして四章では、国際連盟の提言を受けて日本内務省がいったん樹立した公娼制度廃止後の売買春取締り政策がどのようなものであったかを論ずる。

最後に第三部では、まず一章で日中戦争以降、公娼制度下の遊郭をはじめ、「花柳界」が企業整備のどのような影響を受けたかをふまえたうえで、最後まで公娼制度は廃止されず、軍需関連成金が独占することとなった「慰安所」が残ったことを指摘する。ついで最終章の二章では、企業整備にもかかわらず残存したこの種の営業に関して、純潔運動がどのような批判を展開したかを、人口政策等への言及も含めて考察し、国策と純潔運動との接点とズレに着目する。

なお引用史料については、かたかなをひらがなに、旧字は新字にあらため、必要に応じて濁点を補なった。

註

（1）中央職業紹介事務局「芸娼妓酌婦周旋業に関する調査」（一九二六年）『近代民衆の記録3　娼婦』新人物往来社、一九七一年。娼妓とは、遊廓で売春することを国家公認された女性をさす。芸妓は、酒宴の場での歌・三味線・舞踊を本業とする女性、酌婦は、料理屋や銘酒屋などで客の酌などの接客をする女性をさす。しかし、芸妓も酌婦も、多くの場合、いわゆる売春をしていたことが、戦前社会では周知の事実であった。

（2）同上、三九七〜三九九頁。

（3）同上、四一二、四二六頁。

（4）同上、四三二頁。

（5）同上、四一七頁。

（6）同上、四三五〜四三七頁。

（7）同上、三九〇頁。

（8）牧英正『人身売買』岩波書店、一九七一年などを参照。近代初頭の公娼制度成立過程については、大日方純夫「日本近代国家の成立と売娼問題」『東京都立商科短期大学研究論叢』三九、一九八九年を参照。なお、近年、近世から近代へ公娼制度の内実がどのように変容したかということについての研究も進展しつつある、たとえば人見佐知子「神戸・福原遊廓の成立と〈近代公娼制度〉」『日本史研究』五四四号、二〇〇七年一二月、同「明治初年の大阪における遊所統制と『再編公娼制』」『ヒストリア』二一三号、二〇〇九年一月など。

（9）神崎清『娘を売る町』新興出版社、一九五二年などを参照のこと。

（10）川島武宜「人身売買の法律関係（一）―芸娼妓の丸抱契約の効力について―」『法学協会雑誌』六八―七、一九五一年二月。このほか、我妻栄「判例より見たる『公の秩序善良の風俗』」同上、四一―五、一九二三年五月も参照のこと。

（11）GHQによる占領は、一方で米兵による強姦や、米兵向け売春の激増をもたらしたことにももちろん留意する必要がある。

（12）Judith R. Walkowitz, *Prostitution and Victorian Society: Women, Class, and the State* (Cambridge University Press, 1980), Ruth Rosen, *The Lost Sisterhood: Prostitution in America, 1900-1918* (The Johns Hopkins University Press, 1982), アラン・コルバン『娼婦』藤原書店、一九九一年など。

(13) 近年では、近世東アジア国際関係史の側からも、日本の公娼制度の特徴に関連する示唆がなされている。たとえば、長崎での外国人男性に対して、日本は丸山遊廓の遊女に相手をさせるという慣習をもっていた。しかし、朝鮮には国家公認の遊廓は存在せず、釜山では倭館の日本人の男性が朝鮮人の女性と関係をもつことが禁止され、死刑の対象とされていたことなどである（荒野泰典「近世日本の国家領域と境界」史学会編『歴史学の最前線』東京大学出版会、二〇〇四年）。

(14) 藤目ゆき『性の歴史学』不二出版、一九九七年など。

(15) 草間八十雄著（磯村英一監修・安岡憲彦編）『近代日本のどん底社会』明石書店、一九九二年など。

(16) たとえば、日本の農村女性のひんぱんな離婚・再婚や「性的奔放」を描いて、従来の近代日本女性像とは異なった像を提示したとして名高い『須恵村の女たち』（ロバート・スミス、エラ・ルーリィ・ウィスウェル著、御茶の水書房、一九八七年）においてすら、芸娼妓を対象とした男たちの遊興を、女たちには表立って非難することができなかったことが指摘されている。

(17) 安丸良夫『日本の近代化と民衆思想』青木書店、一九七四年。

(18) たとえば、安丸良夫『出口なお』朝日新聞社、一九七七年など。また、鹿野政直『戦前・「家」の思想』創文社、一九八三年では、一九二〇年代における妻たちの身の上相談で、最も多いのが「夫の不品行」であったと指摘している。

(19) 大門正克『近代日本と農村社会』日本経済評論社、一九九四年。

(20) 安田浩・林宥一「社会運動の諸相」歴史学研究会・日本史研究会編『講座日本歴史9　近代3』東京大学出版会、一九八五年。

(21) この点に関して早くから着目していたのが二村一夫であり、初期友愛会が、職工たちのいわゆる「飲む・打つ・買う」行為を厳しく戒め、職工に対する世間の差別を克服しようとしたことを指摘した（「労働者階級の状態と労働運動」『岩波講座日本歴史18　近代5』一九七五年。

(22) 安丸・前掲『日本の近代化と民衆思想』。赤澤史朗『近代日本の思想動員と宗教統制』校倉書房、一九八五年。日本現代史研究会編『一九二〇年代の日本の政治』大月書店、一九八四年。

(23) 鈴木裕子「解説」『日本女性運動資料集成　第九巻　人権・廃娼Ⅱ』不二出版、一九九八年などを参照のこと。藤目・前掲『性の歴史学』、田代美江子「十五年戦争期における廃娼運動と教育」松浦勉ほか編『差別と戦争』明石書店、一九九九年、藤野豊『性の国家管理』不二出版、二〇〇一年など。
(24) たとえば、処女会は、当初、都会へ出稼ぎに行った娘たちのなかに「淪落」してしまうケースが多いことを憂慮してつくられている。野田久美子「天野藤男の処女会構想」『歴史評論』四一九号、一九八五年三月など。
(25) 林宥一「日本農民組合成立史論Ⅰ」『金沢大学経済学部論集』五―一、一九八四年(後に、林宥一『近代日本農民運動史論』日本経済評論社、二〇〇〇年に所収)。
(26) コルバン・前掲『娼婦』など。
(27) 同上。
(28) 井上清『現代日本女性史』三一書房、一九六二年。
(29) たとえば山川菊栄は日本キリスト教婦人矯風会の活動一般に対しては冷ややかであったが、同会の公娼制度廃止運動については重視していた(「日本婦人の社会事業について伊藤野枝氏に与う」『青鞜』一九一六年一月、『山川菊栄評論集』岩波文庫、一九九〇年)。
(30) 秋田県では、焼失遊廓再興反対運動が公娼制度廃止運動へ、そして婦選運動へと発展している(グレゴリー・フルーグフェルダー『政治と台所―秋田県女子参政権運動史―』ドメス出版、一九八六年)。
(31) 小倉譲二「廃娼の思想―山室軍平『社会廓清論』を中心に―」『キリスト教社会問題研究』三〇、一九八二年、竹村民郎『廃娼運動』中公新書、一九八二年、石月静恵『戦間期の女性運動』東方出版、一九九六年、ほか。
(32) 女性史論争について詳しくは、『資料　女性史論争』ドメス出版、一九八七年を参照のこと。
(33) 村上信彦『明治女性史』全四巻、理論社、一九七〇～七四年。
(34) 村上信彦『明治女性史　上巻』理論社、一九七一年。
(35) たとえば、鹿野政直『婦人・女性・おんな』岩波書店、一九八九年をはじめとする一連の女性史関連の著作、安田常雄『暮らしの社会思想』勁草書房、一九八七年などを参照のこと。
(36) 拙稿「女性史の視座」大門正克・小野沢あかね編『展望日本歴史21　民衆世界への問いかけ』東京堂出版、二〇〇一年を参照のこと。
(37) 藤目・前掲『性の歴史学』など。

(38) 山本俊一『日本公娼史』中央法規出版、一九八三年、藤野・前掲『性の国家管理』、川越修『性に病む社会―ドイツ ある近代の軌跡―』山川出版社、一九九五年など。
(39) 論者によって見解の相違はあるが、さしあたり、片野真佐子「婦人矯風会にみる廃娼運動の思想」『女性と文化 Ⅲ』JCA出版、一九八四年、荻野美穂「性差の歴史学」『思想』七六八号、一九八八年、川村邦光『オトメの身体』紀伊国屋書店、一九九四年、牟田和恵『戦略としての家族』新曜社、一九九六年、藤目・前掲『性の歴史学』、藤野・前掲『性の国家管理』など。
(40) 藤目・前掲『性の歴史学』、藤野・前掲『性の国家管理』などを参照のこと。
(41) もちろん売春防止法には問題もはらまれている。たとえば、林千代編・婦人福祉研究会著『現代の売買春と女性―人権としての婦人保護事業をもとめて―』ドメス出版、一九九五年を参照。
(42) 牟田・前掲『戦略としての家族』一三五頁。なお、「近代家族」やその意識の定義については論者により相違があるが、ここではとりあえず上述のような意識としてあつかうこととする。この他にも「近代家族」意識と娼婦差別との関係を強調する論者は多い。
(43) この点に関する論点整理としては、牟田和恵「家族の社会史から家族社会学へ」(前掲『戦略としての家族』)、中嶋みさき「『近代家族』への問いと女性史の課題」『歴史評論』五八八号、一九九九年四月などを参照のこと。
(44) 日本の歴史学へのジェンダーの導入がはらんでいた問題点については、拙稿「近代女性史研究の現状」『別冊歴史読本 日本史研究最前線』新人物往来社、二〇〇〇年、沢山美果子『性と生殖の近世』勁草書房、二〇〇五年、立教大学日本学研究所シンポジウム「『女性史』はジェンダーをどう受け止めるか」『日本学研究所年報』二〇〇七年四月、鹿野政直『現代日本女性史―フェミニズムを中心として―』有斐閣、二〇〇四年などを参照のこと。
(45) その意味で本書は、とくに青年団について論じている部分ではいわゆる「男性史」的側面をも兼ね備えている。なお、「男性史」については、拙稿「女性史から男性史への問い―『男性史』全3巻によせて―」『歴史学研究』八四四号、二〇〇八年九月も参照のこと。
(46) フレデリック・デラコスタ、プリシラ・アレキサンダー編『セックス・ワーク』(株)パンドラ発行、(株)現代書館発売、一九九三年など。日本での議論としては、江原由美子編『フェミニズムの主張』勁草書房、一九九二年、同『フェミニズムの主張2　性の商品化』勁草書房、一九九五年など。なお、「売春＝労働」ととらえた立場からの歴史研究としては藤目・前掲『性の歴史学』がある。なお同書については拙稿「書評：藤目ゆき『性の歴史学』」『日本史研究』四三三号、一九九八年九月を参照のこと。
(47)　たとえば兼松佐知子『閉じられた履歴書―新宿・性を売る女たちの三〇年―』朝日文庫、一九九〇年を参照のこと。著者は売春防止法とともに制定された役職である婦人相談員として、三〇年間新宿で性を売る女性たちの相談にのってきた。そこでは、一見主体的に売春に携わっているようにみえる女性たちが、実はヒモ（恋人）や暴力団の指示・命令の下で同労働に携わっているケースや、「自由」な「自己決定」の下で売春を行っている女性たちのなかにも精神を病むケースが多いことを伝えている。
(48)　藤目・前掲『性の歴史学』。
(49)　兼松・前掲『閉じられた履歴書―新宿・性を売る女たちの三〇年―』。
(50)　代表的な研究成果としては、バウネットジャパン編『日本軍性奴隷制を裁く　二〇〇〇年女性国際戦犯法廷の記録』全六巻、緑風出版、二〇〇〇年。
(51)　人見・前掲「神戸・福原遊廓の成立と〈近代公娼制度〉」、今西一『遊女の社会史』有志社、二〇〇七年など。
(52)　山下英愛「日本軍『慰安所』制度の背景―朝鮮の公娼制度―」『ナショナリズムの狭間から』明石書店、二〇〇八年、宋連玉「朝鮮植民地支配における公娼制」『日本史研究』三七一号、一九九三年七月、同「日本の植民地支配と国家的管理売春―朝鮮の公娼を中心として―」『朝鮮史研究会論文集』第三二集、一九九四年一〇月、藤永壮「朝鮮植民地支配と『慰安婦』制度の成立過程」『日本軍性奴隷制を裁く　二〇〇〇年女性国際戦犯法廷の記録3　「慰安婦」戦時性暴力の実態Ⅰ　日本・台湾・朝鮮編』緑風出版、二〇〇〇年、駒込武「台湾植民地支配と台湾人『慰安婦』」同上など。
(53)　林博史「アメリカ軍の性対策の歴史―一九五〇年まで―」『女性・戦争・人権』七、二〇〇五年三月、恵泉女学園大学平和文化研究所編『占領と性―政策・実体・表象―』インパクト出版、二〇〇七年、拙稿「米軍統治下Aサインバーの変遷に関する一考察―女性従業員の待遇を中心に―」『琉球大学法文学部紀要　日本東洋文化論集』一一号、二〇〇五年、同「戦後沖縄におけるAサインバー・ホステスのライフ・ヒストリー」同上、一二号、二〇〇六年など。

第一部　公娼制度批判の展開

第一章　第一次世界大戦後における公娼制度批判の拡大

はじめに

本章の課題は、一九二〇年代の地域社会における公娼制度批判の具体的展開の考察に入る前提として、一九一〇〜二〇年代初頭における「公娼全廃教育運動」のおおまかな見取り図を提示することにある。この時期には廓清会が発足するとともに、公娼制度批判を地域へ拡大させることを目的とした「公娼全廃教育運動」が日本キリスト教婦人矯風会によって行われた。本章では、この運動が地域社会の諸団体へ拡大してゆく回路のありよう、さらには矯風会とこの時期の「国際的デモクラシー」の潮流との関係についての見取り図を示したい。

一九一〇年代における同会の運動の活性化は、①「御大典」記念、②国際連盟の設立といった、一見あい異なる事情を背景としていたことが先行研究でも指摘されている(1)。①については、「御大典」奉祝の催しに「賤業婦」を参加させないこと、今後六年の間に公娼を全廃することを一九一五年の第二三回大会で決議した。大阪支部の林歌子は、「御大典」が「大正国民たるの自覚を増進せしめ」る好機ととらえ、次のように述べた。芸娼妓のせいで「幾多の青年」「紳士」が「産を破り、業を失」っており、その結果「破壊されたる寂しき家庭」に涙にくれる婦人が多い。こうした事態が起きるのは、芸妓の罪ではなく、妻である婦人の自覚の不足と「男子の専横」のせいである。したがって、一夫一婦の重要性を明示するために、芸妓を「御大典」の席上から排除すべきであるという主張であった。また、一八七二年（明治五）の芸娼妓解放令や一九〇〇年（明治三三）の娼妓取締規則における自由廃業の許可にもかかわらず、「前借金という粗縄を以て両手を縛ばられ、男子の獣欲に侮辱さるる一種の奴隷」が公許されている状態は、「大正の御世」には存在することは許されないとした。(2)

その翌年の一九一六年には以後の同会の廃娼運動の中心となる久布白落実が総幹事に就任し、公娼全廃教育運動を開始する。その際の公娼制度批判は、よく知られているように一夫一婦の貞操観念・家庭観に支えられていた。そして、「貞操の売買」が一種の職業と心得られ、さらには鑑札が与えられて公認されていることが人々の罪悪感を麻痺させていることを強調した。しかもほかならぬ親が子供の貞操の売買の担い手であることを問題視した。また、こうした慣習が長く続く背景として、男子の性欲は制することができないという口実が存在することを問題視し、現状変革の運動として、「母心」をもった女性による教育運動の必要が唱えられた。(3)

一方、第一次世界大戦中の欧米諸国における婦人参政権の実現と国際連盟の設立に象徴される「デモクラシー」の国際的潮流が上記の見解と運動に大義名分を与えた。つまり、婦人参政権の実現が可能な時代に、男子の放縦を看過していることを問題とし、まずは「国家的に人身売買の実行を禁止し」、男女関係に一大改革を行うべきだとした。(4)こうした主張は、日本が対外的には「一等国」となったという認識によってさらに補強された。たとえば、日本が国際連盟の設立に際して「人種差別撤廃案」を提出した際には、「自国にある事実上の奴隷」すなわち公娼を廃止しなければ人種差別撤廃を主張する資格はないとしたのである。(5)

以上の背景をふまえ、以下に具体的に論じてゆきたい。

一　地方講演会活動の開始

1　地方講演会活動の困難

「公娼全廃教育運動」ではまず、五銭袋運動というものを通じて、公娼廃止、一夫一婦についての教育活動を全国に拡大することを重視した。五銭袋運動というのは、基金集めと教育活動を兼ねた運動であった。すなわち、できるだけ多くの人々を教育し、世論を喚起することが必要であるとの見地に立脚し、そのためには「全国より零細の金員を丁寧に集むる」方が効果があるとの考えから、一袋五銭の寄付を、各支部で「幾十口、幾百口と」集めてもらうという運動である。(6)この五銭袋は四万五〇〇〇袋作成され、全国の支部へ郵送されたが、一九一六年の四・五月で二万四八〇〇口申し込みがあったという。

この運動に加え、矯風会は、地方支部や各種諸団体での講演活動や署名活動に力をそそいだ。久布白落実は全国の教会に公娼廃止運動への協力を呼びかけ、また「全国男女貞操問題講演団」を組織し、教会にかぎらず、学校・工場・商店その他、二〇名以上を集めうるところでの講演会の開催をめざした。その際貧しい未婚女性への教育を重視する見地から、多くの女工を雇用している工場での講演をとくに重視し、市内一〇〇人以上の職工を有する工場一〇〇ヵ所に、矯風会の講演会の開催を申し出る往復はがきを送付している。(7)

しかしこの時にはまだその成果は微々たるものであった。一九一七年度の大会で久布白は、「東京市中の各教会各種の工場、学校の門戸を開放して、貞操問題講演団を受け入れん事を請ふために取りし通信度数は挙げて此処に数ふ能はず」だが、「諸団体が往々冷淡なる態度」であったと報告している。(8) 講演会開催を勧誘した教会も一六〇にのぼったが、そのうち応じた教会は十数ヵ所にとどまったという。(9)

一九一六年には全国の矯風会支部数と会員数も、未だ四六支部、二〇〇〇人にとどまり、めだった活動は大阪・京都・神戸・呉など主要都市をはじめとする限られた支部にとどまった。たとえば、京都支部は、御大典記念協同伝道をきっかけとして、一九一六年に職業紹介、地方出身者の宿泊などを目的とした婦人ホームを設立している。また神戸支部も一九一六年、城のぶが中心となって、身の上相談、身売りの未然防止、職業紹介などを目的とした神戸婦人同情会を開設した。さらに呉支部では、十時菊子が海軍水兵に「健全娯楽」を提供することを目的とする呉軍人ホームを開設した。(10) とりわけこの時期の地方支部のめだった活動としては、大阪の飛田遊廓新設問題に対する大阪支部をはじめとする反対演説会・請願活動があげられる。

一九一六・七年の『婦人新報』上の「各地通信」「各地消息」等の記事によれば、その他の地方支部の活動としてはその地方の教会の牧師の講演や祈禱会を中心とした、会員のみの集会にとどまりがちであった。そうしたなか、一九一七・一九一八年の矯風会大会では新支部の設立が重視され、その方法として各地方教会宣教師・牧師の応援で地方会員を募ること、本部から講師を派遣して講演会を開催するなどの働きかけを行うことがめざされた。(11) この結果一九一九年度現在の支部数は六五、会員数三五四九となり、この一年で伊勢崎・千駄ケ谷・平塚・富山・佐世保・明石・奈良の七支部が増加したことが伝えられている。(12) しかしながら、地方支部と地方での講演会活動が飛躍的に拡大するのは、後述のように一九二一年まで待たなければならなかった。

2　婦人会・処女会活動の活性化

矯風会の地方講演会活動が一九二一年以降飛躍的に発展しはじめた背景としては、この時期における女子教育の転換や、各地で婦人会・処女会の結成が重視され、これらの諸団体の活動が活性化したという事情を指摘できる。一九一八年には臨時教育会議で新たな女子教育の指針をさだめた「女子教育に関する件」を立案しており、また、その翌年から始まる民力涵養運動は、一九二〇年頃から婦人会・処女会の組織化・強化をめざした。(13)「女子教育に関する件」ではようするに、第一次世界大戦時の欧米女性の活躍を背景として、女子教育における国家観念の涵養の強調が行われた。すなわち、次世代の国民となる子女の教育にたずさわる女性の母役割は、単に自分の家庭にとどまらず、「一国」の興亡にかかわる重要さをもっていることを強調したところに特徴があるとされる。また、民力涵養運動のなかで育成された婦人会活動でも、「思想悪化」「経済困難」の防波堤としての女性の国家的役割が重視され、とりわけ女性を担い手とした生活改善による生活の合理化・安定化がめざされたのであった。

一方、処女会中央部は、一九一八年に天野藤男によって組織された。処女会の組織化には、都市化の一方で農村が疲弊・動揺し、農村の秩序が乱れたことに対する危機感がその根底に存在していたといわれる。天野は基本的に農本主義・家族制度維持の立場に立つという点では矯風会と立場を異にしていたが、女工出稼ぎに行った少女たちが芸娼妓に「身を落として」ゆくことを憂い、都市の暗黒面から農村の少女たちを保護し、教育することを目的としたという点では矯風会の目的と共通する側面があったといえる。(14)

矯風会は女性、とりわけ未婚女性に純潔の大切さや自尊心を教えることで、身売りに歯止めをかけることを意図したため、貧しい未婚の女性である女工を雇用している紡績・製糸工場などでの講演を重視した。したがって、「百万以上の会員を擁して殆ど全国農村の純潔な処女を網羅して居」る処女会の会員に「美しい純潔さが漲つてほんとうにこの汚らはしい職業の恥を知り、一人もこの中からは斯様な職の婦人が出ませんでしたならば〔公娼制度廃止の―引用者〕実際に於ての成功」であると考えたのである。そしてこのような見解の矯風会に対して、天野藤男も協力的であり、各処女会を紹介したという。その結果、六〇〇あまりの処女会に矯風会の小冊子が送付された(15)。

矯風会の地方講演会活動は、地域社会における婦人会・処女会の結成、青年・婦人の修養活動の展開と、あらたな国民教化策とがせめぎあうなかで拡大してゆくことになるのである。矯風会は、講演活動にあたって、全国の教会はもちろん、婦人会・青年会などの団体、学校・工場などでの講演を重視したことは前に述べたが、一九二〇年からは、自らの主張を浸透させ、運動を拡大する媒介としてとくに処女会への働きかけを重視した。

3　地方からの講演要請

以上のような諸団体活動の活性化を背景にして、一九二〇年以降には、矯風会本部の幹部に対して、地方支部や地方のキリスト教徒からの出張講演の要請が相次いだ。たとえば富岡支部は「只教育費の五銭袋のみ募集して知らぬ顔で居らないで毎年毎年地方の各支部へ本部の名士方が御出張下され矯風上や社会上の教育に関して大々的雄弁とプロパガンダに長弁舌を御振ひ下され」たいと要請した(16)。

また、信州北御牧村のキリスト教徒の青年「竹内愛泉生」からは次のような文章が寄稿された。この青年は、「兄弟と共に救はれ相愛し互に労苦して、親の家を大成し、模範の家庭を成就すべく兄弟奉仕園と云ふ組合的家庭」を始めた。また、同時に「農村社会問題」を解決するために、「挙村自作農期成会」、「組合製糸」、「KM禁酒同盟会」、「KM青年文化同盟」、「自由主義の夜学会」などを実行していたが、「偉大にして微妙なる婦人の力を痛感し、婦人の力を頼って人の罪と夜の闇とを除去したい」と思い至ったという。そこで、自分の村の女性たちにキリスト教の信仰をすすめ、矯風会をおこしたいというのであった。(17)

さらに『婦人新報』には大連居住の一会員からの要望ものせられている。この会員は、「海外万国の人々の居住」している大連における「我同胞の」「浅ましき活動」について次のように説明した。家族を内地に残して単身渡満する者が多いが、彼らは「殆んど皆賤業婦の虜となつて、家庭を忘れ妻子を捨て、甚しきに至りては内地に妻のありながら正々堂々挙式して当地に新家庭を持つ等実に言語道断の有様」であるというのである。しかし、「当地上流社会の夫人」にキリスト教信者が多いためこのありさまをなげき、矯風会支部の設立を志したというのであった。そして、この会員は矯風会名士の渡満を求めたが、自分の夫が満鉄人事課の勤務であるため、渡満の際には、満鉄ができるかぎりの便宜をはかることを約束している。(18)

ようするに、信州の例は農村・「家」の振興のための修養活動の延長線上に、農村生活における女性の役割の重要性をみいだし、大連の例では好況期に顕在化した享楽・風紀紊乱的状況を妻・母の立場から改善しようとする意識から、それぞれ矯風会の活動に期待をよせていたことがわかる。

「満州」からの要望に応えて、同年四月には、満鉄の招聘というかたちで、矢島会頭と久布白が「満州」各地を訪問し、いくつかの支部が設立に至った。また、各支部からの講演希望の増大に応えて、同年四月の矯風会大会では、本部や有力支部の幹部による全国各地での講演会の巡回リストを作成し、それにそって地方への巡回が実施された。その結果、一九一六年（大正五）には会員数二〇〇〇、支部数四六であったのが、一九一九年には会員数三五四九、支部数六五、一九二二年には概数だが、会員数六〇〇〇、支部数一二〇をこえることとなり、会員数・支部数ともに激増していったのである。(19)矯風会の幹部の地方講演は、その地域の教会の牧師、あるいはその土地に住む女子学院などの出身のキリスト教徒の女性の尽力によって企画され、講演会のあとに会員を募って地方支部設立に至るというのが一般的なパターンであった。

二　地方講演会活動の活発化とその特徴

こうして、一九二一年以降、地方支部が矯風会幹部を講師に招いて開催した講演会実施回数は激増した。地方での講演会講師は、多くの場合大阪支部の林歌子と、神戸婦人同情会の城のぶが務めたが、一九一九・二〇・二一・二三年の『婦人新報』における「各地通信」などに掲載された支部活動報告記事をもとに、一九二〇・二一年において林・城ら矯風会幹部を招聘した講演会活動状況を、地方支部名・市町村名、主催／共催、聴衆の種類、講演場所、講演題目、講師名、聴衆人数などに関して明らかにすると表1のとおりである。

一九二〇年と二一年を比較してわかることはまず、二一年には二〇年に比べて各地方支部や地方のキリスト教徒の招聘による矯風会幹部の講演会の回数が飛躍的に増大したこと、しかも聴衆の人数が数百人、場所によっては千人以上にのぼっていることである。さらに注目すべきことは、講演会が矯風会地方支部の主催ばかりでなく、その地方の市町村婦人会・処女会・青年会、あるいは工場などとの共催で行われていたり、もしくはそれらの諸団体主催の講演会に矯風会講師が招聘されて講演を行っているケースが非常に増加していることである。また、実施場所も教会ではなく、公立学校・工場などが多くなっている。

このような状況を、城のぶは「至る所に扉は開かる」と観察した。すなわち、一九一七年時点で矯風会の呼びかけに対して「往々冷淡なる態度」をとっていた「諸団体」は、一九二一年時点ではかなりその対応を変化させ、矯風会

表１　日本キリスト教婦人矯風会の地方講演会活動

1920 年	
2/11	広島支部　連合婦人会主催大講演会で矯風会広島支部長が演説。
4/22	富山支部　小学校女教員招待会。
5/ 9	奈良支部　奈良基督教会会館において発会式。講師：林歌子，西野貞子。
5/28	大阪支部　講師：長尾半平，賀川豊彦など。
6/ 6?	新潟支部設立　日本基督教会，聖公会，組合教会で集会。講師：林歌子。
6/ 8	富山支部　県会議事堂で公開演説会「婦人の責任」。講師：林歌子。
〃	県立高等女学校で講演。講師：林歌子。聴衆 840 人。
6/9, 10	金沢支部　美以教会青年部の集会。講師：林歌子。聴衆 300 人。
6/10	金沢支部　市会議事堂において公娼全廃講演会。講師：林歌子。
6/11	福井支部設立　日本基督教会で講演。講師：林歌子。
6/13	福井県大野町　教育会で講演。講師：林歌子。
6/14	福井県敦賀町　敦賀婦人会幹事の招聘にて学校で講演会。講師：林歌子。
7/16	四日市支部　図書館楼上にて講演会「婦人の責任」。講師：林歌子。聴衆 200 人。
8/ 7〜13	今治支部　尾之道，岡山県笠岡，高屋，井原にて廃酒・公娼全廃の講演。講師：渡辺常，林歌子。聴衆 150〜400 人。
9/ 8	四日市支部　図書館楼上にて講演会「家庭の三大義務」。講師：西野貞子。聴衆 200 人。
9/12	別府　大講堂にて演説会「米国に於ける廃酒運動」。講師：渡辺常。聴衆 200 人。
9/21	明石支部　講師：林歌子「第二維新」。女子師範学生も聴衆。聴衆 350 人。
9/30	富山支部　女教員招待会。
10/24	甲府教会堂において講演会「米国廃酒の理由及び吾が国民廃酒の要件」。講師：渡辺常。聴衆 200 有余人。
〃	山梨英和女学校にて寄宿生徒のため講演会。講師：渡辺常。聴衆 60 人。
10/27	名古屋　金城女学校の生徒に講演。講師：渡辺常。
11/10〜25	台湾各地（台北，新竹，台中，台南，南投，基隆）の学校，精糖会社などで講演。講師：林歌子。
11/20	名古屋支部　中央教会で講演「新舞台に立ちし日本婦人の覚悟」。講師：城のぶ。聴衆 100 人。
〃	名古屋支部　金城女学校で講演「男女貞操問題根本義」。講師：城のぶ。聴衆 200 人。
11/23	上州部会　講演会「社会と婦人」。講師：宮川静枝。女学校生徒も 30 人参加。聴衆 130 人。
11/26	香川県坂出紡績会社にて講演「道徳上につき」。講師：城のぶ。聴衆 150 人。
11/27	高松支部　小学校にて講演「男女貞操問題根本義」。講師：城のぶ。聴衆 800 人。
11/27	静岡支部　女子青年会のための講話会。講師：守屋東。学校生徒 70 人参加。
11/28	高松支部　講演「時代の趨勢と婦人の叫び」。講師：城のぶ。聴衆 850 人。
11/30	小倉　バプテスト教会で講演。講師：林歌子。
12/ 1	別府　町会議事堂で講演会。講師：林歌子。聴衆 400〜500 人。
12/ 2	松山支部　大街道教会にて講演会。講師：城のぶ。
12/ 6	富山支部　教会堂にて講演会「社会に対する婦人の使命」。講師：渡辺常。
12/ 6	福岡支部　講演「男女貞操問題根本義」。講師：城のぶ。聴衆 600 人。
12/ 7	熊本支部　メソジスト教会にて講演会。講師：城のぶ。聴衆 200 人以上。

1921 年	
4/10	長野県辰野支部　伊那富婦人会連合と共催で伊那富小学校にて講演会。講師：林歌子。青年会でも講演「我等は何をなすべきか」。
4/11	長野県木下支部　中箕輪小学校児童保護会主催で講演会「児童保護と家庭」。講師：林歌子。聴衆 200 人。
4/20〜	40 日間，満州各地（大連，旅順，海城，奉天，長春，撫順，安東）で講演会。講師：久布白落実。
5/3〜9	山陰各地の組合教会婦人会の招聘にて城のぶ出張。
5/ 3	鳥取県　浦富岩見両村連合婦人会主催の矯風講演会で講演。講師：城のぶ。聴衆 200 人。
5/ 4	鳥取県　北条小学校にて 8 か村連合婦人会主催の講演会。講師：城のぶ。
〃	山陰製糸工場にて女工むけ講演会。講師：城のぶ。聴衆女工 600 人。
5/ 5	鳥取県　成徳小学校にて学校長，職員ら 75 人に講演。講師：城のぶ。
〃	鳥取県　下灘小学校にて婦人会，処女会むけの講演。講師：城のぶ。
5/ 6	鳥取県　遷喬小学校にて講演会。講師：城のぶ。聴衆 600 人。
〃	郵便局事務員むけに教会にて家庭集会。講師：城のぶ。
5/ 8	奈良県　宇智郡主催婦人会にて講演会。郡長出席。講師：林歌子。
5/ 9	山口県山口町　元大阪支部会員と教会の婦人の招聘で中川知事夫人はじめ有志婦人の主催による小学校教師むけ講演会で講演。講師：林歌子。聴衆 900 人。
5/ 9	鳥取県但馬浜坂町にて町長，分署長，校長らの主催で技芸女学校講堂にて矯風会講演会。高田牧師夫妻の尽力。講師：城のぶ。聴衆 300 人。
5/13	広島県　忠海小学校男女同窓会主催講演会。前会長が招聘。講師：林歌子。聴衆 600 人。
5/17	伊勢津支部の招聘で市教育会主催で市議事堂にて講演「国を愛するの道」。講師：城のぶ。聴衆 400 人
5/17	岡山支部　岡山基督教会にて講演。講師：林歌子。
5/18	津支部　日基教会にて矯風会記念式，県社会課主任参加。矯風会主催講演会「男女貞操問題の根本義」。講師：城のぶ。聴衆男子師範学校生 70〜80 人。
〃	津支部　東洋紡績の招聘で女工むけ講演会。講師：城のぶ。
〃	津支部　市議事堂にて講演会「男女貞操問題の根本義」。講師：城のぶ。
5/21	淡路洲本支部　公会堂で一般聴衆にむかって講演会「男女貞操問題の根本義」。講師：城のぶ。聴衆 300 人。
〃	鐘紡分工場講堂で矯風講演会「若き女の行くべき道」。講師：城のぶ。聴衆 1300 人。工場長中村庸の便宜。
5/26	兵庫県　伊丹町稲野高等小学校にて各村連合婦人会主催矯風講演会。講師：城のぶ。聴衆 500 人。
〃	大阪福島メソジスト教会婦人会主催矯風講演会。講師：城のぶ。
6/ 1	明石支部　町教会堂にて講演会。講師：城のぶ。聴衆百数十人。
6/ 2	兵庫県　加古川支部設立講演会「家の柱」。講師：渡辺常。聴衆 200 人。
6/ 5	敦賀町　メソジスト教会堂で矯風講演会。講師：城のぶ。聴衆 124 人。
6/ 6	敦賀町実科女学校にて矯風講演。講師：城のぶ。聴衆 200 人の女生徒。
〃	福井県　丸岡町メソジスト教会堂にて一般人 60 人に矯風講演。講師：城のぶ。
6/ 7	大野町　矯風講演会。講師：城のぶ。聴衆 40 人。
6/13	岡山博愛会夜学校青年に講演。講師：城のぶ。

6/14	鐘紡岡山工場にて400人の女工にむけて矯風講演会。講師：城のぶ。
〃	岡山博愛会内女子奨励会で講話。講師：城のぶ。聴衆40人。
6/15	岡山県　花畑公会堂にて矯風講演会。講師：城のぶ。聴衆400人。
6/21	大垣市のミス・ワイトナーの招聘で幼稚園にて講演会「女性の光栄」。講師：城のぶ。
〃	大垣市　日本紡績支店女工600人に講演会「心を治むるの道」。講師：城のぶ。
〃	実科女学校にて講演会。市教育課長の参加。講師：城のぶ。聴衆は同校女学生，看護婦養成所生，小学校教員など600人。
〃	愛知銀行支店長の司会で講演会「愛国論」。講師：城のぶ。聴衆200人。
6/24	尼崎市遊廓設置反対応援。講師：城のぶ。聴衆3000人。
6/27	福井支部　公娼全廃禁酒問題講演会。講師：林歌子。
6/28	福井支部　県立高等女学校，女子師範などで講演会。講師：林歌子。
7/14	大牟田市新富座での遊廓反対演説会。講師：城のぶ。聴衆450人。
7/16	福岡第一公会堂にて遊廓問題演説会。講師：城のぶ。
7/24	加古川支部　講演会「現代婦人の使命」。講師：渡辺常。
7/26	小樽支部　小樽公会堂にて講演会「現代婦人の責任」。講師：林歌子。聴衆500人。
7/ ?	北海道瀧川の日本基督教会婦人会主催講演会。町長出席。講師：林歌子。
	北海道留萌　公会堂にて集会。町長出席。講師：林歌子。
8/ 1	帯広　公会堂にて集会。講師：林歌子。
8/ 3	名寄　同志社卒業生からの招聘で町会議事堂で講演会。町長，町会委員出席。講師：林歌子。
8/ 4	札幌時計台にて公開演説会。講師：林歌子。
8/ 4	奈良支部　公開講演会。講師：城のぶ。聴衆50人。
8/ 6	夕張炭坑汽船株式会社で講演。講師：林歌子。
8/ 9	室蘭　公会堂にて講演会。講師：林歌子。
8/11	弘前支部　公開演説会。講師：林歌子。聴衆80人。
8/23	有馬修養会にて講演「イエスの見たる貞操観」。講師：城のぶ。
9/22	兵庫県下黒井町婦人会総会に招聘され高等小学校にて講演会「婦人の自覚」。処女会と共催。講師：城のぶ。聴衆500人。
9/24	小倉支部　米町女児尋常小学校にて処女会主催講演会「男女貞操問題の根本義」。講師：城のぶ。聴衆400人。
〃	米町男児尋常小学校にて講演会「自殺を通じてみたる社会の真相」。講師：城のぶ。聴衆150人。
9/24	加古川支部　公会堂で講演会「万国平和と婦人の自覚」。講師：林歌子，渡辺常。
9/25	門司市外大里町小学校における処女会発会式にて講演「処女会の使命」。講師：城のぶ。聴衆300人。
〃	バプテスト教会にて講演会「事実に対する手段」「人生の悲劇とキリスト教」。講師：城のぶ。聴衆180人。
9/26	福岡県　若松メソジスト教会にて講演「自殺者を通じて見たる社会の真相」。講師：城のぶ。聴衆100人。
9/27	久留米高等女学校において，久留米市教育会，久留米婦人会，婦人矯風会支部主催矯風問題講演会「自殺者を通じて見たる社会の真相」。講師：城のぶ。聴衆500人。
9/28	門司合同教会にて門司支部主催矯風講演会「自殺者を通じて見たる社会の真相」。講師：城のぶ。聴衆170人。

10/ 2	兵庫県福良町にて講演会「愛国論」。福良支部発会。講師：城のぶ。
10/14	高知支部　天坪村小学校で講演会。農家主婦が加盟。講師：林歌子。
10/15	天坪村公会堂にて集会。講師：林歌子。聴衆 600～700 人。
〃	高知県　越知町青年団と協力，町長の後援で講演会。講師：林歌子。聴衆 500～600 人。
10/18	兵庫県氷上郡和田村也足寺（曹洞宗）の僧侶の招聘で同村婦人会大会にて矯風講演会「婦人の精神的自覚に就き」。講師：城のぶ。聴衆 800 人。
〃	戸主会で講演「愛国の精神と真の父たり夫たるの道」。講師：城のぶ。
10/19	徳島支部発会式。講師：林歌子。聴衆 300 人。
10/24	兵庫県高砂町有志主催，社会教育講演会で講演「自殺者を通じて見たる社会の真相」。講師：城のぶ。聴衆 1000 人。
10/25	高砂町裁縫女学校にて講演。講師：城のぶ。聴衆 300 人。
〃	鐘紡病院にて講演。講師：城のぶ。聴衆 180 人。
〃	分工場役員看護婦むけ講演会。講師：城のぶ。聴衆 130 人。
〃	三菱製糸会社付属婦人会にて講演。講師：城のぶ。
〃	同工場女工 300 人に講演「社会浄化と婦人の使命」。講師：城のぶ。
11/ 7	福井支部　県立高等女学校で講演「処女と純潔」。講師：久布白落実。
11/ 8	九州部会　熊本にて講演会。市長知事夫人，内務部長夫人，病院長夫人，警察部夫人が来賓。
11/10	九州部会での女学生大会。市内各女学校 3 年以上，1000 人むけ講演。講師：久布白落実。
11/10	香川県　坂出支部　師範学校で講演会。講師：林歌子。聴衆数百人。
11/11	香川県　丸亀支部　県立高等女学校，善通寺実科高等女学校にて講演会「国を愛するの道」。講師：林歌子。
11/23	牧師の招聘で岡谷製糸工場の 1500 人の女工むけに講演。講師：城のぶ。
〃	長野県木下支部　小学校で講演会。講師：城のぶ。聴衆 250 人。
11/25	伊那町高等女学校にて講演会。講師：城のぶ。聴衆 300 人。
〃	辰野の商業会議所にて講演会。講師：城のぶ。聴衆 150 人。
11/27	上田市での下田歌子の講演会に招かれ，講演。講師：城のぶ。聴衆 500 人。
〃	製糸工場女工 500 人に講演。講師：城のぶ。
11/29	小諸町図書館にて講演。講師：城のぶ。聴衆 100 人。
〃	同メソジスト教会にて講演。講師：城のぶ。聴衆 200 人。
11/30	富山県　滑川町　高等女学校生徒 500 人に講演。講師：城のぶ。
12/ 1	富山支部　高等女学校にて講演。講師：城のぶ。聴衆 500 人。
12/22	洲本支部　鐘紡洲本支店第二工場での女工慰安会で講演会。聴衆 1000 人以上。

以上，『婦人新報』1919，20，21，22 年より作成。

幹部の講演をすすんで受け入れるようになったといえるだろう。矯風会幹部の講演会は多くの場合、各地方支部のキリスト教徒が市や学校、婦人会などの団体に働きかけて実現しているようであるが、なかにはむしろ処女会などの方からすすんで矯風会の講師の講演を求めてくるケースもあった。たとえば、高知支部の横川とよのは、「方々の村落から処女会発会式等に招かれ」「三回程講演」に行った。横川によればこうしたことは、「私等が余程世間に了解せられんとした結果で矯風会は真面目な婦人会でしかも社会的事業を着々と実行する会であるといふ考えを拒む事が出来ないといふ感を起させる様に」なったからであるとされている。(20)

こうした講演会での講演題目は、管見のかぎりでは表1のとおりであるが、たとえば最も頻繁な講演題目であった城のぶ「自殺を通じて見たる社会の真相」「男女貞操問題根本義」の大意は、次のようなものであった。神戸婦人同情会の活動を通じて得た統計によれば、自殺の主な原因は「先天的病毒の感染により治療の見込なきを歎ける者主人の放蕩不品行のために生じたる虚栄財界不況のためより生ずる失敗等の家庭的社会的の欠陥」をあげることができる。したがって、梅毒・放蕩・浪費を奨励しているに等しい公娼制度の廃止が不可欠であり、そのためには「婦人として最も大切なる貞操」と「婦女の修養向上」を重んじて、社会奉仕を心がけることが必要というのであった。すなわち、公娼廃止問題についての矯風会の主張の核心であった「人身売買」の禁止、一夫一婦の重視という点を前面に打ち出すというよりはむしろ、放蕩が財産の浪費、性病、「家」の没落を招くことを強調し、放蕩を奨励しているに等しい公娼制度の廃止の必要と、婦人としての使命を説くという趣旨であったといえよう。(21)

また二一年には、町長や知事夫人が主催者となって、矯風会から講師を招いた講演会を開催する例が増えていることも注目される。たとえば、五月九日の鳥取県但馬浜坂町での講演会は、町長などの主催であったし、やはり五月九日の山口県山口町での講演会は知事夫人主催、五月一七日の津支部での講演会は市教育会の主催であった。

町長や市長主催の講演会の開催や、女学校での講演の多さという事実からは、矯風会の講演活動の拡大の背景として、女子教育や政府の教化政策における女性の位置付けの方針転換も大きく影響をあたえていたということがわかる。

これまでみてきたように、矯風会は、「家」制度的親子関係への反対、男性の性的放縦への反対、男女平等の貞操の主張という点では、女学校教育や民力涵養運動の理念と異なっていた。しかし、次代の国民を育てる役割を担っている女性が、母としての国家的役割を自覚すべきであると強調している点においては、この時期の新たな女子教育の方針や民力涵養運動における女性の役割の重視と共通していた。

もちろん、浪費や性病が招く悲劇と公娼制度をむすびつけ、女性の国家的使命を強調する主張も矯風会の当初からの主張ではあった。しかし、地方講演活動のなかでは、さらにそれらの点が強調されたと考えられる。矯風会の見解からするならば、母としての国家的役割を重視して貞操の大切さを強調し、浪費の戒めや生活改善を主張しているにもかかわらず、他方で貸座敷を公認している政府の立場には大きな矛盾があった。矯風会は民力涵養運動などの官製運動の論理にある程度依拠しつつも、その論理をつきつめれば公娼制度の存在が大きな矛盾であることをついて自らの主張を拡大させようとしたのであり、その試みは一定の「成功」をおさめつつあったのである。

三　公娼廃止の国際的潮流と廃娼運動

1　婦女売買禁止の国際条約と婦女保護法案の制定・宣伝活動

地方での講演会活動が急速に拡大しはじめた一九二一年の夏、国際連盟においても廃娼運動にとって画期的なできごとがおきた。「婦女売買禁止に関する国際条約」が制定されたことである。このことは日本でも報道され、以後の日本の廃娼運動の発展に大きな意味をもつことになった。

第二部でみるように、国際条約は、二一歳未満の女性を売春に勧誘することを禁止し、二一歳以上の女性に対しては本人の意志に反して、あるいは詐欺的手段を使って売春を強要することを禁じた。すなわち、一八歳以上（植民地では一七歳以上）の女性が娼妓になることや芸娼妓周旋業を公認している日本の公娼制度は、論理的には国際条約に違反していることになり、国際条約を批准して国内法との矛盾を解決するためには、日本の公娼制度を廃止しなければならなくなってきたのである。

この条約は日本の官民双方に強い衝撃を与えた。第二部第二章で後述するように内務省の反応は鈍かったものの、少なくとも外務省の国際連盟日本代表は、もはや日本の公娼制度を廃止するか、そうでなければ少なくとも娼妓になることが許可される年齢を、条約の基準である二一歳まで引き上げなければならないと判断した。

一方、国際条約制定について新聞で読んだ久布白落実は、「我が国の六法全書の何の部分を探して見ても、此れ程明瞭な、又徹底した、処女の純潔を保護する法律を見出す事が出来ませぬ」と喜んだ。この条約が、矯風会の手がけた下記のような事例に役立つと考えたからである。横浜のある少女が近所の口入れ屋の紹介で奉公にでたが、事前の話とは異なり、料理屋で客席に出され、それを拒否したために他の店に売られてしまい、結局売春を強要されたという事件があった。この少女は三沢千代野といい、日曜学校に通っていたため、彼女の母親に頼まれた宣教師が矯風会の慈愛館に連絡し、救済された。久布白は、本人の意志に反して売淫を強要したのであるから、店の主人は処罰されるべきであるとして裁判に訴え、五年を費やしたが、結局罪状軽微という結果になってしまったというものである。

しかし、この国際条約に日本が加盟し、あわせて国内法も改正するならば、三沢千代野のようなケースは未成年の女性への売春の強要ということで処罰の対象となり、ひいては公娼制度の廃止を促進すると久布白は期待した[22]。

そこで、この国際条約の制定直後から矯風会は、条約を基にした「婦女の人権保護に関する法律案」を作成し、二二年の第四五議会にこれを提出することをめざした。その際、国際条約と法案の内容を広く知らせるために、請願書を用意し、全国の支部をはじめ、教会の婦人会、処女会などに郵送し、賛成の調印を求めた。さらに久布白は、一九二一年一一月に開催された九州部会でこの法案の説明をするなど、普及につとめたのである[23]。

婦女保護法案は否決されたものの、第四五議会開催直前の二二年一・二月には、各支部でもこの法案が宣伝された。たとえば群馬県藤岡支部では、郡の議事堂を借りた集会を企画して「あまねく各村処女会」へ通知し、集まった聴衆二〇〇人を相手に「此度の婦女保護法案提出の次第を縷述致し、郡全体の処女を代表して御一名の御調印を願ふ事にいたして置きました」という[24]。四日市支部でも、婦女保護法案への賛成を求めるため、代議士訪問などを行っている[25]。

また、請願書発送の範囲は、全国各支部に五枚ずつ七〇〇枚、全国処女会に二三〇〇枚、教会に一〇〇〇枚で、計四〇〇〇枚であったが[26]、集まった請願書は、団体にして四〇〇団体、人数にすると六万五〇〇〇にのぼったという。これらの署名数のうち一万人が救世軍、七〇〇〇人が女子青年会、一万二〇〇〇人が大阪愛国婦人会で、その他は全国支部および処女会からの署名であった[27]。

ここで想起すべきことは、二節で述べたように一九二一年の前半期から、矯風会の地方講演活動が婦人会や処女会、学校教育に受け入れられ、急速に活発化しはじめていたことである。条約制定の報道に少し先立つ時期から、矯風会の地方講演活動が、処女会や婦人会、学校教育と関係を持ちはじめていたので、署名が多方面から集まったと考えられよう。

2　第一一回万国婦人矯風会大会への出席と公娼廃止問題

国際条約の制定は、欧米での女性解放運動や国際連盟に対する矯風会の期待と関心を呼び起こしたとみられる。また、公娼廃止問題とならんで、婦人参政権が不可欠との認識によって、欧米におけるこれらの問題の動向についての研究が強く求められるようになった。その結果、一九二二年の一〇月から半年間、第一一回万国婦人矯風会大会への出席をかねて、久布白落実と林歌子が公娼廃止と婦人参政権問題の研究のためにアメリカ・ヨーロッパを訪問するに至った。この訪問で、公娼制度にかわる性病予防方法などについて知識を深めてきたことは、以後の公娼廃止論に影響を与えた。

久布白は、第一次世界大戦が終了して欧米各国が婦人参政権を実現すると、女性も国家に対して母としての役割を果たしている以上、当然参政権が与えられるべきであるとの主張を強めていった。とくに一九一六年から始めた「公娼全廃教育運動」において数々の請願を行ってきたものの、そのような活動が、「蚊の泣く程にも社会に応へ」なかったことが婦人参政権の必要をさらに痛感させた。すなわち、これまでは「請願はくづ籠に、運動は一時の波動となるのみ」であった。公娼制度を廃止させるには「国家の妻女国家の母たる大多数の婦人」が、「一打ち打てば、代議士の進退を左右する一票の権利を持つと云ふ事」がなければならず、そしてそれこそが国家的「責任を果たさんと志す婦人の当然の要求でなければなりませぬ」と強調したのであった(28)。そして、大戦後はじめての万国婦人参政権大会がジュネーブで開催された一九二〇年六月には、日本からのはじめての出席者として、矯風会のガントレット恒子が参加し、帰国後、矯風会は同同盟に加入することになる。さらには、同年秋、平塚らいてう・市川房枝らの新婦人協会が発足したが、久布白は新婦人協会の主張である、治安警察法第五条撤廃と花柳病男子結婚制限に賛同し、婦人参政権は「最早決して尚早でない否むしろ手遅れだと云ふ念」を強くした(29)。

さらに久布白は、一九二二年一〇月以降、婦人参政権問題と公娼廃止問題の研究のために、林歌子らとともに半年間アメリカ合衆国・ヨーロッパを訪れた。二人はまず第一一回万国矯風会大会へ出席するため渡米したが、そこで公娼廃止についての各国の専門家に会い、公娼制度にかわる有効な性病予防方法の存在を知らされている。

とくに、ドイツのボイマーが示した、議会提出用の公娼廃止案は久布白らの関心を引いた。これまで公娼制度廃止に反対する側の有力な論拠は、娼妓に性病検査を義務付けている公娼制度を廃止するならば、性病が蔓延するというものであった。しかし、公娼への性病検査義務付けによって性病蔓延は防止できないこと、むしろ、性病予防・治療の対象を売春婦に限らず一般国民に拡大し、無料治療制度を確立することによって、より効果的に性病を予防できるとの見解を各国代表から教わったことによって、久布白らは公娼制度廃止論の論拠がより強固になると考えたのである(30)。

さらに久布白らは万国婦人矯風会会頭のゴルドン夫人の紹介で、ニューヨークの「性問題教育研究館」を訪れ、アメリカの軍隊における売春対策・性教育についての次のような説明を受けた。大戦中は三〇〇万人の兵士を一二区にわけ、その区域内の軍事病院における性病患者の率に注意が払われた。その率が上昇すると調査し、私娼が原因であるとわかった場合、その軍の所在地の市長にこれを取り締まらせるのだという。市長は彼女たちを転業、あるいは退去させることになっているが、市長の行動が迅速でない場合は、衛生主任が矯風会などの民間団体に依頼して対応を促すというものであった(31)。

この後、久布白はヨーロッパで婦人参政権問題について調べ、ロンドンで婦人参政権運動家のフォーセット夫人などに会っている。また、ジュネーブの国際連盟本部で、婦女売買問題の担当者に面会して、日本の矯風会が作成した婦女保護法案について説明し、さらには日本代表として国際連盟婦人児童売買問題諮問委員会に出席していた杉村陽太郎にも面会している(32)。

こうして帰国した久布白は、二三年四月の第三一回日本キリスト教婦人矯風会大会で、欧米各国の売春取締り事情について報告し、公娼廃止が単なる理想ではないことを強調した(33)。

そして、その約四ヵ月後に関東大震災が起こった。震災をきっかけとして、矯風会は帝国議会に対して焼失遊廓再興反対運動を「矯風会開闢以来」の集中度で行い(34)、以後普選運動の活性化ともあいまって、帝国議会への公娼廃止法律案の提出活動を強めてゆく。

おわりに

以上にみてきたように矯風会の地方講演は、「人身売買」の禁止のための公娼制度廃止という主張を前面に打ち出すというよりも、むしろ不品行や浪費が家計の破綻などの悲劇をもたらすことを強調し、梅毒・不品行・浪費を奨励しているに等しい公娼制度の廃止を人々に訴えかけた。そして不品行や浪費を戒めるためにも貞操についての女性の自覚が重要であり、女性には社会を浄化する使命があると説いたのである。一方、一九一八年の臨時教育会議における「女子教育に関する件」や、一九二〇年から始まる民力涵養運動は、母親としての女性の国家的使命を強調し、とくに民力涵養運動では、婦人会・処女会の組織化・強化を通じて、生活改善を女性に担わせることで、大戦後の生活難、「思想悪化」の防波堤をめざした。

矯風会の理想は、男女平等の貞操の達成、身売りの禁止であり、その点では女学校教育や民力涵養運動の目標と異なっていた。しかし、女性は国家的な使命をもっと強調する点においては民力涵養運動などとも共通しており、そのような共通点が、学校や婦人会・処女会などから矯風会の講演が求められた理由の一つであったと考えられる。矯風会は、民力涵養運動などの論理にある程度依拠しつつも、その勤倹貯蓄や生活改善の論理でゆくと浪費や放蕩を奨励しているに等しい公娼制度の存在が大きな矛盾になるという点をついたのである。

このように、矯風会の地方講演活動は、青年・女性の修養活動と、官製の教化運動とがせめぎあうなかで拡大していった。次章では、地域社会の側から、公娼制度批判拡大の過程を考察したい。

一方、地方講演活動が拡大を始めた一九二一年は、婦女売買禁止の国際条約が制定された年でもあり、公娼制度批判は国際的潮流によっても大きく促進させられた。条約を基本に矯風会が作成した婦女保護法案にキリスト教以外の団体の多数の署名が集まったのは、前述のように条約制定直前の時期から地方講演活動が急速に拡大しつつあったことに起因するといえよう。また条約制定後、婦人参政権問題と公娼廃止問題の研究のためアメリカ、ヨーロッパを訪れた久布白が、公娼制度にかわる新たな性病予防方法について知識を得たことは、その後の公娼廃止論を補強する役割を果たした。国際条約をはじめとした国際連盟の活動が日本に与えた影響については第二部で論じたい。

註

（1）日本キリスト教婦人矯風会『日本キリスト教婦人矯風会百年史』ドメス出版、一九八六年など。林歌子「御大典記念事業につき問はれたるに答ふ」『婦人新報』二二八号、一九一五年九月。

（2）同上「御大典記念事業につき問はれたるに答ふ」。

（3）久布白落実「婦人の権利と公娼制度」『婦人新報』二六八号、一九一九年一一月。

（4）同上「偉大なる時代の進運」同上、二五九号、一九一九年二月。同「世界の進運と国民的教育」同上、二四八号、一九一八年三月。

（5）同上「婦人の見たる人種差別撤廃案」同上、二六三号、一九一九年六月。
（6）同上「希望に輝く五年度へ」同上、二二五号、一九一六年四月。
（7）同上「秋来らんとする前に　本年度第一期の運動」同上、二二九号、一九一六年八月。
（8）「第二五回大会記録」同上、二三八号、一九一七年五月。
（9）久布白落実「貞操観念と国家の将来」同上、二三一号、一九一六年一〇月。
（10）前掲『日本キリスト教婦人矯風会百年史』三五二頁。
（11）「第二十五回大会記録」『婦人新報』二三八号、一九一七年五月。
（12）「大正八年度報告」同上、二七三号、一九二〇年五月。
（13）千野陽一『近代日本婦人教育史』ドメス出版、一九七九年、阿部恒久「一九二〇年代の婦人会運動について」『日本女性史　第五巻現代』東京大学出版会、一九八二年、赤澤史郎『近代日本の思想動員と宗教統制』校倉書房、一九八五年など。
（14）野田久美子「天野藤男の処女会構想」『歴史評論』四一九号、一九八五年三月。
（15）二階堂みよ子「小さき兵士」『婦人新報』二八〇号、一九二〇年一二月。「公娼全廃教育運動五　大正十年度」『買売春問題資料集成〔戦前編〕』二巻、不二出版、一九九七年。
（16）「全国の声」『婦人新報』二八一号、一九二一年一月。
（17）「私の村にも矯風会を（寄稿）」同上、二八〇号、一九二〇年一二月。
（18）「満州便り」同上、二八三号、一九二一年三月。
（19）久布白落実「デモクラシーの運用」同上、二九四号、一九二二年三月。「第三十回大会」同上、二九五号、一九二二年五月。
（20）城のぶ子「到る処に扉は開かる」同上、二八五号、一九二一年六月。「各地消息」同上、二九〇号、一九二一年一一月。
（21）「各地消息　小倉支部」同上、二八九号、一九二一年一〇月。
（22）久布白落実「機来れり、全国の処女よ起て」同上、二八八号、一九二一年九月。
（23）「基督教婦人矯風会第八回九州部会報告」同上、二九三号、一九二二年二月。
（24）「各地通信」同上、二九三号。

(25)「各地通信」同上、二九四号、一九二三年三月。
(26)「第四五議会に於ける法律請願運動」同上、二九五号、一九二三年五月。
(27)「本部から」同上、二九三号。
(28)久布白落実「日本婦人参政権協会」同上、二九二号、一九二三年一月。
(29)同上「動瀾の中心に立ちて」同上、二七九号、一九二〇年一一月。
(30)同上「只今帰りました」同上、三〇六号、一九二三年四月。
(31)同上「一〇年ぶりに故国をはなれて」第八信、同上、三一〇号、一九二三年八月。
(32)久布白落実『廃娼ひとすじ』中央公論社、一九八二年、一四九・一五八頁。杉村自身はどちらかといえば公娼廃止が必要との認識であったが、内務省の姿勢は固く、久布白が国際連盟を訪れたこの時期には、日本の国際条約批准準備は未だ膠着状態であった(第二部第二章)。
(33)「第三二回大会記録」『婦人新報』三〇七号、一九二三年五月。
(34)「基督教婦人矯風会臨時大会報告」同上、三一四号、一九二四年二月。

第二章　大正デモクラシー期における諸団体の公娼制度批判の論理

――長野県を中心として――

はじめに

本章の課題は、一九二〇年代の長野県における諸団体の公娼制度批判の歴史的特徴を考察することである。一九二六年に結成された廃娼連盟が地方別の廃娼運動を推奨したこと、一九二四年からメソジストキリスト教会が禁酒・廃娼運動の徹底化を方針にしたことなどを背景とし(1)、一九二〇年代半ば頃から各地方都市で、主としてメソジストキリスト教会やその関係者を中核とする、県や県会に対する廃娼建議提出運動が展開された。そのなかで、青年団・婦人会・処女会・禁酒会をはじめ、広範囲から協力や署名が得られているのである。とくに本章が対象とする長野県では、全国一署名数が多く、一九二四年一二月現在六五〇〇、二五年一二月現在一万一二〇〇、二六年一一月現在二万二〇〇〇、二七年一二月現在三万五二〇六、二八年一二月現在四万三七五四、二九年一二月現在六万六四五、そして、一九三〇年の団体別の統計では青年団一〇〇、婦人会八六、処女会九一、禁酒会一二五、合計六四二団体からの署名が獲得されている(2)。

以上の点をふまえ、本章は、一九二〇年代の県レベルの廃娼運動の分析を通じて、その担い手・支持者の公娼制度に対する批判意識を明らかにすることを目的とする。その際、一九二〇年代は民衆生活に画期的な変化がもたらされた時期であるといわれていることに注目し、民衆生活や意識の変化のなかに彼らの売買春観や公娼制度認識を位置付けたい。

廓清会・キリスト教婦人矯風会を中心とした一九二〇～三〇年代の廃娼運動の研究には、竹村民郎『廃娼運動』、今中保子「一九二〇～三〇年代の廃娼運動とその歴史的意義―広島県を中心にして―」などがある。しかし、一九二〇年代の廃娼運動の論理の特徴について、竹村と今中は、それぞれ「悲惨な売春の実態を告発し続けた」[3]、「人道上・宗教上の見地からの娼妓解放をめざす、いわば他者による救済的社会改革的」[4]運動であったと言及するにとどまり、必ずしもその論理構造や歴史的特徴を民衆意識との関係で明らかにするには至っていない[5]。したがって、なぜこの時期に公娼廃止の可能性が高まったのかということを、民衆史の側から明らかにするには不十分な段階にとどまっている。また両氏は、三〇年代以降の廃娼論が、日本の体面を維持するための、あるいは私娼への対策を欠いた形骸的な廃娼の主張に「変質」してしまったと指摘している。しかし、この「変質」が一九二〇年代の高揚した廃娼運動の論理とどのように関係しているのかは十分に説明されていない。これを明らかにするためにも、まず一九二〇年代の廃娼運動の論理構造を分析する必要があろう。

日本の一九二〇年代には、旧来の身分的差別に対して「人格の尊重」あるいは「人格の承認」を要求する広範な人々の「修養」活動が展開された[6]。そして、こうした活動の背景には、都市化にともなう生活の近代化、都市と農村の格差の拡大のなかで、向都熱を強める農村青年による農村改造運動が進展していたことが指摘されている[7]。本章は、公娼制度批判がそのような修養活動とどのように関連しながら展開したかを明らかにしてゆく。

長野県を対象とするもう一つの理由は、よく知られているように、この時期の同県が、民本主義や白樺派の思想を受容した農村青年の、普選運動・青年団自主化運動・自由大学運動・自由主義教育運動をはじめとする、様々な活動が最も盛んに展開された地域であったからである(8)。女性も例外ではなく、本文で述べるように、長野婦人会によって信州婦人夏期大学が開催される。これらの活動に共通することは、農村青年として、あるいは母としての、主体的かつ真摯な自己向上心、「修養」意欲であった。同時に、同県の廃娼運動は、長野市や松本市のキリスト教会や矯風会長野支部を中心的な担い手としつつも、前述したように、他県に抜きんでて多くの禁酒会・青年会・婦人会・女子青年団の署名をもとりつけている。したがって、農村をも含めた諸団体の構成員の生活や意識、活動の中に廃娼要求を位置付けるために最適の地域と考えるからである(9)。

本章ではまず一節で一九一〇〜二〇年代の同県における遊興の実態を含めた社会状況をふまえ、二・三節で諸団体の公娼制度批判を考察する。

一　貸座敷・花柳界の繁栄と文化生活・諸運動

1　都市化の進展と娯楽・奢侈の発展

大戦ブーム・戦後ブームによる未曾有の好況は、長野県下の養蚕・製糸業の飛躍的な発展をもたらし、同時に県下の商業・金融・流通の発達をも一挙に推し進めた。そして、一九二〇年の国勢調査では、長野・松本・上田の三大都市への人口集中が著しく、しかも非農業人口が増大した。農業人口の比率は、長野が五・四％で県内最低であり、工業・商業人口の比率は、長野五五％、上田六〇％、松本六四・五％であった。また、公務・自由業は、官庁のある長野市が県内で最高の比率を示していた(10)。

各種の娯楽も繁栄した。たとえば、善光寺の御開帳の時の長野駅の乗降人数は、一九一二年に四一万余人だったのに対し、一九一八年には五〇万人にも達しており、その他の祭りにおいてもそれまでにない空前の賑わいをみせた。また、各種娯楽場・遊技場も増加した。たとえば、劇場は一九一七年から一九一八年に一三軒、遊技場は一九一六年から一九一九年に一〇六軒から一五四軒に増加しており、これは一九一〇〜三〇年代中で最大の増加であった(11)。さらに、貸座敷と花柳界も未曾有の繁栄を謳歌することとなった。表2をみるとわかるように、貸座敷消費金額の合計額は、一九二〇年に最高金額を示し、遊客人員も、一九一七年に最大数を記録している。こうしたなかで、従来はその身分・職業とは不釣り合いとされた娯楽や奢侈に興じる者が現われたことが報道された。たとえば、長野市の商店の店員のなかには「小料理屋へ盛んに出入し深田町の芸妓を招きて遊興」し、さらに「主人に隠して絹の高価の着物を造って市内の知人の家に預け置き公休日に着込んで若旦那然と済まし返る」者があった(12)。また、飯田町では車夫が、「車を操縦して居る時は泥の飛んだ破れた着物を着て居」ながら、「晩にはお絹揃ひの紳士と成り済まし二本松遊廓始め町内の茶屋小屋へ繰り込む」とされた(13)。農村でも、「彼等〔農民―引用者、以下同じ〕は生れてから始めて」「何かに使つて見たい金が唸り出して来た」ため、「株に浮かれ」たり、「芸妓買ひを覚えて三文芸妓に現を抜か」しているとされたのである(14)。

しかし、一九二〇年に戦後恐慌が訪れると、繭価が急落し(15)、好況期に糸価の高騰にともなって経営を拡大させ、消費を増大させていた養蚕農家に影響が及んだ。たとえば、一戸当たりの養蚕収入は一九一九年に最高金額の六三二円を記録するが、一九二〇年には半額以下の二八七円に落ち込んでいる(16)。下伊那の農村では、「養蚕家は糸価の好景気

表2　長野県貸座敷同遊客消費金額　（単位：円，人）

年	娼妓揚代金				飲食代	芸妓揚代金	合計	遊客人員
	娼妓所得高	貸座敷所得高	其他諸経費	合計				
1913	118,592	104,489	36,810	259,891	315,049	59,836	634,776	442,534
1914	104,595	90,808	34,329	229,732	268,529	49,772	548,033	393,934
1915	99,308	87,063	30,660	217,031	235,399	44,003	496,433	380,158
1916	118,825	105,133	34,501	258,459	289,983	59,351	607,793	463,498
1917	154,145	137,172	40,356	331,673	409,835	87,943	829,451	566,408
1918	173,350	152,413	48,275	374,038	524,929	112,070	1,011,037	548,816
1919	227,471	197,252	67,792	492,515	814,632	164,730	1,471,877	563,495
1920	219,785	197,366	65,885	483,036	915,669	162,421	1,561,126	443,615
1921	176,305	168,333	40,852	385,490	735,618	121,099	1,242,207	361,874
1922	204,808	190,524	38,680	434,012	844,319	127,952	1,406,283	385,045
1923	200,979	198,335	36,731	436,045	809,641	111,150	1,356,836	388,612
1924	228,369	225,625	37,515	491,509	796,892	107,685	1,396,086	381,829
1925	241,925	232,196	38,125	512,246	771,296	95,539	1,379,081	384,802
1926	248,877	219,357	44,492	512,726	684,539	85,353	1,282,618	355,555
1927	222,856	163,254	38,045	424,155	535,838	64,369	1,024,362	290,072
1928	222,193	163,771	35,618	421,582	443,170	64,236	928,988	278,781
1929	212,962	150,811	40,694	404,467	366,994	50,013	821,474	267,122
1930	163,866	104,664	26,876	295,406	261,683	29,415	586,504	213,486
1931	148,000	93,513	23,614	265,127	202,036	19,155	486,318	210,745
1932	131,556	84,722	22,813	239,091	172,028	16,402	427,521	200,119
1933	128,818	87,436	24,074	240,328	190,555	16,288	447,171	218,842
1934	116,736	77,617	21,355	215,708	174,245	17,968	407,921	198,117
1935	115,197	72,378	20,793	208,368	186,595	17,847	412,810	197,746

典拠：『長野県統計書』1914～35年より作成。合計額については筆者が算出。

に煽られ二〇円二五円の繭価を予想し資金は蚕室新築増築其の他固定させ尚生活も風船玉の様に膨らみ得るだけ膨ら」んでしまったところへ、戦後恐慌で「糸価が三千円を割り込み二千何百円を唱へ出し」たため、「夢がよすぎたと嘆いても今更追つか」ないとされた(17)。

こうしたなか、貸座敷の消費金額の合計額は、表2に見るように一九二一年に大幅に減額するものの、翌年にはかなりもちなおし、一九二〇年代半ばまではほぼ同じ水準を維持している。また、演劇場数や遊戯場も一九二〇年代前半は増加傾向にあった(18)。つまり、空前の好況で人々の身についた娯楽や享楽・奢侈は、一九二〇年に戦後恐慌で景気が一頓挫した後も継続したのである。そして、消費や娯楽を縮小できずに生活破綻をきたす人々が問題とされていくなかで、生活改善の重要さ、買春や飲酒にお金を浪費することへの反省が芽生えてゆき、禁酒・廃娼運動の前提が形成されていった。

2 「文化生活」の登場と農村における向都熱

都市化・生活の近代化・娯楽や奢侈の発展に加え、一九二四・五年になると、長野県でも長野市などの都市においては、「文化生活」が出現するようになった。一九二三年の関東大震災の後、周知のように東京では、新聞・雑誌の部数の急増、『キング』などの大衆雑誌の創刊、ラジオ・映画・レコード・カフェーの普及、百貨店の大衆化が進展した。そして、いわゆる「文化生活」「モダン生活」が脚光を浴び、生活様式に大きな変化が生じている。(19)

程度の差こそあれ、長野県もこのような大都市の状況と無縁ではなかった。たとえば、一九二五年四月の『信濃毎日新聞』には、次のような新しい風景が報道されている。善光寺の参道に続く中央通りについては、「ちまちまとした感じを与えた昔の街の代りに半欧風の飾窓」があり、「これ〔飾窓〕は町を明るく心持ちよくする事に十分役立てている」とされた。加えて、歩道には「三通りの材料〔煉瓦、みかげ石、スレート〕が使用され、雨のそそぐ夜なぞ街灯の影を宿して、その美しさが感傷的な若人を喜ばせる」とされ、「貧弱ながらピカデリー街」さながらであると報道されている。(20)また、「傲慢で臆病な文化気分」「痘痕の跡のような」と揶揄されながらも、「全く同一型の文化家屋」が軒をつらねている市営住宅街の様相も報道されている。その住宅街には「格子の出窓、つぎはぎだらけの障子、七三髷に圧倒的厚化粧の奥さん、籐いすに敷島の輪を吹く旦那様」が見られ、「全部恐らくは御役所と銀行会社との勤め人に住まはれて」いるとされた。(21)さらに、一九二五年四月に、長野市では全国文化家具共進会が開かれており、全国からの出品数約一〇〇〇点のなかで、県内からは箪笥や書棚に加え、「文化卓子」・「文化机」・「文化卓上盤」など、約五〇〇点の出品があった。そして、県内における文化家具の生産は、「五、六年前に比しては二倍の生産増加」とされている。(22)

以上に述べてきたように、景気が一頓挫したにもかかわらず娯楽・享楽が繁栄し、さらに、とくに関東大震災以降、長野市や松本市においても、農村の生活とはかけ離れた「文化生活」が登場するなかで、農村は都市に比べて不利な生活条件にあるとの、痛切な認識が醸成されてゆくことになる。さらに、農村の青年男女が農業を嫌って働かなくなり、享楽に身を任せ、華やかな都会へ行きたがる傾向が深刻な問題とされた。とくに、一九二〇年代に次々と発刊された各青年団の『時報』では、この問題が主要な論点の一つであった。たとえば、小県郡泉田青年義会では、「農業をしても少しも儲からないで年々損が大きくなるばかりだと嘆息の声が殆ど農村全部の声となつた」とされ、「都会と農村との隔たりが大き過ぎる」ことに起因した「農業を下賤する風」が強くなった。(23) そして、「修養会に出席できないで活動写真や其の外の都合のいい楽しみ事に熱心」(24)である者、「吾等はこんな田舎に何の喜びも感じやしない〔中略〕、鶯雲雀のさえずる野より、音楽は聞こえ美しいきものはある三越や白木屋でも見物する方がどの位望んで居るか知れない」(25)と主張する者が問題とされた。別所村青年会でも、「理想的な文化生活なぞと云つて、何事に限らず特徴の在る『ハイカラ』な事を好む様になつて来た」ために、「田舎がいやになる、親を捨、家を捨、華美と享楽の巷に走りたがる」者が増えたことを問題にしている。(26)

都市における「文化生活」の登場や農村における向都熱は、後述のように農村において文化改造への志向をもたらし、ひいては公娼制度を廃止すべき「旧弊」とする認識が生まれていったのである。

3　自由主義的諸社会運動の進展

前項までに、①生活改善への認識の強まり、②「文化生活」の登場や向都熱を背景とする農村文化改造の志向、という廃娼運動の二つの前提を述べたが、ここでは、廃娼運動の中心的な担い手として女性が登場してくる前提を考察するために、他の自由主義的社会運動と関係しながら、一九二〇年代初頭に開始される女性運動の動向を述べる。

長野婦人会は、一九二三年から、数百人もの女性の参加の下、小県郡別所常楽寺において信州婦人夏期大学を開催し、様々な講師を招聘して講演会活動を行っているが、(27)この信州婦人夏期大学の開催の特徴については、次のことがいえる。まず第一に、この催しが、仏教界の修養活動と密接な関係にあったことである。このことは長野婦人会の中心会員であり、同会機関誌『信州婦人』の編集・発行を行っていた倉島あきの夫が『仏都新報』主幹の倉島鬼成であって、『信州婦人』の発行に協力していた様子であること、別所常楽寺は、小県郡内の青年会の修養講演会によく使われていたこと、信州婦人夏期大学の講師に当寺住職の半田孝海や仏教修養思想家の宮坂喆宗が頻繁に登壇していることからわかる。(28)

第二に、信州婦人夏期大学は、自由大学や普選運動をはじめとする信濃黎明会の活動となんらかの関係があったと考えられることである。このことは上田自由大学の主要な講師であった高倉輝が、信州婦人夏期大学の会場となった常楽寺の別荘に居住していたこと、信濃黎明会は婦人参政権問題にもコミットしており、金子しげりを招聘していることなどからわかる。(29)

第三に、前述の長野婦人会会員倉島あき、やはり同婦人会の中心会員であった小笠原嘉子らが、長野メソジスト教会の会員もしくは関係者でもあったことである。(30)これらのことから、信州婦人夏期大学が、自由大学運動、白樺派やキリスト教徒による自由主義教育的な活動、仏教界やキリスト教会の修養活動を背景として開催されていることがわかる。そして、たとえば倉島あきの、「自分が婦人としてはづかしくないもの」になりたいという発言にみられるように[31]、この会合に集まった女性たちは、妻・母としての真摯な自己向上心をもっていたのである。

廃娼運動は、長野・松本などの各地方都市のメソジストキリスト教会の指導の下に、一九二四・五年から本格化するが、キリスト教会と密接な関係をもっていた女性たちが、キリスト教婦人矯風会長野・松本支部を設立して運動の中軸を担ってゆくことになる。そして、矯風会支部の中心会員は、上述の信州婦人夏期大学を開催した長野婦人会の中心人物でもあった。つまり廃娼運動は、以上に述べた自由主義的社会・文化・修養活動と連動しながら、とくにキリスト教会の影響を強く受けつつ本格化してゆくのである。したがって、次節では禁酒・廃娼運動を開始したキリスト教会の動向と、教会に促されるかたちで設立されたキリスト教婦人矯風会長野支部について検討する。

二　キリスト教会と婦人矯風会長野支部の動向

1　キリスト教会の動向と禁酒・廃娼運動の本格化

空前の好況期から一九二〇年代前半にかけて、享楽や流行の追求、浪費、都会での華やかな生活や立身出世への憧憬が顕著となったことについて、キリスト教会は道徳的な進歩をともなわない、物欲に偏重した進歩の結果であるとして批判した。すなわち、道徳の進歩を欠いたまま社会が進歩したために、「低い動物的本能」に基づく物欲のみが発展し、享楽を追い求める人間を生みだしたとしている。「今日の如く、社会が複雑になつてをりますために、あまりに物質万能に傾いて居りますために、人々は皆激烈な生存競争の渦中にあつて、如何にして肉的生活を支へやうか、如何にして地位を得やうかとのみ思ひ煩つて居つて、内的生活を顧み、神を求めることが出来ない[32]」とした。その結果、「恋愛至上主義のやなご《ママ》都合主義、勝手気儘主義が流行」するようになり、本来ならば社会の進歩とともに姿を消すべき「悪習」である飲酒や、「奴隷制度」にも比すべき公娼制度が残存させられたとしたのである。(33)「今日昔のやうな奴隷制度が行はれる国があつたら、国際間の大問題」であるから、公娼を廃止しなければならないと主張した。(34)

そして、好況が一頓挫するなかで、浪費や享楽による生活破綻への人々の反省が芽生えはじめたことに訴えかけ、道徳的にも進歩した生活を確立する必要があるのは、浪費や遊蕩のせいで精神的・経済的に生活破綻をきたさないためであると強調した。さらに、そうした道徳的にも進歩した生活の核として、完全な一夫一婦に基づく「健全な」家庭の必要を主張し、「健全な」家庭の樹立の阻害要因となる飲酒・公娼制度への反対運動に、人々の共感を得ようとしたのである。

彼らは、「夫婦間に深き愛と真実のある家庭」が「天国の縮図」であるとし、飲酒や売買春・公娼制度がそのような家庭の確立と矛盾する点を次のように指摘した。まず第一に、公娼制度の存在は、お互いの人格を尊重する夫婦関係の確立を阻害するとしている。すなわち、公娼制度下の売買春は、「若き女性を五万二千人も奴隷にして居」る「人身売買」であり、同時に妻以外の女性との性的関係を公認しているため、女性の人権や貞操に対する国民の認識を鈍らし、夫が妻や家庭をないがしろにする傾向を助長するとした。また、酒のせいで夫が暴力的になることなどを掲げて、飲酒も対等な夫婦関係を破壊するとした。第二に、売買春と飲酒は、健康・経済上、家庭を破壊するとしている。性病検査が不完全なので、公娼制度はかえって性病を蔓延させており、過度の飲酒はアルコール中毒やその他の病気を併発する。そして、それらの健康上の弊害は、当人のみならず、その妻や子供にまで及ぶとしたのである。また、料理屋における飲酒や貸座敷における遊興は、莫大な遊興費をもたらし、家計を破綻させるとしている。(35)

みられるように、彼らが売買春のなかでも、とくに公娼制度に反対したのは、売買春の国家公認が、「人身売買」

である売買春に対する人々の罪の意識を鈍らせるために売買春行為を助長し、結果としてその行為がもたらす諸弊害を増加させるという理由からであったことに注意を喚起しておきたい。したがって彼らが開始した禁酒・廃娼運動は、売買春の国家公認の廃止・禁酒法の制定によって、売買春や飲酒が「悪」であるとの国民的認識を確立させることをはじめとする、飲酒・売買春をさせないための教育運動であった。ことに禁酒宣伝は、教会にとって教会員の増加のためにも重要な活動であったと思われる。たとえば、長野県廃娼期成同盟会上伊那支部が一九二八年一〇月に設置されている伊那高遠教会では、教会内の活動の活性化のために禁酒宣伝を開始している。(36)

教会は、飲酒に関しては、禁酒会を組織して禁酒教育を広め、禁酒主義者を増やす運動、さらに、未成年者禁酒法の徹底と二五歳禁酒法の制定要求のための請願署名運動を行った。廃娼運動としては、公娼制度廃止演説会・署名請願運動を行ったのである。こうして一九二四年以降、松本教会や長野教会の牧師や宣教師による廃娼運動が本格化した。二四～二六年には、長野教会・軽井沢教会などの主催で、廓清会・矯風会本部の会員（賀川豊彦・久布白落実・松宮弥平・伊藤秀吉）を招聘した公娼廃止演説会が長野・松本・上田・岡谷・須坂・下諏訪・屋代・松代で開催されている。また、松本教会の宣教師ヘニガーらが中心となって、県へ提出する廃娼の署名活動が行われた。(37)

ところでキリスト教会は、以後、国民精神作興詔書を契機とする国民教化政策と軌を一にして禁酒・廃娼宣伝をすすめてゆく。実際に、長野や松本の牧師・宣教師は、国民教化に関する市や県の会合にたびたび出席している。彼らは「現在わが日本を心から腐敗させ滅亡に向はしめている内敵は何か？　それは酒と醜業婦である」とし、「物質万能主義」およびそれを典型的に表している飲酒・売買春に対する批判を、精神作興・勤倹貯蓄・外債償却などの思想善導政策の一環に位置付けたのである。第一に、国民が「酒の為めに毎年徒費する金高は、実に十五億円の多きに達し」ていること、「娼妓だけに空費する金高は実に六億円」「其他芸妓、酌婦、密売淫婦の為めに費す金高は実に驚くべき巨額に上る」ことを指摘し、「日本経済が瀕死の状態にある時に、一方に於て斯る巨額の金を濫費して居る」ことの矛盾を根拠に公娼廃止・禁酒を主張した。第二に、飲酒や売淫は経済的な問題を引き起こすだけでなく、アルコール中毒や性病を蔓延させるために、その悪影響は「子々孫々に迄及」んでおり、国民を肉体的にも精神的にも自滅に導いているとしたのである。(38)

2　キリスト教婦人矯風会長野支部の設立

キリスト教会は、「健全な」家庭の確立や、飲酒・売買春の根絶にあたって、妻・母の果たす役割がきわめて重要であると主張し、婦人教会員の禁酒・廃娼運動への参加を促した。その結果、主として都市部で教会婦人会会員を中心とした、日本キリスト教婦人矯風会長野支部や松本支部が結成され、以後署名活動などの中心推進団体となっている。なかでも、長野市の長野メソジスト教会婦人会を中心として設立された日本キリスト教婦人矯風会長野支部は、東京の廃娼連盟本部との連絡や、街頭署名運動を積極的に推進していた。そこで、矯風会長野支部の設立経緯をみてみたい。

教会の牧師らは、前述した「肉的生活」の悪影響を最もこうむっているのは少年少女であるとし、彼らの不良化の原因を「家庭の紊乱、継父母の冷酷、親の監督不行届、父母の悪風感化、親権者のなきこと」ととらえた。(39)そして、子供の不良化を防ぎ、健全に育成するためには、母親の努力が不可欠であるとし、「世の母親たちが各々その子供をよく育てればそれだけ社会がよくな」ると考えたのである。つまり「母性は唯にその子の母たるに止らず、新しき社会を生み出す母性である」とし、母性の社会的な影響力の強さを強調した。(40)母性は、「教化の上に偉大なる力を持っている」とし、家庭内における母親の感化力を社会にまで拡大して、「一切の男女が清い生活に入る」ための教化活

動、ひいては廃娼運動に女性が尽力すべきであると主張したのである。(41)

以上のような母性に関する話は、牧師・宣教師によって、礼拝や教会の婦人会において盛んに説教された。たとえば、一九二四年の長野教会婦人会の地久節祝賀会に、「社会事業と婦人」という説教がされた後、同婦人会のメンバーたちは「最も我ら婦人に必要のせまれる考へねばならぬ講演を聞き深く感銘」を受けたとしている。(42)

婦人に対する教化活動への参加要請のなかで、長野メソジスト教会では、一九二五年四月にキリスト教婦人矯風会本部の松宮しん子を招いた婦人講演会を開催するなど、東京の婦人運動家との交流が行われた。(43)そして、二五年一〇月には、キリスト教婦人矯風会本部の久布白落実による「世界の大勢と公娼制度」、廓清会本部の伊藤秀吉による「公娼廃止の急務」という講演会が長野教会で開催された後、一二〇名の会衆のなか、市内教会婦人会連合による、当初の会員数四〇名のキリスト教婦人矯風会長野支部の発会式が行われた。(44)さらに同年一一月には、廓清会本部の森川抱次・田川大吉郎を招いて、会衆一五〇名のなか、当初の会員数三〇名の廓清会長野支部の発会式が行われている。(45)

表3をみると、矯風会長野支部の会員は、判明している限りで、四分の一以上が教会員であることがわかるが、次のことにも注目したい。まず第一に、倉島あきのように、仏教徒でありながら、メソジスト教会にも関係した者がいたことである。第二に、信州婦人夏期大学を開催した長野婦人会の会員でもある者がおり、当時の自由主義的な諸社会運動・修養活動の潮流との関係が考えられることである。第三は、彼女らの夫が、会社員・銀行員・医師・弁護士・新聞記者・技術者などのいわゆる新中間層・知識人であり、森岡クニ氏によれば、彼女らは「市内の名流婦人」であったことである。(46)当時、社会的地位の高い女性が会員であることの多かった、体制内婦人団体、愛国婦人会の会員でもあった者が、判明する限りでも六人ほどいることからも、彼女らの「名流」ぶりがうかがえる。そして第四は、乳幼児の心身共に健全な育成を任務とする職種である幼稚園教諭が多いことである。

表3　昭和4（1929）年度矯風会長野支部会員名簿

○	コールベック	婦人宣教師		黒岩貞子	(愛)
○	大竹日出能	婦人伝道師		鈴木たつ子	
○	穂積みき	婦人伝道師	○	田中すず	和裁
○	吉沢久子	婦人伝道師（裁判官）		青柳仲子	主婦（東日新聞支局長）
○	永井たつ子	旭幼稚園教諭		菅沢華江	
	五十嵐雪子			菅幹子	
	国分咲子	旭幼稚園教諭		五明楽子	
○	田中はぎの	みすず幼稚園教諭	○	倉島あき	主婦(長)(愛)（仏徒新報）
	田口ひろ	旭幼稚園教諭		林松とし子	(長)(愛)（弁護士）
	牧野静江	幼稚園教諭		川口小すみ	主婦（弁護士）
○	ノルマン	宣教師		河原ひろ子	主婦(長)（中部電力技師）
	小林みえ子			岡田こま	
	近山ふみ子	主婦		原ひで	
○	小笠原嘉子	主婦(長)（信濃毎日新聞）		小島たま	
○	小林やす	主婦(愛)		倉島さつ	(長)
	花岡悟子	主婦		中島安子	主婦
	小野やそ子			？田三千代	
	大口なほき			清水？美	
	吉村せい			野溝みき	主婦（弁護士）
○	西川やそ			浜田音代	
	町田いさ	幼稚園教諭		清水つる	
	佐藤ますよ			西尾あぐり	
○	中川光恵	主婦（医師）	○	小林せつ子	(長)
○	小林文子			鈴木武代	
	原君代			小田切もと子	主婦
	秋田郁代			船坂千代	主婦(長)（弁護士）
	小池一枝	主婦(愛)	○	レデイアード	婦人伝道師
	西沢初子	主婦	○	金助柄貞子	主婦
	杉園とき			三村みね子	
○	臼田きよじ	主婦(長)（長野電鉄）		小西雪子	
	田中とき			菅沼芳子	幼稚園教諭
	中島はつの			杉本いち	
○	相原秀子	主婦(愛)（日赤病院長）		関矢？り？	
○	岸貞子	主婦		堀内静江	
○	岸みさを	主婦		森内清子	
	多々良菊子			日岐梅子	(長)(愛)（銀行員）
○	加藤ゆき			佐々木勝代	
	延川ますゑ	主婦		石？たに子	
	萩原久子			中島はつの	
	深沢つね			飯田信代	主婦
	宮沢なみ子			太田はつ子	
	笠本ちとせ				

註：1）　○は教会員であることが判明した者，(長)は長野婦人会員，(愛)は愛国婦人会員。
　　2）（　）内は夫の職業。
　　3）　？は判読不明。

典拠：『昭和4年度矯風会長野支部会員名簿』，『長野教会月報』各号，『長野教会便り』各号，『長野教会婦人会記録』，長野婦人会機関誌『信州婦人』等の他，元旭幼稚園教諭の森岡クニ氏からの聞き取りにより作成。

矯風会長野支部会員の禁酒・廃娼によせる気持ちは、信州婦人夏期大学への参加者がいることからもわかるように、妻・母としての自己向上意欲を前提としていた。そして、キリスト教会の前述のような働きかけにより、妻・母として優れた人格になるには、自己の家庭内で健全な子供を育成し、合理的な家庭運営を行うだけでなく、妻・母の立場からの社会奉仕を行うことが必要であるとの認識から、禁酒・廃娼運動に参加することになる。

たとえば、長野婦人会会員でもあり、信州婦人夏期大学へ参加していた小笠原嘉子は、「わたしが妻であり母であるから、猶更できるだけ修養し、できるだけ見聞を広めたいのである」と述べている[47]。「夫に、ねるも、おきるも、何もかもすべ《ママ》をたよりまかせて[48]」いるような生き方ではなく、「熟慮ある聡明な目標のもとに自ら研究し、努力し、自らの力で進み行くこと[49]」が、現代の家庭婦人には必要であると考えたのである。そして、妻・母として、「今日の文化生活を充分味」わうために、「私共の出来る範囲の衣食住、之をいかに合理的に経済化して行くか」ということと[50]、「どんなに家が栄え何んの思ふことがなくとも、子供が悪るくなればなんにもならないから、吾子を如何によく育てるかと云ふことはいつも心にとめて[51]」おくこと、という二つの事柄を重視した。

小笠原はやがて、「母親の子女に対する絶対愛に燃ゆる心」こそが「目前の障害物をとかし、破」ることができると考え、こうした「絶対愛」をもつ女性は、男性よりも純粋な存在であるとした。したがって、社会奉仕・社会改革の担い手として、男性より女性の方がふさわしいため、婦人参政権が与えられるべきであると考えていた[52]。このような考えの下、小笠原は、「私共は次代に立つ小国民に酒を飲ませぬ様にほんとうに心から働きたい〔中略〕やつぱり禁酒と廃娼の問題は私共矯風会員がやる必要がある」とし、子供の健全な肉体的・精神的成長に悪影響を及ぼすとみられた飲酒・売買春を問題とした[53]。

一八九八年、山口県に生まれた小笠原嘉子は、キリスト教徒であった母につれられて、幼少時から教会に通っており、萩の実科高等女学校に在学中、教会で後に夫となる小笠原幸彦と出会った。早稲田大学専門部政経科・英法科を卒業し、クリスチャンでもあった幸彦の「嫁入り支度はいらないから、勉強してほしい」という希望もあり、嘉子は上京して日本女子大学付属高等女学校に編入、一九一五年には日本女子大学校家政学部に入学している。同年一一月には、廓清会の松宮弥平の媒酌で幸彦と結婚、学業と家事を両立させるという、当時としてはきわめて先進的な家庭を築いていた。夫幸彦が信濃毎日新聞社に入社したため、一九二〇年に長野市へ住居を移している。そして、松宮弥平のすすめにより、キリスト教婦人矯風会、廃娼運動にかかわりを深めてゆくことになる。(54)

つまり、母親が子供の「健全な」育成や合理的・衛生的な家事運営を主体的に担うことを理想とした小笠原嘉子の家庭観は、キリスト教、日本女子大学校での教育、妻との人格的な「平等」を求める傾向の強かった知識人・新中間層の文化のなかで形成されていったと考えられる。母性を社会奉仕や社会変革に役立てることが女性の使命であるとの発想は、とくにキリスト教の影響によってもたらされたものといえよう。このような前提に加え、一九二三・四年以降のキリスト教会をはじめとする諸団体の禁酒・廃娼運動の本格化、女性に対する運動への参加の要請が契機となり、小笠原をはじめとする、教会との関係の深い女性たちが、禁酒・廃娼運動を推進することになるのである。(55)

さらにここで注意を喚起しておきたいことは、キリスト教会同様、彼女らは廃娼運動を、飲酒や売買春をさせないための教育運動ととらえていたということである。したがって、彼女らは議会への請願によって売買春の国家公認をやめさせ、飲酒や売買春が「悪」であるという道徳を確立する運動に邁進することになったのである。

一方後述するように、既婚女性を担い手とした市町村の教化政策も、関東大震災後のこの時期、合理的・衛生的な家事運営の重視、洋食の導入など、「文化生活」的な要素を盛りこみつつ展開された。そのようななかで、新しい生活・家庭像を先駆的に担っていた矯風会長野支部会員らは、市の教化政策に協力するかたちで活動を進めたのである。(56)

三　諸団体の公娼制度批判

廃娼運動を展開した松本教会や長野教会、および矯風会支部は、毎年多くの廃娼署名を獲得し、これを県ならびに県会へ提出した。また、キリスト教会は当初から青年団・婦人会・禁酒会・女子青年団などの団体への働きかけを重視し、団体別署名に切り替えた一九三〇年の統計によれば、禁酒会一二五、青年会一〇〇、女子青年団九一、婦人会八六、その他の団体をも合わせれば合計六四二もの団体が署名をしていることがわかる（以上、「はじめに」参照）。管見の限りではあるが、青年会についていえば、一九二五年一月に松本市・南安曇郡・北安曇郡・東筑摩郡の連合青年会が、公娼廃止に賛成する決議を行っている[57]。また、一九二五年一〇月には諏訪郡平野連合青年会が、廃娼運動団体の依頼により、県知事へ公娼制度制限の請願書を提出している[58]。その他にも以下の青年会が公娼廃止問題を研究議題にしたことがわかっている。小布施青年会・下高井郡青年会・高遠町南部修養会・青木村青年会・泉田青年義会・塩尻青年会[59]。

婦人会や女子青年団については、史料不足のため、この時期に署名を行った具体的な団体名がほとんどわからないが、たとえば下諏訪婦人会では一九二六年一一月に、矯風会本部の久布白落実と林歌子による廃娼講演会が行われ、一三三名分の署名が集められたことがわかっている[60]。また、一九二八年四月の小県郡連合処女会総会では、後述する長野県廃娼期成同盟会の小泉角一郎が講演を行い、廃娼請願書への署名を求めたところ、七〇〇余名の出席者全員が署名捺印している[61]。

ここでは、公娼廃止要求が、農村をも含めた諸団体に拡大していった理由を、最も署名数が多く、史料も残っている青年会・婦人会・禁酒会の諸団体の構成員の活動や意識のなかに考察する。

1　青年会

農村青年の向都熱は、青年会のリーダーたちにとって、深刻な問題としてとらえられたため、この時期の青年会は、都会の青年への劣等感を除去し、農村青年のアイデンティティを確立することによって、青年の「向都熱」に歯止めをかけ、農村振興へとむかわせることを一つの課題としていた。具体的には、①都会の青年と同じような教養・文化を身につけ、農村生活を衛生的・合理的な「文化生活」に近づける自主的な努力をすること、同時に、②享楽的な都市よりも、農村の方が本来は経済的・文化的に優位であるという認識を確立させることが望まれた。

たとえば、前掲泉田青年義会の石田宇は、「経済的に恵まれざる土着の農民を以て自ら任ずる吾々、煙草の時間それが中学校の時間である。休みの時間、その間に農学校を卒へねばならぬ。暑中休暇、寒中休暇、はては活動写真、花見、日曜のその間に我等は大学を卒へねばならない[62]」と主張し、農作業の合間を縫って都会の青年と同等な勉学を修めることをめざしていた。また、塩尻村青年会の小林水楊は、農村青年が都会に憧れるのは、農村に「低級の思想や狭苦しい因習的思想が横溢して居る」ためとし、「多くの図書を提供して、自由に読書せしむる機会を与へ、より高き文化に接せしむる事[63]」が必要であるとしている。さらに、東筑摩郡連合青年会では、農村生活改善のための従来の規約が「一般郡民の輿論を基調としての改善規約にあらずして天降り的のもの[64]」であったと批判し、青年の自主的な生活改善の活動が重要であることを主張した。そして、「農村の衰えは、国家の存亡に影響を及ぼす事極めて甚大である」ので、農村振興は国民としての重大な責務であり、これによって都会の青年以上に「社会改造」の役割を果たすことができるとし、農村に都会以上の価値を与えたのである[65]。

以上のように農村の「近代化」をめざした農村青年にとって、買春による財産の浪費・家庭の破綻・性病の蔓延は、衛生的・合理的であるべき農村の「文化生活」に反する「旧弊」と考えられたのである。つまり、「酒屋も何時になつても潰れぬ様だし、煙草の売店も殖へて行くし、夜遅く上田あたりから帰へつて来ると異様な処から鼠の鳴き声の様な音が聞へる場所が益々殖へて来る」といった、酒と売春の実態を問題視した。[66]そして、それらの実態が「愛する農村の為に総てを考究」することの妨げになるとしたのである。[67]

同時に、農村を「近代化」し、「文化生活」に近づけるにあたって、「因習」に縛られた女性や、そうした女性によって担われる育児も改善の対象であった。「血に燃える青年同志が動きつつある時、尚封建其の儘の姿であるのは婦人の集りである」とされ、青年と協力して農村振興に尽力しうる「農村婦人の人格教育」が望まれたのである。[68]そして、「結婚の自由と云ふことも当然正しき主張」であるとし、女性は夫に隷属するのではなく、「家族をして充分に活動できる精神的な枢軸を握るべき重き責任を占めるべき」であるとした。一方では、「都会の華やかなる生活に憧憬れ」る農村女性が批判されている。[69]このようなあるべき農村女性像・農村家庭像からすれば、「生命にもかえ難い貞操を、金銭を以て販売せしめると言ふ野蛮極まる制度が二十世紀の今日尚公許されている」というように、[70]貸座敷の外観やその下で雇われている娼妓の境遇、かつそのような場所での買春行為はいかにも「封建的」とみなされた。つまり、「吾れ吾れは両性問題の浄化に努めねばならぬ、公娼制度を否定するときこれも一つの関係のうちに考へられる」[71]というように、公娼制度は、めざすべき一夫一婦と矛盾すると考えたのである。

以上からわかるように、向都熱を憂え、農村生活の「近代化」をめざした青年会のリーダーたちの理想的な生活像は、キリスト教会やキリスト教婦人矯風会長野支部の唱えた「健全な」家庭像と類似する点があり、そのために、多くの青年会が廃娼運動に賛同したのである。

2　市町村婦人会

市町村による官製の生活改善運動は、関東大震災以後、その担い手として既婚女性を重視するようになる。そして、「文化生活」への羨望が増すなかで、以上にみてきた、教会や矯風会長野支部の理想とする家庭像・女性像と類似の家庭・女性像が、官製の生活改善運動においても模範とされてゆくのである。各市町村婦人会は、市町村の指導の下で家計簿の利用、洋食の導入、衛生知識の普及などを担うなかで、禁酒・廃娼へ賛同してゆくことになる。ここでは、日誌の残されている下諏訪婦人会の活動にそくしてその廃娼意識をみてみよう。

第一次世界大戦以前の同婦人会の活動は、日露戦争時の軍人の慰問や送迎、小学校の諸行事や明治天皇・皇太后遥拝式への参加、洗濯講習会などであった。しかし、第一次世界大戦後になると、「婦人衛生」「助産婦の心得」などの講演（一九一八年）、世界大戦時におけるヨーロッパ女性の活躍を引用しつつ日本女性の国民としての義務を喚起する講演、簡易パン製法の講習会（一九一九年）などの活動も行われるようになった。また、子供の育成にとっての母・家庭教育の重要性が繰り返し説かれるようになり、育児や家庭運営における女性の主体性の喚起、洋風生活の部分的導入が重視されるようになった(72)。

一九二四年に国民精神作興詔書が出されるとこの傾向はますます強まるが、前述の活動に加えて、勤倹貯蓄宣伝が重視された。国民精神作興詔書に際しては、「婦人に於いて今後一層国家に対する勉励努力を忘れず大に発奮さるる」(73)ことが強調され、婦人会は家計簿利用による家計運営上の合理的知識の普及、虚飾・贈答品の排除による生活改善、その宣伝の役割を果たすようになった(74)。そればかりでなく、二六年の婦人団体代表者協議会では、「婦人に相応しき社会奉仕」が実施課題に取り上げられている(75)。

つまり、第一次世界大戦後から一九二〇年代にかけての官製の生活改善・勤倹貯蓄運動およびこれと連動していた婦人会活動には、それ以前とは違い、「文化生活」につながるような、家計簿の利用、衛生知識の普及、洋食の作り方など、合理的・科学的、そして都市的な家庭運営の理念が組み込まれていたのである。

このようななか、一九二六年一一月に、婦人矯風会長野支部の小笠原嘉子が、下諏訪婦人会に廃娼請願書への署名を求めてきた。下諏訪婦人会では、「事柄（は）賛成すべき事ならば各自の自由にまかせる事」とし、結果、請願書一三三枚に記名を得た(76)。また、同月下旬には、小笠原嘉子の依頼で、日本キリスト教婦人矯風会や廃娼連盟の幹部であった久布白落実と林歌子が下諏訪で講演会を行った。

彼女らの講演は、端的にいえば、公娼制度を廃止することが、国家に対する家庭婦人の義務であるとするものであった。つまり、「吾々婦人の同類を犠牲にし」て、梅毒を「社会に伝繁《ママ》し引《ママ》て家族に及ぼし自分一代に止まらず子孫の末」まで及ぼす公娼制度は、「国を愛すると云ふ上から申ても」放任することはできない。そして、純潔な婦人は「愛の権化」であるので、その愛の力で、「一家に内助の功を捧げ得るにと《ママ》まらず、一国にも尽くし得べき」であり、公娼制度廃止のために活動すべきだとしたのである。また、禁酒・禁煙の問題についても触れ、その際、外債償却問題が根拠とされた。外債の償却のために国家経済にとって無駄である飲酒や喫煙の費用を節約し、国家に対する家庭婦人としての義務を果たすべきであるとした(77)。この時、出席者は二〇〇名にのぼり、結果は、「聴衆を感動せしめられたる講演振り」「講演振りは実に深刻にして、故奥村五百子女史の熱烈なる上に巧妙なる弁舌を加へたるが如しとは衆評一致する処なりき」と聴衆に非常な感銘を与えたことが推測される(78)。

以上のことから次のことがいえよう。官製の生活改善・勤倹貯蓄宣伝運動における女性の役割への国家的期待は、忍耐を重ねて勤倹貯蓄を実践し、「家」を支えてきた女性たちの自尊心と修養意欲を換起するものだった。そして、そうした自尊心や修養意欲に加えて衛生的知識、合理的家計運営の重視が、「家」と女性に大きな損失と悲しみをもたらす男たちの放蕩と、これを助長し、公認している公娼制度への批判意識を芽生えさせたのである。

3 禁酒会

禁酒運動の内容は、未成年者禁酒法の徹底や、二五歳禁酒法の制定要求、禁酒宣伝、禁酒会づくりなどの活動を主としていた。長野県では、大正期に入って禁酒会の数が格段に増加し、一九二六年には三一団体にのぼっている(79)。一節で述べたように、禁酒会のなかには県下の各教会の指導の下で組織されたものが多く、教会と禁酒会は密接な関係にあった。そのため、かねてからのキリスト教会の主張であった廃娼も、禁酒と同様禁酒会に宣伝された可能性が強い。また禁酒会は、その会員が青年会・女子青年団・婦人会の会員とも重なり、かつこれらの団体の勤倹貯蓄宣伝活動と連動しながら運動を展開した。

禁酒会は、不況にもかかわらず継続される飲酒行為を、好況期の成金的な遊蕩がもたらした悪習慣であるととらえ、一方で家庭の団欒、衛生、家計運営が重視されるなか、これらに悪影響を与えるものとして飲酒行為を批判した。そして、飲酒などの遊興が買春に発展することが多いことから、買春も飲酒と同様の行為とし、その買春行為を助長する公娼制度を批判したのである。以下に具体的資料にそくしてみてみよう。

たとえば、長野県連合禁酒会員の平田金市は、一九一九年の空前の好況期に「とんとん拍子に金が儲かるので面白くて堪らず、自分ながら感心なほど、御得意先を夢中で飛び廻つて居る間に、交際と言ふ頗る怪しい口実で、引く手数多の悪友の有象無象に誘れて、料理屋の酒の味を忽にして、天才的に覚へ込んでしま」った。しかも、家庭でも酒を絶やさず、妻子との団欒がなくなってしまったという自分の経験をふまえ、「飲酒の家庭は生地獄」であると、禁

酒の必要を主張している。(80)

諏訪禁酒会の陸川万蔵も、「今日の不景気は好景気時代に成金気分で飲んだ結果が原因の一部を為して居る」(81)と、好況期に身につけた悪癖を問題にした。また、とくに注目されるのが清水はないという女性の次の発言である。「地方は今養蚕で非常に多忙です。夜も二時間毎に起きて一時間も給桑すると、眠る時間などホンの少ししかありません。かうして苦しんで得た金を、六十円も七十円も酒代にとられるのですから、悲観せざるを得ません」と訴え、酒代が家計を圧迫していることを問題にした。(82)ここでは、寝る間もおしんで「家」のために勤勉に働いて得た現金収入を、それがたとえ家長の行為であっても、浪費されることのくやしさが表明されている。家計の収支計算に基づく自己の労働の価値への自覚が、男たちの遊興への批判意識を支えているのである。さらに、松本盲学校排酒同盟の会員竹内美晴は、盲目の原因が親のアルコール中毒にある場合の多いことを強調し、「私のやうな暗い運命に泣く者を造り出さないでください、酒魔を討つて下さい」と訴えかけている。(83)

そして彼らは、料理屋での飲酒行為がやがて花柳界や貸座敷での遊興へ発展すると考え、飲酒と買春をほとんど同一の行為とみて、買春をも批判の対象とした。たとえば、長野県禁酒連合会の前掲平田金市は、「料理屋の酒の味」を覚えた後、「終には単独でしかも公然と登楼して、横柄に酒を命じ、女を名ざしで呼んで、くだらない淫歌をうたふと言ふ発展ぶりで、何処から見ても立派な不良青年にな」ったと、飲酒癖が女遊びに発展したことを告白している。(84)したがって飲酒は、買春行為に起因する花柳病の遠因でもあるとされたのである。

ところで、このような禁酒会員の主張は、青年会員や婦人会員の主張以上に国民精神の作興や官製の勤倹貯蓄の論理と共通点をもち、市町村のすすめる勤倹貯蓄宣伝に参加するかたちで禁酒宣伝を広げた。たとえば、諏訪禁酒会では勤倹週間に「表面に禁酒百人一首、裏面に勤倹の第一は禁酒にあり、いざこれを実行しませうと印刷せるビラ五千枚」を諏訪全域に配布している。[85]つまり禁酒会は、酒代が家計に与える負担の大きさや、アルコール中毒などによる精神の弛緩が、国民精神作興詔書の提示する国民精神作興・勤倹貯蓄に反するとして、勤倹貯蓄を禁酒の論拠としたのである。そして、このように官製運動との接点をもった禁酒運動は、禁酒宣伝にあたって学校・役所・婦人会・製糸工場などの協力を得た。たとえば、どの禁酒会も、内務省への請願書の作成にあたって、学校長・県議・市議・有力商工業者の署名を得ている。また、松本禁酒宣伝会が松本市勤倹奨励委員会に参加したり、[86]諏訪禁酒会が県の社会課主催の活動写真会に出席するなど、[87]県・市が禁酒運動を評価し、これと関係をもっていた。県・市との協力関係をふまえて、二七年には、松本禁酒宣伝会の提案で、長野県禁酒連合会の顧問に県の学務部長・社会課長を迎えることが決定されているほどであった。[88]

ところで、以上にみてきた青年会・婦人会・禁酒会の諸団体にとって、公娼廃止請願署名は、買春をさせないための社会教育運動として受けとめられていた。それは、松本教会宣教師ヘニガーの次の言葉に如実に表れているといえよう。

この運動の為めによく働いてくれた一婦人曰く「この運動は廃娼といふ問題から全然別れても信州の婦人に対する一大教育運動である。」〔中略〕某中学校教員は倫理の時間に廃娼問題に就いて講義をなし上級生徒には請願書に署名する様にすすめた。「〔中略〕中学校の生徒の署名をとらねばならぬ。彼等は常に新聞其他の方法で悪い方面ばかり見ているからこの運動に依つて彼等に貞操思想を吹き込む必要がある。」〔中略〕本年百三十名の署名を得た以前村長を勤めたことのある人曰く「私は自分の村の青年達に主として教育のつもりで署名をすすめた」。[89]

つまり、公娼制度の廃止は、それによって売買春が悪であるという道徳を確立して買春をさせにくくし、放蕩が及ぼす弊害を最小限に押さえるための措置として宣伝されたからこそ説得力をもったのである。

おわりに

本文で述べてきた廃娼運動の論理の特徴を端的にまとめると次のようになる。この時期の廃娼意識の形成と拡大には、都市化と、都市での「文化生活」モデルの出現、それへの農村青年の羨望や向都熱が大きく影響していた。空前の好況、それに続く戦後恐慌のなかで、飲酒・買春を含む様々な享楽的・営利的な行為の結果、ともすれば生活破綻に陥ることに対して反省が芽生えかけたことを契機とし、キリスト教会は完全な一夫一婦に基づく「健全な」家庭を核とした、新しい生活を確立することで、精神的・経済的な生活破綻を避けられると提起したのである。新しい「健全な」家庭の確立には、母性の果たす役割が不可欠であるとしたキリスト教会の主張は、高等女学校や女子大学校の教育において、家庭運営や育児への責任感を喚起されてきた、新中間層・知識人の夫人や幼稚園教諭によって支持された。そして、そのなかで教会と関係のある女性たちによって、運動の中核を担うキリスト教婦人矯風会長野支部が設立されるに至った。彼女たちは子供の情操面の育成をも含めた育児、科学的・衛生的知識に基づいた合理的な家事運営を使命とした主婦によって担われるべき新しい家庭を理想としており、また、部分的にこれを実践してもいた。こうした新しい家庭像からすれば、外観がいかにも「伝統的」で、「人身売買」的な売春を営む貸座敷や、家庭の経済・衛生や子供の情操に多大な弊害を与える買春行為を公認・助長する公娼制度は、廃止すべき「旧弊」「前近代的遺物」となったのである。

都市での「文化生活」の登場や都市的享楽の進展、農業の不利化によって、農村において向都熱が強まるなかで、農村でも、農村の「旧弊」「因習」を排除し、都市の「文化的な生活」の合理的な面を受け入れた農村改造を行おうとする動きが生まれた。このような動きのなかで、キリスト教会や矯風会長野支部の唱えた新しい「健全な」家庭像は、説得力をもち、農村の諸団体にも支持されたのである。

公娼制度に対する地域諸団体の人々の批判意識は、第一次世界大戦後の社会変化のなかで「家」や農村振興のために行われた禁酒運動や生活改善運動などの勤倹貯蓄的修養活動と深く関係していた。しかしその修養活動は旧来の通俗道徳そのものではあきたらないものを含んでおり、「家」に現金収入をもたらす労働の担い手としての自己や、家事・育児の担い手としての自己への自負心・自尊心に裏打ちされた、「家」内部の身分的秩序に対する女たちの批判がはらまれていたところに戦間期の特徴があり、その点において公娼制度批判と呼応したのである。すなわち、身分的秩序を前提とした男たちの遊興に対する批判であり、遊興を助長して「家」と女性に大きな損失と悲しみをもたらすものとしての公娼制度に対する批判意識である。そして、こうした労働・家事・育児への自負心を支えたのが、官製運動によっても宣伝され、国家的価値を与えられた家政に関する合理的・衛生的知識や計算観念の普及であったといえる。ただし、公娼制度への批判意識は、婦人会・禁酒会と青年会では相違が存在したことも忘れてはならない。すなわち、同じように修養活動でありながらも、都会的文化生活や教養への志向性や接近の可能性が開かれていた若い農村青年の場合、忍耐を重ねて通俗道徳的実践を経たうえでの「家」構成員としての自負心に支えられた批判というよりは、往々にして都会的な教養の一環として公娼制度批判が語られる傾向が強かったように思われる。

したがってここで注目すべきことは、いわゆる「近代家族」的意識を強くもったキリスト教婦人矯風会支部の公娼廃止の主張はそのままストレートに浸透したわけではなく、禁酒会・婦人会・青年会の論理と接点をもちながらもずれを生じていたということである。すなわち、矯風会支部は、キリスト教的一夫一婦に基づく人身売買批判を前面に押し出すというよりはむしろ人々の勤倹貯蓄精神に訴えかける工夫を行ったために、禁酒会・婦人会・青年会の人々の修養活動と接点をもったのである。そして、通俗道徳的実践を通じて芽生えた自負心と呼応することで、「家」内部の身分的秩序に基づく遊興への批判として広く支持を集めたのだといえよう。こうした身分的秩序への批判は、やがては人身売買批判へと発展する可能性はあったが、未だ人身売買批判そのものではなかったのである。

また、公娼制度に対する以上の批判意識は、勤倹貯蓄の官製運動とも密接な関連をもちながらずれていたことにも留意しておく必要がある。すなわち、勤倹貯蓄を推奨している官製運動の側には公娼批判は含まれていないが、その勤倹貯蓄の論理をつきつめると、飲酒と同様公娼制度も大いに矛盾することになるのであり、この時期の公娼制度批判は、いわば官製運動の論理と重なる勤倹貯蓄を実践した結果芽生えた疑問に基づく女たちの人格承認要求としての特徴をもっていたのである。

最後に、本章で対象とした時期に続く一九二〇年代末から三〇年代にかけての廃娼運動・公娼廃止問題の推移と、本文で明らかにした一九二〇年代の廃娼運動の論理との関係について簡単に見通しを述べることで本章を終えたい。一九二七年になると、東京の廃娼連盟と協議のうえ、廃娼運動の全県的な組織、長野県廃娼期成同盟会が長野メソジスト教会内に設立され、以後、建議案提出活動が本格化する。そして一九二九年に、緊縮を唱える浜口民政党内閣が、教化総動員・公私経済緊縮運動を展開すると、キリスト教会や矯風会長野支部・禁酒会・婦人会などの廃娼運動関係団体は、これに積極的に参加してゆく。同時に、婦人会の動員の必要にせまられた県も、婦人層の支持獲得のために廃娼運動に接近してゆき、公娼廃止決議の可能性が高まってゆく。次章で詳しくみてゆきたい。

註

（1）『日本メソジスト教会東部年会記録』一九二四年、一六八頁。
（2）『廃娼運動の記録』（長野県町教会所蔵）。

（3）竹村民郎『廃娼運動』中央公論社〈新書〉、一九八二年、二一四頁。

（4）今中保子「一九二〇～三〇年代の廃娼運動とその歴史的意義―広島県を中心にして―」『歴史学研究』五五九号、一九八六年一〇月、九頁。

（5）牟田和恵「戦略としての女」『思想』八一二号、一九九二年二月は、廃娼論が、一夫一婦の理念を破壊する売春を罪悪視する近代的性道徳に基づいていたとした。そして、廃娼運動は家庭の幸福を脅かす娼妓たちへの裁きや、性道徳の国家による統制を要求したとする。このような指摘は、廃娼論の構造の分析に一視点を提供している。しかし、西洋近代とはイコールではない近代日本の廃娼運動の特徴を浮きぼりにするには、そして、近代日本の廃娼運動における一九二〇・三〇年代の位置や、この時期に公娼廃止要求が大衆的な広がりをみせる理由を明らかにするためには、牟田論文の視点や方法では必ずしも十分ではないと考える。

（6）林宥一・安田浩「社会運動の諸相」歴史学研究会・日本史研究会編『講座日本歴史9　近代3』東京大学出版会、一九八五年を参照。

（7）大門正克『近代日本と農村社会』日本経済評論社、一九九四年など。

（8）長野県史刊行会『長野県史　通史編8　近代2』長野県、一九八九年、同『長野県史　通史編9　近代3』一九九〇年などを参照。長野県小県郡西塩田村の農村社会運動を分析した、西田美昭編著『昭和恐慌下の農村社会運動』御茶の水書房、一九七八年は、「長野県の農村社会運動は、きわめて多彩かつ活発であったところに特徴がある。『右』から『左』までの、あるいは『中間』も含めて、いわば農村社会運動の『展覧会場』のような観を呈している」（一一～一二頁）と指摘している。

（9）長野県の廃娼運動については、青木孝寿「廃娼運動の記録」『長野』四七号、一九七三年や同『信州・女の昭和史　戦前編』信濃毎日新聞社、一九八七年において、一九二七年に設立された全県的組織、長野県廃娼期成同盟会の活動の事実経過が、一九三〇年の廃娼決議に至るまで紹介されている。

（10）『長野県政史』第二巻、長野県、一九七二年、二六〇～二六七頁。

（11）同上、三四六頁、『長野県史　通史編8　近代2』四六四頁。

（12）『信濃毎日新聞』（以下、『信毎』と省略）一九二〇年三月二六日付。

(13) 同上、一九二〇年一月二七日付。
(14) 同上、一九二〇年一月二七日付。
(15) 大石嘉一郎・西田美昭編著『近代日本の行政村』日本経済評論社、一九九一年、二〇四頁の図2―1によれば、一九一九年の繭価を一〇〇とした場合、一九二〇年の繭価は五〇以下に落ち込んでいる。
(16)『長野県統計書』一九一九・一九二〇年。
(17)『信毎』一九二〇年四月一八日付。
(18)『長野県政史』第二巻、三四六頁、『長野県史　通史編8　近代2』四六四頁。
(19) 南博編『大正文化』勁草書房、一九六五年、同編『日本モダニズムの研究』ブレーン出版、一九八二年、竹村民郎『大正文化』講談社、一九八〇年など。
(20)『信毎』一九二五年四月二日付。
(21) 同上、一九二五年四月四日付。
(22) 同上、一九二五年四月二日、同月一四日付。
(23)「農民の覚醒を望む」『泉田時報』五号、一九二五年三月五日、一頁。
(24)「時報を通して」同上、四号、一九二五年一月五日、二頁。
(25)「講習筆記」同上、一五号、一九二六年一一月五日、四頁。
(26) 浮草生「『ヘンテコ』な文化」『別所時報』二五号、一九二八年二月一〇日。
　この時期の農村青年の「修養」や「向都心」、「農村改造」については、すでにいくつかの研究がある。とくに、大門・前掲『近代日本と農村社会』において詳しく述べられている。ここでは、廃娼意識と関係させながらそれらをみてゆきたい。
(27)「明治四〇年七月　長野市婦人会戦時誌」『長野県史　近代史料編　第8巻（1）』長野県、一九八七年、九六八頁、青木・前掲『信州・女の昭和史　戦前編』一一頁による。
(28)『上田小県史』第三巻、上田市、一九六八年、一〇九二頁。
(29)『長野県政史』第二巻、四三、二九六頁。
(30)『長野教会便り』第四一信、一九一七年三月三日において、倉島あきが教会の活動と関係があったことがわかる。

(31) 『信毎』一九二四年四月一四日付(『長野県史　近代史料編　第8巻(3)』長野県、一九八四年)。
(32) 柳谷哲夫「神に近づけ」『長野教会月報』一四五号、一九二五年七月五日、一頁。
(33) 「値もて買はれたる者」同上、一四七号、一九二五年九月五日、一頁。
(34) 同上。
(35) イー・シー・ヘニガー「家庭の破壊者を葬れ」『信仰』八八号、一九二七年一〇月一五日、一頁。
(36) 「伊那高遠教会　第三、四期牧師報告」一九二四年。
(37) 『廓清』『長野教会月報』各号による。
(38) 池ケ谷三通「社会事業と教会の使命(1)」『長野教会月報』一五二号、一九二六年二月五日、二頁。長野教会の宣教師ノルマンが県の教化事業研究会に参加するなど、教会と県や市の教化政策とは協力関係にあった(『信毎』一九二七年二月一一日付)。
(39) 柳谷哲夫「愛といふは」『長野教会月報』一五八号、一九二六年一〇月五日、一頁。
(40) 同上「現はれざる力」同上、一五五号、一九二六年五月五日、一頁。
(41) ノルマン「廃娼運動について　下」『信毎』一九二七年一一月一四日付。
(42) 『大正十二年九月　長野メソジスト教会婦人会記録』二号、一九二四年六月二五日。
(43) 『長野教会月報』一四二号、一九二五年四月五日、四頁。
(44) 同上、一四九号、一九二五年一一月五日、四頁。
(45) 同上、一五〇号、一九二五年一二月五日、八頁。
(46) 長野市旭幼稚園元教諭、元長野教会員森岡クニ氏からの聞き取りによる。
(47) 「病の床にありて」一九二四年七月、小笠原嘉子『信濃の十年』一九三一年、三〇頁。
(48) 「逝ける友を思ふにつけて」一九二八年一月、同上、六二頁。
(49) 同上。
(50) 「より善き生活をする為に」一九二八年二月、同上、六三頁。
(51) 「或日の日記」一九二七年五月四日、同上、五二〜五三頁。

(52)「婦選について」一九二八年二月、同上、六七頁。
(53) 前掲「或日の日記」五一頁。
(54) 菊田栄子「小笠原嘉子―その人と業績―」稿本、日本社会事業大学卒業論文、一九八〇年。
(55) こうした家庭像は、生活の合理化や家計簿の普及、民主的家庭論を主張し、主婦に圧倒的支持を得ていた『婦人之友』の提示する家庭像に近かったのではないか。公娼制度廃止決議が行われた翌年の一九三一年に、長野県廃娼期成同盟会が長野県廃娼促進同盟に改組するが、その際、この組織に長野友の会（『婦人之友』の愛読者の会の長野支部）が参加していることからも推測できる（註2前掲『廃娼運動の記録』）。
(56) 小笠原嘉子が、前掲「或日の日記」で、「先頃市役所から、児童と禁酒に就て何か参考になるものがあつたら、児童展覧会のために出品してくれとの話」があったと記していることから、市は禁酒宣伝において、婦人矯風会長野支部と協力関係にあったことがわかる。
(57)「長野青年会の公娼廃止論」『廓清』一五―二、一九二五年二月、三九頁。
(58)『長野県史　近代史料編　第8巻（1）』四七四頁。
(59)『小布施青年会沿革史』一九三六年、「下高井郡青年会研究議題」一九二五年三月五日、『高遠町南部修養会事務録』一九二五年、『青木時報』、『泉田時報』、『塩尻時報』による。
(60)『下諏訪婦人会会誌』一九二六年一一月一二日。
(61)『上田毎日新聞』一九二八年四月三日付（『長野県史　近代史料編　第8巻（1）』五四三頁）。
(62) 石井宇「プロ農民の勉学時間」『泉田時報』三五号、一九二九年七月五日、一頁。
(63)「農村文化と教育」『塩尻時報』一三一号、一九二八年二月一一日、一頁。
(64)「生活改善断行の建議」『東筑摩郡連合青年会会誌』一号、一九二六年二月一一日、二九頁。
(65)「農民の覚醒を望む」『泉田時報』五号、一九二五年三月五日、一頁。
(66) 石井宇「無価値な虚勢を捨てて」同上、三二号、一九二九年三月五日、一頁。
(67) 林茂雄「農村愛」同上、一七号、一九二七年三月五日、二頁。
(68) 石井清司「時報を通して」同上、四号、一九二五年一月五日、二頁。

(69) 同上、二三号、一九二七年一一月五日、一頁。
(70) 橋詰直人「廃娼問題を論じて」『川辺時報』三六号、一九二八年五月一〇日、一頁。
(71) 「弾圧に抗して大胆に討議を進めた青同連合主催研究会後記」『青木時報』九〇号、一九二九年五月一日、三頁。
(72) 『下諏訪婦人会会誌』。
(73) 同上、一九二四年四月一三日。
(74) 同上、一九二四年一二月一八日。
(75) 同上、一九二六年九月二日。
(76) 同上、一九二六年一一月一二日。
(77) 同上、一九二六年一一月二六日。
(78) 同上。
(79) 前掲『長野県政史』第二巻、二三二頁。
(80) 平田金市「遊蕩児を救った新妻の愛の力」『禁酒の日本』一一二号、一九三〇年一月、五五頁。
(81) 「入営兵士に諏訪禁酒会の贈物」同上、八七号、一九二七年二月、五二頁。
(82) 「たより」同上、一一八号、一九三〇年七月、五四頁。
(83) 「信濃路より」同上、一一三号、一九三〇年二月、四三頁。
(84) 前掲「遊蕩児を救った新妻の愛の力」。
(85) 「諏訪禁酒会」同上、七七号、一九二六年四月、五七頁。
(86) 「市も動かした松本禁酒宣伝会の善戦」同上、八三号、一九二六年一〇月、三八頁。
(87) 「特別郵便で諏訪禁酒会の試み」同上、八三号、一九二六年一〇月、四〇頁。
(88) 「信濃めぐり」同上、九七号、一九二七年一二月、三六頁。
(89) イー・シー・ヘニガー「廃娼運動」『信仰』九〇号、一九二七年一二月一五日。

第三章　一九三〇年代の公娼制度廃止問題と諸団体の公娼制度批判

はじめに

本章は、昭和恐慌～一九三〇年代前半における公娼制度廃止問題の推移と諸団体の公娼制度批判について、長野県を中心に明らかにすることを目的とする。

一九三〇年代は、近代日本の売買春・廃娼運動史において固有の位置を占めている。この時期には、昭和恐慌や農村の凶作の影響により身売りが増加する一方で、一部の公娼業者の衰退、公娼制度の規制をこえた私娼による「モダン」な売買春の押しとどめがたい進展がみられた。とりわけ、カフェーの女給による「モダン」な性的サービスがひときわ人々の目を引いたのが一九三〇年代であった。新たな事態の出現に、公娼業者・県・廃娼運動などは、それぞれ対応を迫られることになる。公娼から転業して売春営業を維持した方が利益になると判断する公娼業者が出現し、数県における公娼制度廃止決議、その実施、内務省の廃娼方針の表明（三四年）等と事態が推移した。一九二八年から三七年までの間に、公娼廃止決議県は二三県、公娼廃止実施県は四県にのぼり、県によっては公娼制度にかわる新たな売春取締り策が模索された。長野県にそくしていえば、一九三〇年の公娼制度廃止決議後、私娼、ことに女給の売春を黙認・管理する新たな売買春対策が模索されてゆく。したがって、一九三〇年代の公娼制度廃止問題を対象とする際には、まずはカフェーなどの登場のなかでの公娼業者の動向、および県ごとの新たな売買春対策の導入を念頭におきながら、運動の展開と県議会における公娼制度廃止決議の政治過程を分析することが求められる（1）。本章は引き続き長野県を対象としてそのことを考察することを第一の目的とする。

また、周知のように、昭和恐慌期には農産物価格が暴落したことなどにより、養蚕県であった同県では農家経済が未曾有の危機に陥った。こうしたなか、農民運動の激化とのせめぎあいのなかで、官製の農村経済更生運動が展開され、農家経済の回復が図られた。そこでは、生活改善の取り組みが中堅婦人の育成などを通じて行われた。このように不況打開策への取り組みのなかで、生活改善や副業の奨励などにおいて女性の役割が強調されたのが昭和恐慌期であったといえる（2）。

こうした状況のなか、同県では引き続き、禁酒会・青年団・処女会・婦人会などからの公娼制度廃止請願署名が多数寄せられ続けた。しかも、その数は一九二〇年代を上回り、一九三六年時点で六五七団体にものぼる署名を獲得していた。その具体的な団体名は章末の表5の通りである。そこで本章では、昭和恐慌期から一九三〇年代にかけて、これらの団体が繰り広げた生活改善運動、とくに禁酒運動をふまえ、この時期の民衆的公娼制度批判の歴史的位置付けを試みる。これが本章の第二の目的である。昭和恐慌による危機的状況下においても、これらの団体は官製運動と接点をもちつつも独自の活動を展開していた。そこでは、「エログロナンセンス」下の放蕩が「家」にもたらす危機、「家」存続にあたって女性が果たす役割の重要性がさかんに議論されていたのであり、本章ではそうした議論をふまえて、この時期の「家」の秩序における女性の位置付けの変化との関係に留意し、公娼批判を考察する。

一　売買春状況の変容と公娼制度廃止建議案の可決

1　売買春状況の変化と公娼業者の衰退

(1)　売買春状況の変化

メソジストキリスト教会ならびにその内部に設置された矯風会支部による廃娼運動の本格化は、長野県に限ったことではなかった。各地で、廓清会・矯風会本部の幹部を招いた公娼制度廃止演説会の開催や署名・請願活動が行われている。(3) また、廓清会と矯風会の本部が、一九二六年六月、廃娼問題に限り財政および事業を同一とする連合組織(後の廃娼連盟)を設けるなど、廃娼運動は全国化した。

以後廃娼連盟本部と地域の廃娼運動の関係は密接化し、各県会への公娼廃止建議案の提出が現実化してゆく。長野県では、廃娼連盟幹部である松宮弥平の協力により、一〇月一一日、長野メソジスト教会内に、廃娼運動の全県的組織、長野県廃娼期成同盟会を設立した。設立当初の加盟団体・加盟者は、矯風会長野支部・日本メソジスト長野教会・廓清会松本支部・諏訪日本キリスト教婦人会等のキリスト教会やその関係団体、松代・岡谷・飯田・上田・大町・上諏訪等の教会関係者であった。(4) そして、以後の活動内容は、①油谷治郎七・森川抱次・久布白落実・伊藤秀吉らによる廃娼講演会の開催、②男女青年団・処女会・禁酒会・長野県方面委員会・婦人会等への宣伝、③署名・請願書提出活動、④東京の廃娼連盟との協力であった。なかでも矯風会長野支部は署名、県会への請願書提出、廃娼連盟との連絡において中心的な活動をしている。

一九二八年になると、廃娼連盟本部の伊藤秀吉が長野県会議員を訪問して、政友会の小野秀一県議に廃娼建議案提出を依頼、承諾させた。(5) 一九二八年に小野が公娼廃止建議案の提出を引き受けるに至ったのは、①普選が導入され、近い将来の婦人参政権実現が予測されたこと、②著名な政友会代議士・教育家・社会教化論者を含む、東京の廃娼連盟と長野県廃娼期成同盟会との関係が密になったこと、③小野が政友会内の「長老派」に対抗する「少壮派」「新興勢力」の中心だったため革新的な行動が求められたこと等があげられよう。(6) また、二九年になると県知事夫人が廃娼運動団体の県会傍聴団に参加したり、県の内務部・警察部・学務部の部長夫人・課長夫人が各議員に廃娼に賛成するよう要請するなど、県も廃娼運動に接近してくる。廃娼運動への県の接近は、以前から禁酒等において、県や市の教化政策の一端を担っていた矯風会長野支部や婦人団体を、二九年秋以降展開された官製の教化総動員・公私経済緊縮運動へ動員することを県が必要としたからと考えられる。(7)

しかし、一九二八年以降、公娼制度廃止建議案の県会提出が実現した要因は、廃娼運動が全国化し、政党・県が同運動に接近してきたことばかりではなかった。大衆娯楽の発達、(8) モダニズムの進展のなかで売買春も「モダン」化のきざしをみせ、一部の公娼業者が自らの営業形態を不利と認識するようになり、その結果転業を望みはじめたこと、昭和恐慌の波及がその傾向に拍車をかけたことも重要な原因であった。

一九二七・八年頃になると、長野県内でもいわゆるカフェーの存在が話題となった。それらのカフェーのなかには、洋風料理店には本来存在しない「日本間」を有している店が多く、当初からここで売春が行われているとされた。(9) さらに、一九二九年秋から三〇年にかけて昭和恐慌が波及すると、新聞紙上では長野・松本・上田を中心に、私娼・カフェーと女給が急増し、露骨で刺激的な性的サービスや売春を繰り広げていることが強調された。たとえば、長野市のカフェー業者は、三〇年八月現在で「四一軒に上り地方都市としては異様な発展」を示し、(10) 女給は一月現在七〇余名で、前年より二〇名の増加、水仕や酌婦も合わせると、カフェー・バーで働く女性は二二六名であった。増え続けるカフェーは、「キング、クロネコ、ライオン、鳥福、鳥金」といった名称で、「ジャズの快調味」をまき散らす「高速度遊蕩場」とされた。そして、「人々は争って」こうした「高速度遊蕩場」を「狂気の如く探究する」ようになり、「一〇年前未だ中央通りが開かない頃は善光寺詣りの爺イさん婆アさん相手の一ぜんめし、生そばと云つたゆううつと単調さ」が支配的であった長野市の様相を変えたという。(11)

また、松本市では、二九年現在カフェーは四二軒で、(12)これらのカフェーは、「安物のセットや配光にグロテスクな趣向を凝らし中には大袈裟なクリスマスの飾り物をした上、会員券を前売する者も二、三軒見られて居るが最近の傾向ではダンサー上りの女給が滅切ふえ東京神田辺から連れて来た女給がせまいたたきで踊り抜く(13)」という刺激的な様相を呈していたという。

（2）　伝統的遊興（公娼業者、花柳界）の衰退

売買春状況における私娼、カフェー・女給の比重の高まりは、公娼業者に自らの営業が「時勢おくれ」であるとの認識を抱かせるに至った。一九二八年の通常県会での公娼廃止建議案の提出が具体化しそうになると、県内公娼業者は各県議員に公娼制度存続の懇願運動を続けた。しかし「吾々業者に於ても時代の趨勢に順応し営業の変換を企図せざるべからざるは従前より自覚致し居り候」と、自らの営業が時代遅れであることを認め、小野県議に対して営業転換方法の研究を約束している。(14)上田市の公娼業者に至っては、他の公娼業者の公娼存続の動きに逆行し、「時勢おくれの貸座敷商売の網をあげて群馬県下独特の私娼万能制度に改めふところ具合をよくしやう」との考えから、滝沢一郎・山本壮一郎両県会議員に廃娼の促進を依頼した。一九二八年に廃娼建議案提出の可能性が大きくなったのは、

「婦人矯風会の運動もさる事ながら」、このような上田の公娼業者の動きがあったためと伝えられた(15)。

また二九年には、上諏訪・下諏訪両遊廓の代表が、廃業とひきかえに「一種の待合制度を認めて然るべく生業の途を与へて貰ひたい」と陳情を行っている。『信濃毎日新聞』は、これらの遊廓が「むしろこれ〔公娼廃止—引用者〕によって監督を幾分解かれ脱法行為の機会がめぐまれることを期待している(16)」と伝えた。公娼廃止後も、「時代の趨勢に順応した」私娼業者として売春営業を続けられること、むしろ公娼として課せられていた規則・管理から自由になることで有利に営業できることを期待していたのである。

さらに、昭和恐慌波及後の一九二九年後半以降になると、カフェー・女給の急増が強調される一方で、貸座敷や花柳界等の伝統的な遊興が衰退の一途をたどっていることが報道された。表2（五四頁）にみるように、実際に貸座敷消費金額は一九三〇年に大幅な減少を示し、表4にみるように、貸座敷数も、それまで一、二軒ずつ漸減していたのが、この年には一挙に一〇軒減少している。たとえば、上田の貸座敷は、「かつて歓楽の不夜城として盛況を誇った」が、「今や吹きまくるモダニズム暴風とマルキシズム経済学の氾濫に没落の悲運をたどりつつある」とされた(17)。また上田の花柳界でも、客は「漸次待合遊びより安値なカフエー遊びに移って行く」とされている(18)。

表4　長野県貸座敷芸娼妓数・女給数　（単位：人）

年度	貸座敷	娼妓	芸妓	女給
1918	145	840	2, 646	—
1919	143	807	2, 927	—
1920	141	769	2, 924	—
1921	140	668	2, 908	—
1922	139	689	2, 788	—
1923	139	706	2, 892	—
1924	139	708	2, 801	—
1925	137	750	3, 015	—
1926	136	717	3, 251	—
1927	135	686	3, 091	—
1928	133	631	2, 990	—
1929	135	607	2, 916	—
1930	125	593	2, 678	287
1931	123	561	2, 633	294
1932	117	529	2, 369	481
1933	109	486	2, 169	616
1934	103	407	1, 876	705
1935	99	389	1, 844	702

『長野県統計書』より作成。

女給による「モダン」で、露骨な売買春の展開、貸座敷衰退の報道が、昭和恐慌を背景とした公娼業者や花柳界の減税要求ともあいまって、[19]新たな売春取締り策樹立の重要性を公娼業者・県会議員・県に痛感させ、かつ廃娼運動も対応に迫られてゆくのである。

2　私娼対策要求の本格化と公娼制度廃止建議案の可決

(1)　私娼対策要求の本格化

県会議員間にも公娼制度とは別に売春対策が必要との公娼制度見直し論が広がるなかで、[20]一九二九年の通常県会には、私娼対策の樹立を訴える「私娼取締に関する調査機関設置の件」という建議案が提出されるに至った。私娼の取締り制度確立を要求する建議案は「風紀衛生に関する件」という題名で三〇年にも提出されている。しかもこの建議案は、後にみるように、私娼取締り要求という名の下に、転業後も売春営業を維持しようとする公娼業者の意向をもくんだものであった。一九二九年、三〇年と廃娼運動側から提出された公娼廃止建議案は、これら新たな私娼対策の要求に対応してその論旨を変化させつつ、「風紀衛生に関する件」と同時に可決されるに至るのである。ここでは私娼対策要求についてのみ取り上げ、公娼廃止建議案については(2)で論述しよう。

二九年の「私娼取締に関する調査機関設置の件」は、表面上公娼廃止に賛意を表しつつ、一方で「私娼跋扈の傾向著しく之等業者の激増に伴ひ甚しく風紀を紊乱しつつある」ことを強調した。すなわち、「彼の前借による人身の束縛婬売の強要による貞操の蹂躙保護救済の術なき肉体の苦役」、「善良なる家庭」の破壊、「恐るべき病毒」の伝播などの弊害は、公娼よりむしろ私娼の方に著しいことを主張したのである。そして、「公娼の廃止は俄かに私娼の増加を促すが故に」、まず「私娼取締に関する諸般の調査研究を遂げ之が害毒を最小限度に止むるの成案を確立」し、その後に公娼制度を廃止すべきであるとした。[21]換言すれば、私娼に対する取締りの方策が確定しないうちは、公娼廃止を行うべきではないとの主張であった。しかも、同建議案の提出者の一人は公娼業者の陳情を受けていた滝沢一郎県議であった。このことからも同建議案が、転業方法が確立するまで公娼を廃止すべきでないとする貸座敷業者の利害に合致するものであったといえよう。

三〇年の通常県会に提出された「風紀衛生に関する件」も、前年の建議案とほぼ同じ提出者・賛同者であった。ただし、同建議案の内容は私娼対策樹立まで公娼廃止を延期すべきだとしながら私娼対策の具体的内容に言及しなかった前年の建議内容から一歩踏みこんだものであった。つまり、処罰という従来の私娼対策ではなく、私娼の黙認・管理・保護という新たな私娼対策を確立したうえでの公娼制度廃止を要求したのである。

すなわち、私娼は禁止され、法の網の外におかれているため、公娼以上に「保護救済の術なき肉体の虐使」に直面しており、性病にかかっても治療できないので病毒の蔓延をひきおこしている。しかし、これらの弊害を抑制するために、「私娼の密淫売は法の禁ずる所」とする従来の私娼取締り策でもって厳密に彼らを処罰すれば、「刑罰に処せらるゝ者幾千なるを知らず」という状況に陥り混迷をきわめる。「若し〔取締りを―引用者〕緩にして黙視せんか国法の威信全く地に」落ちてしまう。したがって、売淫の弊害を最小限に止めるには、私娼を処罰するのでなく、黙認・管理・保護する方法を確立する必要がある。そして、その後に「公娼業者転業の途を講」じて、公娼廃止がもたらす売買春の弊害の増大を減じ、「公娼廃止の実を期」することが必要であると主張したのであった[22]。

さらに建議説明に立った宮沢佐源次は、「公娼制度廃止に関する件」が、向こう七年間のうちに公娼業者が廃業することを要求しているのに対して次のように抗議した。「世間は既にさう云ふ期限が付いた建議案が決められると云ふと、恰度其の時分になれば是はもう止むものだと云ふやうなことになつて業者も非常に迷惑をして居ると云ふ噂も聞いて居る」。つまり、「公娼を廃止する以上業者竝にそれに関連をして居る者達の生活に対しまする所のことも考への中に入れて置かなければならぬ」として業者の失業対策を重視したのである。[23] この発言からも、同建議案が公娼業者の利害を代弁していると考えられよう。それでは、廃娼運動側の建議案提出運動は、どのような対応を示したのであろうか。

（2）一九二九年の「公娼廃止に関する件」

一九二九年、小野県議によってはじめて提出されるに至った廃娼運動側の建議、「公娼廃止に関する件」は、公娼制度が「時勢の進運に逆行せる時代錯誤の悪制度にして世界の一等文明国よる《ママ》我日本帝国の対面《ママ》を傷くる野蛮の陋習」であるという論拠からその廃止を要求した。そして、廃止要求の論拠としてとくに次の三点を強調したのである。まず第一に、本来は風紀衛生の維持を目的とする「集娼公認の本制度」が、「却つて風紀を紊し淫風を助長し衛生的施設も表面完備せるが如くにして裏面に於ては驚くべき勢いを以て梅毒を伝播せしめつつ」あるため、「風紀衛生の保護施設」ではなく、むしろ「風紀紊乱非衛生機関」と化しているということであった。さらに補足説明に立った小野県議は、公娼制度が「所謂集娼制度を採用し、一般民衆の耳目より〔売春業を—引用者〕遠ざけ」る目的にもかかわらず、現実には「外国からも日本の堂々たる廓の制度を見に参る、古代の遺物として此の堂々たる所の廓の制度を、偉観を観察に参る」ありさまであり、売春の宣伝をしているも同然であるとした。そして、公娼制度は売春を助長しこそすれ、制限する役割を果たしておらず、むしろ「幾多の統計の数字は、公娼の消長と私娼窟の盛衰は必ず正比例を以て終始して居る」というのであった。したがって、風紀の改善、売春の減少のためには公娼制度廃止が不可欠であると主張したのである。

第二は、「男尊女卑の弊は杳として其跡を絶ち今や将に女子参政権賦与制度の実現は単なる時期の問題と成りたる」

にもかかわらず、「可憐なる婦女子を弑ぐる」「純然たる奴隷」制度の公娼制度が存在しているのは「奇現象」であるとするものである。そして第三は、廓清会・キリスト教婦人矯風会等の廃娼運動が、「国民の脳裏」に精神的効果をあげたとするものであった。同運動が「公娼業者の自覚を促し」、遊客の減少、公娼業者の業績不振をもたらしたこと、のみならず「教化せられたる業者の子弟は彼業の相続継承を嫌忌し滔々たる自然淘汰の大勢は寧ろ制度其のものの撤廃に一歩を先んじ」ていることを強調した。(24)

しかし、結局一九二九年には「私娼取締に関する調査機関設置の件」のみ可決されるに至ったのである。ただしここで以下の点に注目しておきたい。①国家は売買春の弊害を抑制すべきであるにもかかわらず、公娼制度では売買春の弊害を十分に抑制できていない、②「人身売買」を公認する公娼制度が時代の趨勢に逆行している、とする二点では、この年提出された「私娼取締に関する調査機関設置の件」と「公娼廃止に関する件」の両建議が一致していることである。つまり、これらの点に関しては、廃娼運動側はもちろん、公娼業者の意向をくんでいる側も、建前上は、もはや異論を唱えがたい趨勢となっていたのである。翌年における公娼制度廃止建議案は、このような状況のもとでこそ可能となった。

(3) 「公娼廃止に関する件」と「風紀衛生に関する件」の可決

長野県廃娼期成同盟会は、多数の署名にもかかわらず、二九年に「公娼廃止に関する件」が可決されなかったことをふまえ、三〇年は建議案を県会で通過させることを最優先課題とした。署名や講演会などの世論喚起のための活動よりは、むしろ県会議員、県会議長、県の各課長、警察署長等の重要人物への働きかけに重点をおいて活動をすすめたのである。また、廃娼連盟事業部長伊藤秀吉が「議場に私宅に幾度小野氏を訪問して案を練られたかわからない」

と述べているように、「公娼廃止に関する件」の内容を練りなおして県会に提出した。(25)公娼業者の衰退、女給の売春の急増が伝えられるなかで、廃娼運動側も、建議の論旨を次のように変化させたのである。

建議説明において小野秀一は、「所謂絶娼論、娼と云ふものを絶やすと云ふ論とそれから今の公娼制度を廃止する点の相違を世人は誤解して居るのぢやないか、此の点は今の所謂廃娼論者が絶娼論ではない、公娼を単に廃止する、所謂公認集娼の制度を廃止する、斯う云ふ点にあるのであります」と主張した。公娼制度の廃止と売春一般の絶滅との違いを指摘し、廃娼論者の主張が、公娼廃止にすぎないことを強調したのである。さらに、「遊廓があつて固つて居るからして一般に風紀が紊れることが少ない」とする存娼論と、「公娼の固つて居る周囲に非常に私娼窟がある、即ち公娼と私娼と云ふものは常に正比例をして発展をし若くは衰滅を来して居る」とする廃娼論両方に対して「其の統計を見まして何れも必ずしも絶対に主張をなすべき性質のものでない」と疑問を提示し、公娼廃止が風紀衛生の改善に不可欠であるとする前年度の主張を撤回した。(26)そして、公娼廃止の積極的論拠を女子参政権賦与の趨勢と日本の国際的な体面の問題に限定したのである。すなわち、「公民権を賦与せらるべき婦女子に対し最も貴重なる貞操権の存在をさへ認めざるの一点に到ては制度の矛盾蓋し之より大なるはな」く、公娼制度は「国際体面上我が日本の地位を低下させるもの」であるとした。そして、公娼業者の転業準備のために「向こふ七ケ年を下らざる猶予期間」を設けたのち、公娼制度を廃止すべきであると主張した。(27)

廃娼運動の究極の目的は売買春の絶滅であり、公娼制度の廃止は、売買春の絶滅のための第一歩であること、公娼制度は私娼の増加をも助長しているため公娼は私娼より弊害が大きいとする意見は、長野県廃娼期成同盟会のみならず、全国の廃娼論者が長年主張し続けてきた論拠であった。ところが長野県の廃娼運動が、三〇年の「公娼廃止に関する件」からこれらの論拠を削除したのは、公娼制度の衰退の一方での、私娼の急増が強く認識されるなかで、より多くの県会議員から支持を得やすい建議内容にするための戦術であったといえよう。

私娼の急増の一方で公娼業者が衰退しているとの報道は、売買春そのものの絶滅を志向する論者にもそうでない人間にも、公娼制度が風紀の統制に役立たない時代遅れの制度であるとの強い印象を与えていた。したがって、この期に建議案への賛同者をより多く獲得するためには、売買春そのものの絶滅までは志向しない県議との間で見解を対立させない必要があったのである。そこで廃娼運動側は、従来の主張とは矛盾する主張、つまり運動の目的は売買春の絶滅ではなく、無益で人権を無視している公娼制度の廃止にとどまるとの主張を強調したのであった。同時に、公娼の衰退に反して私娼が急増している現状に鑑み、説得力をもたなくなった、公娼が私娼の増加を助長しているとする主張をもこの際削除したのだといえる。そして、「人身売買」、国際的デモクラシーの趨勢のなかでの国家の体面など、誰もが反論しがたい理由に絞って公娼廃止を主張し、多くの支持を得て可決させようとしたのであった。

ただし、建議内容を変え、従来の廃娼運動の主張とは異なった主張を県会で展開したのは、あくまでも公娼廃止建議に対する反対意見提出の手がかりを与えないための政治的戦術であった。廃娼運動の究極の目的が売買春の絶滅であり、公娼の廃止は売買春のもたらす諸弊害、教育的悪影響を減殺させるとの運動側の根本的な論理自体が変化したわけではなかった。二節で述べるように、建議可決後も廃娼運動は、性教育の実践を通じて人々を内面から変えるという彼らなりの方法によって、売買春の絶滅をめざした。また、次に述べるように、「風紀衛生に関する件」の主張、すなわち公娼より私娼の方に弊害が大きいとし、私娼の黙認・保護、公娼業者の失業対策を重視する主張と鋭く対立したことからも、廃娼運動の従来からの主張がこの時期にも一貫していたことが理解できる。

小野県議は、以下の二点で「風紀衛生に関する件」の内容が「公娼廃止に関する件」に敵対するものだとして強く抗議したのであった。まず第一に、公娼以上に私娼の弊害が大きく、公娼を廃止すれば必ず私娼が増加するはずだとする「風紀衛生に関する件」の見解に対し、「果してそれは宮沢君に於て統計的の事実を捉へたことでありませうか、若は直観的のあなたの御感想でありませうか」と疑問を呈した。

第二に、「風紀衛生に関する件」の主張する「私娼の保護」という見解について、「私娼を営ましむる所の業者を保護するのであるか、若は現在哀れな私娼を営なまけ《ママ》ればならないと云ふやうな人間を保護しやうと云ふのであるか、若は取締を厳重にしろと云ふのであるか」と、その意図を問いただした。つまり、売春させられる女性の保護や、風紀の改善、売買春自体の絶滅という廃娼運動側の意図に反して、「風紀衛生に関する件」が、「私娼の保護」という表向きの言辞の裏で売春業者の営業の保護やその便宜をはかることを狙っているのではないかと批判したのである。[28]

つまり、公娼制度を廃止することが、「人身売買」や売買春の諸弊害の実態を改善し、なによりも売買春が悪であるという国民的道徳の確立につながる、公娼よりは私娼の方がよりましであるとはいえ、私娼業者を保護したりその便宜をはかるのはもってのほかであり、売買春は究極的には絶滅させるべきである、などの廃娼運動側の論理はいまだ一貫していたのである。

両建議案は委員会付託となったが、対立は容易には解消されなかった。他の意見書は全会一致で可決されたのに比べ、「公娼廃止に関する件」と「風紀衛生に関する件」だけは「委員会は全会一致ではなかつた」のである。結局、以下のように、両建議案それぞれ一ヵ所づつ文面を修正してようやく可決に至った。まず「公娼廃止に関する件」については、「当局に於かれては仮すに向ふ七ケ年を下らざる猶予期間を以て断然本制度の撤廃を策せられ」というくだりの「仮すに向ふ七ケ年を下らざる猶予期間を以て」という部分が「一〇ケ年後に於て」と修正された。他方、「風紀衛生に関する件」については、「随って公娼の絶滅は益々此の傾向〔私娼の跋扈―引用者〕を激増せしめ」という部分が削除されたのである。つまり、①公娼業者の転業準備期間の延長、②公娼の廃止がかえって私娼の増加をもたらして風紀を悪化させるとの主張の削除によって、「公娼廃止に関する件」と「風紀衛生に関する件」との妥協がはかられたのであった[29]。

（4） 女給への課税・梅毒検査の導入の決定

二つの建議案が可決されたわけであるが、三〇年に県がのりだした私娼対策は、女給からの徴税、女給への梅毒検査の導入であった。

女給税の設置は、恐慌下での財源補塡を目的としており、三〇年秋に、県下町村長会の実行委員会が「県民負担の軽減と公正とを期する見地から」、女給税を含む、諸税の新設案を知事に提示した。「最近エロ進出の刺戟でカフエーの如きは急激な増加となり従つて女給税も激増してきたこの機会に乗じ一万円からの多額な収入を見越し得る女給税を徴収しやう」というのであった[30]。この案に基づく県当局の調査では、一人当たり月額三円を三百人の女給に課すとして、一万八百円の収入の見込みがあるとされている。しかし、女給税という新税を設置するには、内務省の許可が不可欠であり、その煩雑さを避けるために、一部の女給を酌婦同様の職業とみなし、すでにある酌婦税として徴収する方法が提起された[31]。女給を酌婦同様に扱うということは、女給にも梅毒検査を課すということであり、異論も提出された。しかし前述したような伝統的花柳界の不景気、遊興税納付拒否にともなう同税の減収分を補うために、結局三〇年の県会で、三百人の女給に酌婦税として課税することが決定された[32]。

女給に梅毒検査を課すかどうかということは、「課税関係を離れ全く純真の取締上の立場からも」問題にされた[33]。飯田と臼田の両警察署においては、すでに女給に対して酌婦と同様の取締りを行っていたが、これら一部の地域にとどまらず、全県的に酌婦同様の取締りを行うことが望ましいとの認識が強くなったのである。そして、同年一一月にはついに、県の衛生課と保安課が、上記以外のカフェーの女給をも、売春の疑いがある場合酌婦として取り締まることと、すなわち梅毒検査を課すことに意見の一致をみた(34)。

女給への梅毒検査の義務付けに対して、カフェー業者と女給は反対運動を繰り広げた。長野市ではいち早く、一一月二五日に全国大衆党主催のカフェー女給検診反対演説会が開催され、二六日に県へ陳情することに決定している(35)。また、松本市内の西洋料理組合は、二六日に総会を開き、「検梅制度によれば必然的に女給の品質が低下し加ふるにこれが実施の暁はむしろ公然風紀の頽廃を来すおそれがあるから絶対反対する」との意見に決定し、県や県会議員へ陳情することになった(36)。この他にも、各地で検梅制度反対運動が展開されている。ただし、廃娼運動が女給への課税や梅毒検査の義務付けに対して、言及・反発することはほとんどなく、ましてやカフェー・女給の課税・検梅反対運動に賛同することもなかった(37)。

ようするに、この時点で現実にとられた措置は、強いていえば「風紀衛生に関する件」の主張の一部であった、私娼の黙認・管理であった。換言すれば、この建議の他の主張である公娼業者の失業問題への取り組みや、他方の「公娼廃止に関する件」の主張である女性保護や公娼廃止は実現していない。次節では女給の売春の黙認・管理という売買春取締り方針が、三〇年代を通じて確立してゆくありようをふまえて、公娼廃止決議後の廃娼運動の展開をみてゆこう。

二　一九三〇年代の売買春状況と廃娼運動

1　昭和恐慌期の売買春状況と売春対策

公娼業者の衰退、その一方での私娼、とりわけカフェー・女給などの洋風の性的サービスの増大を伝える新聞報道は、一九三〇年代前半期を通じて継続した。また、それと軌を一にして、一九二〇年代末からのモダニズムの進展、映画・ラジオ・大衆雑誌の繁栄も継続し、娯楽や出版物における「モダン」でエロティックな面がさらに広域化していった。

こうしたなかで、以前から転業を希望していた一部の公娼業者は、ついに料理屋等の名目で私娼営業に転業することを決意するに至った。たとえば上田遊廓が、私娼営業に転業する決意であることが次のように報道されている。「業者も伝統的百年の夢からさめて貸座敷業を捨て遊廓前から花園町通りに進出して乙種料理業―第二の大正小路白首街〔私娼街のこと―引用者〕―に生活転向をしたいから指定地許可の奨励につき陳情書を提出して依頼し市会議員連を動かした」[38]。また、以下のように下諏訪遊廓も料理業に転業することを決意している。「近年不況やカフエーその他の進出で未曾有の不印に陥り現在七軒の貸座敷業者も月々三百円以上の欠損を続けているので善後策考究の結果何れも廃業し料理業に転業することを決議し夫々準備中」[39]。公娼業者の転廃業はこの県にかぎったことではなく、廓清会機関誌『廓清』によれば、この時期、とくに三四年以降、全国的に貸座敷の転廃業がすすんでいる[40]。

そして、売買春状況におけるカフェーの比重の高まりの報道は、カフェーへの取締りを中心とした新たな売春対策の本格的確立を促した。すでに一九二九年に、内務省がカフェーの設置場所・構造設備等について注意を促していた。また、警視庁は学校等に隣接してカフェーを営業すること、女給に芸妓類似の行為や客の同伴をさせることなどを禁止し、室内の装飾・営業時間・騒音を制限していた。さらに三四年には警視庁による接客業婦健康診断に関する告示が、また内務省令でカフェー・バーの全国的取締りを行う予定であることが発表されている(41)。長野県でも三〇年の県会で女給の一部を酌婦とみなし、梅毒検査、酌婦税を課すことが決定されたことは一節2で述べたとおりだが、翌三一年以降は、カフェー・女給についてさらにすすんで次のような決定が下された。

三一年に考案されたカフェー取締規則案では、「先ずカフエーにおける日本間廃止は励行せしめ廃止せざる場合は料理店営業として取り扱ひ自然女給も酌婦としての取扱ひを受ける」ことになった。加えて、「女給の採用人員については署長が地方実情に応じて認定のうへ制限し」、「女給の検梅も署長の権限に委ね」、酌婦とみなされなかった女給も警察署長が「必要ありと認めた場合検梅せしむること」が決められた(42)。さらに、三二年一二月には、県衛生課によって「既にある芸妓酌婦雇婦女自衛的健康診断内示の範囲を拡大しこれに女給の一項目を加へ」ることが企図されている。そして女給を「1単に客の前に飲食物の運搬を行なふもの、2売淫のおそれあるもの、3行政執行法の第三条に依る密売淫の前科を持つもの及びこれと同居するもの、4密売淫の常習者と認めるもの」の四種類に分類し、2・3・4に検診を課すこと、この分類は各警察署長に委ねられることとなった(43)。また、それまでは日本間のあるカフェーの女給を酌婦とみなし、酌婦税として課税していたが、三三年度からは一般のカフェーの女給へも課税することとなり、女給税が新たに設けられることとなったのである(44)。

ようするに、主たる売買春問題が二〇年代には公娼廃止問題だったのが、三〇年代には私娼やカフェーの女給による売春の黙認・管理・取締り問題へと移っていったといえよう。そして、カフェー・女給への取締りの強化、とりわけ女給税や検梅の導入が、カフェー業者や女給のさらなる反発を招いたことはいうまでもない[45]。

2 一九三〇年代前半の長野県廃娼促進同盟・矯風会長野県各支部の活動

こうした状況に対して、廃娼運動はいかなる対応を示したであろうか。まず全国のうごきに言及すると、地方別の廃娼運動を推奨した廃娼連盟の運動は、一九三〇年までに、かなりの成果をあげた。埼玉・秋田・新潟・福島等の県会でも一九三〇年までに廃娼を決議しており、廃娼連盟は、こうした事態を「地方運動の非常な発展」と判断した[46]。また、第五九回帝国議会では、結果的には否決されたものの、公娼廃止法律案が委員会で審議されるまでに至った[47]。

そして、長期的には公娼制度が廃止の趨勢にあると判断した廃娼連盟は、一九三〇年以降、廃娼後をにらんで以下のような活動にも重点をおくようになった。すなわち、①風紀の改良、売買春行為の防止を目的とした純潔教育運動の普及、②私娼の取締りを関係各機関へ要求すること、③昭和恐慌と凶作のもとでの身売りの多発に対して、身売り防止運動を行うこと、娼妓救済等を目的とする婦人ホーム建設、④公娼制度廃止の実行の仕方・廃娼後の売春取締り対策の検討などである。

一方廃娼決議後の長野県廃娼期成同盟会は、廃娼促進同盟と名称をあらためた。そして公娼廃止に賛成か否かを問う質問状に、賛成と回答した県会議員を支持すること、内務大臣に公娼廃止断行を要求する電報を送ることなどを同志団体に依頼することを通じて公娼制度廃止の実施を県や関係方面に要請する運動を行った[48]。

しかし、公娼廃止実施のための政治的働きかけにとどまらず、長野県廃娼期成同盟会の中核であったキリスト教婦人矯風会長野県各支部は、本部の動きとも連動しながら、公娼廃止後の売買春問題への対処方法を模索していった。それは、①性教育の実践、②恐慌下の身売り防止策としての婦人ホーム設立、③カフェー取締りであった。

矯風会長野支部は、「県庁から若干の補助金を頂いて居りますので、何か当市全民に貢献する所ありたいとの願いから」、一九三二年一〇月二五・二六日に、県社会課・愛国婦人会の後援で、キリスト教婦人矯風会のオールズ夫人による性教育講演会を開催した。講演会は、長野実科女学校・長野県立中学校・紡績工場などにおいて行われたほか、一般市民、教育者や母親向けにも行われている。そして「信仰を真向にふりかざして人格的にお話し下さつた」ため「単にこの道の知識のみならず、精神的にも多大の賜物をおのこしになつた」「実際問題に悩んでいられるお母様方に至れり尽くせり」であったと評価された。(49) ちなみにオールズ夫人の性教育講演会は長野だけでなく、この時期多くの県の矯風会支部で企画され、反響を呼んでいる。(50) この性教育の内容は、彼女たちのこの時期の一連の活動を支えた一つの指標、理念であったといえよう。それでは、その性教育はどのような内容であり、一九二〇年代の廃娼運動の論理とどのような関係をもっていたのであろうか。オールズ夫人の著書『家庭と性教育』にみてみよう。

同書は、「性に関する問題ほど、多くの人々の幸と不幸に致命的な関係を有つているものはございません」と述べ、性欲の放任が人格や生活にとって重大な悪影響をもたらすとの視点から、性教育の必要性を主張した。すなわち、「性に関する正しい理解を持たず、汚れた観念を抱いていることから、いろいろの過失、恐るべき疾病、不幸な結婚生活、離婚、自殺などを招く」としたのである。(51) 同書によれば「五万の醜業婦と八万の芸者、一一万一千の女給」の存在している理由の一つも性教育の欠如であった。(52)

そして、現代が「キネマと、自動車と、ラジオと、ダンスホールと、カフエーと、他の無数の享楽機関の刺戟と、興奮の錯雑した世界」であること、「子供の周囲は性的雰囲気に満ちてい」ることをあげて、これらの悪影響をうけないために、現代社会ではそれ以前の時期以上に性教育が必要なことを強調したのである。以上の論拠をふまえ、同書は「男女は同権であり、結婚は神聖なもの」「肉体は情欲のままに用ひてもよい自己の所有物ではなく、神の殿」

とするキリスト教の教えの重要性を強調し、あるべき性教育の姿を次のように主張した。[53]

第一に、生殖に関する知識を科学的に教えることである。そして第二は、「科学的知識と共に、精神的価値と理想がなければ、性教育は淫らなものとなつてしまひます」[54]との観点から、婚姻内の愛情に基づく生殖は神聖であるという理念を常にふまえることであった。「性教育とは、広い意味では、性の賜物は利己的目的の為のものでなく、神は此等の賜物を男女に種族保存のため、又その全生活を祝福し豊富ならしめ、人類を向上させるために与へられたのであることを教へることであります」[55]というのである。なかでも、母親になるための生理や生殖の神聖さは、次のようにとくに強調されている。「凡てこれ等のこと〔生理—引用者〕は決して卑しむべきことではなく、むしろ女性としての美しい証で、これがあるために結婚した時に、可愛い赤ちゃんのお母様となる幸福が与へられることを話さなければなりません[56]」。

そして、そのような理念をふまえることによって、女子に関しては、やがて母となるべき役割の自己の性への自尊心を、男子に関しては、女性に対する尊敬の念を、それぞれ育成し、お互いの人格の尊重の上になりたつ男女関係の構築をめざしたのである。すなわち女子には、「自分が未来の女性、妻、母として尊いものだといふ事を感」じさせること[57]、さらには「もつと広く読書して、兄弟や男子の友達に色々の質問をしたり、議論が出来る様に」させ、ひいては「法律、公民権、学校、職業、家庭等あらゆる点に男女の差別が」あるなかで、「少女達が自然にもつている卑下の心に打勝つ様に」すべきことを主張した。また男子には、母親の妊娠時などを利用して、母性の神聖さを教えること、小さいころから「女の子と同様に家の仕事を手伝はせて、忍耐と自制を養ふと同時に、我儘を出さないで、〔女の子と—引用者〕互いに助け合」うよう教えること、「婦人に対する自然の尊敬とこれを守護する精神」を「幼い時から教へる」べきことを主張したのである。[58]

ところで、公娼廃止実現の趨勢、以上のような性教育の重視は、身売りさせられている、もしくは「転落」の可能性のある女性の救済・保護、彼女たちの自己回復・自立を援助するための人間教育活動を促した。周知のように彼女たちの救済・保護・自立のための活動は、古くから矯風会本部・救世軍等によって行われていた。身売りの増加が指摘されたこの時期には、長野のみならず多くの県で、県当局の援助の下、矯風会支部による婦人ホーム設立が検討、実施されたのである。この時期、地方の矯風会支部が設立した婦人ホームのうちで代表的なものは、秋田県のものであろう。昭和恐慌、東北地方の凶作を背景として、矯風会秋田支部は、県や慶福会の援助の下、一九三三年に婦人ホームを設立している。同ホームはやがて託児所を併設し、売春させられていた女性の救済・保護と同時に、幼児教育を重視した。このことからも、同ホーム設立者たちの理念の根底に性教育をはじめとする人格教育への熱意があったことがうかがわれる。(59) 長野県では、婦人ホーム設立にいたらないまでも、三四年一一月のキリスト教婦人矯風会信州部会において、「救助すべき婦人の為婦人ホーム設立の必要の場合は県庁において社会課の理解の下に後援を願ふ事が出来る」と協議されている。(60)

ところで他方では、性教育の理念に反する行為、すなわち夫婦の愛に基づく生殖ではなく、「淫らな」性欲や性的享楽、性的「悪習慣」は、子供たちの人格形成に悪影響を与えるとされた。そして、それらに子供たちが手を染めぬための具体的実践方法も細かく説明された。そのなかで、カフェーの女給や娼婦的女性は、よくない「淫らな」性欲を引き起こす誘惑者であり、女性蔑視を助長するととらえられ、純潔な女性、ことに母親による賢明な措置によって、「堕落した女」の悪影響から息子を守る方法も具体的に説明された。すなわち、「青年期は感情が非常に動揺する時で」あり、「こうした心持が、善くない女が誰にでも愛撫の手を広げて待つているカフエーに出入りする様になる一大理由となる」。けれども、母親の愛情、もしくは善良な女性の「柔しい女らしい力と純潔」によって青年の感情を

安定させ、「悪行」やカフェーへの出入りを防ぐことができるとしている。(61)

こうした発想が、この時期の公娼廃止要求、以下に述べる私娼取締り要求の根底にあったことは次の引用からも明らかである。すなわち、「自分の町、又その所を道徳的に、自分達の子供に適はしい所となさる両親方が少ない」ことを批判した。そして、「酒、売淫、カフエー、ダンスホール、映画」が子供に与える影響に対して親がもっと警戒すべきであること、「親達が一団となつて、政府や市、県の当局に公娼―自分達の子供に誤つた道徳的標準を与へる制度―廃止を請願するまでは、現在現在国民に禍ひを及ぼしているこの制度は廃止されることはない(62)」ということを強く主張した。このように、人格形成に弊害をもたらす売買春が、子供たちから遠ざけられなければならないとする主張は、公娼より刺激的な様相を呈した私娼・カフェー等から居住環境を守るための取締り要求をもたらすことになった。

たとえば三〇年にはキリスト教婦人矯風会上田支部が、「上田市内に於る私娼が随分ひどいから」、「私娼（カフエー）の風紀紊乱を厳重に取締まっていただく様」上田警察署長へ陳情を行った。そして、「警察の取締も徹底的に闇の女を追払うふことは出来ますまい。すべての根底をなす経済の問題がやはりここにも潜んでいるのですから」と報告している。(63)また、三三年一一月に開催された矯風会信州部会では、「醜業婦の街頭進出防止方法」が検討され、「警察署長を訪問し実行運動をすること」「娼妓にトラクトを配布すること」が決まっている。(64)さらに、三四年一一月の矯風会信州部会では、上田・松本・松代・長野市内のカフェー・私娼の数と実態の調査をすることも決定している。(65)私娼・カフェーの取締り要求は、他県や東京においてもこの時期の廃娼運動の一環であった。ただしそれらの取締り要求の内実も、カフェーの営業許可の制限、営業場所・営業時間・音曲・ネオンの制限を主とした要求であった。したがって、すくなくとも、警察が実施しはじめたような、女給への課税や梅毒検査の導入を要求したりするものでは

なかったことには留意する必要がある。(66)

三　公娼制度批判の底流——諸団体の動向と廃娼・禁酒

一九三六年（昭和一一）一月から一〇月までの期間に内務大臣宛公娼制度廃止請願書を提出した全国各地の団体名を県ごとに掲載した、国民純潔同盟作成の「全国廃娼請願団体名簿」（昭和一一年一一月調）(67)によれば、長野県では請願書を提出した団体数が引き続きとびぬけて多いことがわかる。一九三六年には六五七団体が請願を提出しており、一九三〇年の同県における請願書提出団体数と比べても増加している。各団体の内訳とその団体名は章末表5の通りであるが、そこからわかることは、キリスト教関係団体も多いものの、禁酒会・青年会・婦人会・処女会（女子青年団）の順に多いということであり、これも同県の特徴であった。また、各種修養団体・製糸工場・職場団体・幼稚園・国防婦人会・愛国婦人会分会なども提出している。しかし、無産政党や労働組合はごくわずかにとどまっており、産業組合などからもほとんど提出されてはいない。全体として、修養を第一目的とした団体が一九二〇年代に引き続き主流であるといえる。そのなかでも、一二七団体が禁酒会であり、地域別にみてみると、上伊那郡と下伊那郡が最も多いことがわかる。

前述のように、禁酒運動と公娼制度批判は、その担い手と論理において密接に関係していた。また、双方ともキリスト教会の布教活動と関係があったものの、キリスト教に還元できる活動ではなく、各禁酒団体や禁酒会構成員は、青年会や婦人会・女子青年団の活動とも重なっている。そこで、ここでは昭和恐慌期の長野県の状況をふまえたうえで、長野県下の禁酒会を中心に、民衆レベルの諸団体の活動のなかへ、この時期の公娼制度批判を位置付ける。

1　昭和恐慌下の諸団体──「自力更生」と女子青年への期待

周知のように、昭和恐慌は長野県経済に未曾有の打撃を与えた。繭価は恐慌以前の三分の一に暴落し、また、米価も暴落した。その結果、農家は一戸あたり一〇〇〇円以上にのぼる負債にあえいだ。また、多数の製糸業が倒産し、養蚕雇用も減少したことから、失業者が大量に発生し、潜在失業者を含めると、失業者数は六万人以上にのぼった(68)。とくに、製糸業の衰退にともなう工女の賃金引下げや不払い、首切りによる失業が自小作農家の収入の減少に大きな影響を与えていたことが指摘されており、同時に、女工たちがカフェーの女給などへ「転落」していることも報道された(69)。

こうしたなか、昭和恐慌期には様々な恐慌打開策がせめぎあったことは先行研究によって明らかである(70)。県は時局匡救事業を起こし、一方で官製の経済更生運動を開始した(71)。長野県では、一九三二年に農村経済改善委員会が設置され、農村の負債整理、金融改善、生産物の合理化、消費の合理化、農村経済の合理化などがめざされた。また、経済更生運動下では、運動を実践する人物として、「中堅青年」・「中堅婦人」の育成がめざされたことが先行研究で指摘されている。「中堅婦人」とは、台所改善や栄養改善、衣食住の改善と合理化、妊産婦の保護、児童の衛生・健康改善、婚礼・葬儀の簡素化、家計簿記帳、消費経済の合理化、産業組合を利用した共同貯金・共同購入、副業の奨励、農事講習、時間励行、託児所設置などに自覚的な女性であった(72)。そして、主婦会などによる冠婚葬祭経費節減がめざされた(73)。このように、官製運動の側から不況対策として、女性の役割が重視された。

こうした趨勢のなかで、この時期にはキリスト教会も農村問題を重視し、農村福音学校の開催などを行っている。長野県下の松本・長野市のメソジスト教会では、女子を対象とした農村福音学校を開催し、料理や裁縫などの指導を行っている。一方、メソジスト教会牧師の各製糸工場への頻繁な講演会活動にみられるように、女工への福音も一層重視された[74]。また、上記とも重なりつつ展開された賀川豊彦によるいわゆる「神の国運動」の一環として、賀川の来訪、長野県下浦里村の経済更生運動への参加などもみられ、教会と官製運動団体の活動が接点をもちつつもせめぎあっていた[75]。

(1) 青年団

こうしたなか、一九三〇年八月の小県郡連合青年団は、「不況に対する意見表示」という声明を発表し、農村不況の根本的原因を、「現在の社会的諸関係、既存諸組織の矛盾の深刻化」にあるとして、青年の政治への参加による矛盾の解消を求めたが、一時的対策として、三つの方策を提起した。①消費節約、生活改善の奨励、多角的農業経営、②生産調整、産業合理化、国産品愛用、電灯料値下げ運動、③減俸・減税運動、低利債などである。また、同年九月に県連合青年団は、恐慌の真因は資本主義経済の矛盾の深化拡大にあるとし、俸給生活者の減俸、消費節約や貯金奨励、国産品愛用、生活改善などを「一時的弥縫策」として退ける通牒を、各郡市町村青年団に発した[76]。このように、青年団は不況の原因を「資本主義経済の矛盾の深化拡大」に求め、消費節約や生活改善といった方法は一次的な弥縫策として退ける傾向にあった。そして、主として電灯料金の値下げ等による暮らしの建て直しがめざされた。

しかし他方で、青年団の人々は、エログロナンセンスや都会の華やかさを、「資本主義の矛盾」として批判しながらも、それらに強く惹かれてしまう自己矛盾を抱えていた。青年団の時報では以下のような呼びかけがなされていた。「若人は回らぬ舌にエログロ百パーセント等と此の種の言葉を怪しき音律を以って盛に会話の中に織り込んで」おり、「カフエー小唄か東京行進曲等と云ふ軟弱な恋愛歌」に夢中になっている。「然し乍ら我々は此の種の恋愛歌及び新語が意味する軟弱な遊蕩的意識を扶植するが如きものに精神を把握されてはならぬ」のであり、「自分たち農民の立場より無産大衆の持つ幾多の主張を徹底的に唱道せんとする我等の闘志力を軟化させる役割を持った、幾多の反動的存在の系統を我等は断然排撃しなければならぬ」とした。「苦難な農村を前にして反動的惰弱文士の軟文学に耽溺しカフェー小歌や恋愛歌等を鼓吹して喜んで居る時であると思うか」「農村振興の第一線に立つべき青年は質実剛健の気風を養はねばならぬ」と呼びかけた(77)。

また、たとえば泉田青年会のある青年、土畑耕造は、「俺達若人は、遊び度い、読書もしたい、考えこともしたい、出来得れば甘い甘い恋のささやき位の経験も持ち度い」と認めながらも、そうした感情を「プチブル心理」として退け、「けれど俺たち農村の若人は其の一だつて望めないのだ決定的に？　だから働こうよ、そして働くことによってそうした欲望の総てを忘れよう」「働こう、働かさねばならない、莚を織れガタンバシンと」と、欲望を捨て働くことを呼びかけている。しかし、そのように呼びかけながらも、「どうせ莚を織る若人に懐しみを感ずる女性なぞ一人もいないんだ」と絶望し、その一方で再び「俺達はそうしたプチブルな恋人なんか半ビラも必要としないのだ」と自己に言い聞かせている。そして最後に、「いまに見てろ目覚めた女性があつちからもこつちからせ皆んなしておし掛けて来るんだ」と言い放っており、結局のところ、貧しい農村でともに汗を流して働いてくれる伴侶の登場を強く願っていた(78)。

つまり、都会の魅力を断ち切って、農村自力更生へ向かうためにも、ともに質実剛健に働いてくれる「新しい」農村女性の出現と「新しい」結婚のありかたを強く希求したといえよう。こうした希求は一九二〇年代から存在していたが、より切迫した緊急度の高いものとしてこの時期存在していたといえる。

そこでは、「恋愛」に対する憧憬もみられたが、「恋愛」と「エログロ」を同様に捉えて排斥しようとする傾向もみられ、なによりも、恐慌下では「恋愛」などをしている余裕はないといった意識に貫かれていた。たとえば、「北青講習研究会模様」での結婚観に関する議論では、「封建的な親達」の観念を変革して「虚勢的な結婚式を改めろと禁酒の宣伝をなす」者、「要は盲目的な恋愛結婚より合理的な見合い結婚の方がよい」とする者、「吾々青年はセンチメンな恋愛なぞに戦闘的意識をにぶらせて居る時でない、日常の階級的闘争によつてのみ決定される」とする者らがいた。(79)

恐慌をともに打開する道を模索してくれる女子青年への期待をこめ、青年団では女子青年団へのたび重なる呼びかけが行われたが、その期待は次のような発言にもうかがうことができる。「十一月六日　農救事業なる林道普請が下半過に於て始まる。大勢の男の中より殊に注目すべきは土煙りと鬱透しいハンマーの音響の中よりモンペ姿に姉さん冠りで赤い襷のいで立ち凛々しい若き女性の活躍振りである、此れこそ現下の非常時農村を如実に物語る雄弁であらう。女性の進出、躍進！」「彼女達は必ずや土煙の間より亦ツルハシの音より『働かざるもの食ふべからず』の真理を発見しそして其の貴い体験を永久に育み保ってゆく」。(80)

一九三〇年代の青年団による公娼廃止請願署名の底流には、このように、カフェーなどの誘惑を退け、農村自力更生に共に尽力してくれる女子青年への強い期待が存在していた。

（2）　女子青年団（処女会）

一九二八年四月に結成された長野県連合女子青年団は、満州事変以降、軍や満蒙への派遣慰問を展開する一方で、恐慌下の生活改善のための活動を強調した。(81)たとえば、埴科郡連合女子青年団の昭和六年度奨励事項は、結婚改善案、副業振興策、満蒙派遣慰問などであった。(82)また、下伊那郡松尾処女会（女子青年団）は、禁酒会とともに行った活動を記しており、[83]『東筑摩郡本郷連合女子青年団記録簿』では、慰問活動のほか、家庭料理講習会の開催などが見受けられる。[84]

諸団体の活動は、このようにおおむね修養機関としての枠内に入るものではあった。しかし、一九三一年一月九日には、大日本連合女子青年団理事長より、長野県連合女子青年団長あてに、「女子青年の政治的知見を高むるは必要の儀に候へ共、修養団体たる女子青年団に於て団体として選挙其他の政治に関する実際運動に携はるが如きは特に誡（戒）慎を要する次第」につき、婦選運動への接近を控えるよう注意が促されていた[85]ことからもわかるように、女子青年団が修養主義の域を出ることが憂慮されてもいた。また、生活改善について一部の処女会は、村当局以上に主体的な取り組みをみせていた。たとえば、表5にその名がある上伊那郡富県村処女会は、一九三二年に村当局に対して、同処女会作成の独自の風俗改善申し合わせ規約を提案し、賛否両論が続出して大きな問題となったことが伝えられている。それは出産・祝儀・葬式の報告書を処女会が作成するという案であった。[86]

このように、この時期の生活改善・結婚改善には、女子青年団の主導性が含まれていたといえる。[87] 公娼制度批判の底流にはこのような動向が存在したのである。

2　禁酒会運動の活性化と女性の重視——拒婚同盟

(1)　経済更生運動と禁酒運動

一九三〇年代に公娼制度廃止署名数がぬきんでて多かった長野県は、同時期の禁酒会活動においても突出した位置にあった。この時期における同県の禁酒会数は日本一であり、とりわけ、一九三〇〜三一年にかけてその数が急増している。たとえば、「禁酒人国記—長野県の巻つづき—」[88]によれば、「禁酒運動の最も盛んなる県として、又正に一町村一禁酒会の実現近きことに於て、長野県は一番注目の的である」とされた。そのなかで、ひときわ結束の固い禁酒会として、下伊那郡の禁酒会が紹介されていた。廃娼請願署名を提出した団体が最も多いのも下伊那郡であり、『禁酒の日本』で紹介されている、救世協会・下久堅村禁酒会・河野禁酒会・屋代禁酒会などはいずれも公娼廃止請願書を提出しており、禁酒運動と廃娼意識の重なりが明らかである。

禁酒運動は、飲酒がアルコール中毒をはじめとする様々な病気、人格の変貌と家族への暴力、遊廓やカフェーなどでの遊興や博打とその結果としての家計の破綻、「家」の没落を招くことを理由に禁酒を主張したが、昭和恐慌期には、農村不況の打開策の一環として禁酒が不可欠であるとの論理、「不況打開策は禁酒から」を強調した。それゆえ、同運動の論理は、農村経済更生運動の論理と密接に関係し、経済更生運動と連携した運動展開を試みた。たとえば、屋代禁酒会は更生運動の一環として、凶作地へ干大根葉八俵、干大根六俵、金五円八〇銭を送っている[89]。しかし、一九三三年八月に「経済更生運動にとけこめ」と呼びかけたことからわかるように、禁酒運動は経済更生運動に先立って独自に存在していたのであり、必ずしも経済更生運動と一体化していたわけでもなかったのである。

（2）　婦人禁酒会・禁酒同盟婦人部の設立

一九三〇年代の禁酒運動の明確な特徴の一つは、「婦人は酒の最大の犠牲者」との認識の下、女性に関する積極的な働きかけが行われたことと同時に、実際に女性の参加が顕著にみられるようになったことである。それは、しばしば父や夫が酒乱となって妻や子供へ暴力をふるい、ひいては「女郎買い」やカフェー遊びによる浪費で家計を破綻させ、アルコール中毒や性病にかかり、しかもそれらの病気が子供にも影響するなど、子供を抱え、酒乱の夫のかわりに家を支えなければならない女性たちが最大の被害者であるとの実感に基づいていたからであった。このこと自体は、当初から日本のキリスト教婦人矯風会が、女性の地位向上のために禁酒をうたっていたこと、初代会頭の矢島楫子が酒乱の夫に悩んだ経験をもっていることからもわかるように、近代日本の女性につきものの苦難であった。しかし、一九三〇年代には、禁酒運動の機関誌『禁酒の日本』に、夫の酒乱になやむ女性の投稿が格段に増え、かつまた、禁酒を会員の条件とする処女会や、女性を主たる会員とした禁酒会が各地に結成されたのである。

たとえば、『禁酒の日本』の投稿欄に掲載された、東京日暮里の女性大竹さだの「酒乱の夫を殺そうと思いなやんだ妻」は、次のように述べている。

「月給はみんな酒のコヤシ」にされてしまい、『酒だけはやめて・・・』と少しでも忠告めいたことを言へば、スグにポカリツとなぐられます」。「夫はそれでもよいか知れぬが、その妻子である私や三人の子供は全くミジメで、殊に子供は友達もなくなつてしまつて、本当に可愛さうでした。遂には私も思ひ余つて、イッソ一思ひに夫を殺してしまはうかと、何度考へたか知れません」。

しかし、ふみとどまり、収入の道を求めて「女土方」となり、子供を養っているということであった。[90]

こうしたなか、長野県ではたとえば一九三〇年七月一二日に、処女会員を中心とした緑星禁酒会が創立された。「当初村内に反対の声起りしも」設立にこぎつけたということであり、この禁酒会では、会員数二〇名のうち、女性が一六、男性が四であったという。[91]『禁酒の日本』の「読者のページ」では、緑星禁酒会員山岸恵の「女性の叫び」と題した文章を載せている。

私達女性は、何時迄此の古い因襲に捉はれて、黙々として居らねばならぬのでせうか? 〔中略〕やがて人の子の母として立つべき私達には、第二国民を造り上げねばならぬ大切な義務がある、子女に膝の上から禁酒を教へたならば、やがて来るべき将来は、平和な明るい歓喜の世界が実現する事と固く固く信じます。[92]

また、下伊那の禁酒団体では、「女子青年の方が男子青年よりも、その数に於て多数であるといふ奇観を呈している」と、禁酒会活動における女子の参加の積極性が指摘された。「田中武君が会長をしている松尾などでの講演会は、女子三百に対して男子は二三十と言ふ状態さ。その他、龍江女子禁酒会をはじめ、婦人の禁酒会が多いのがこの郡の特徴だ」ということであった。[93][94] また、三三年八月の『禁酒の日本』では、松尾村女子青年団が団則において「団員は必ず禁酒会婦人部会員たること」を規定していることを伝えている。[95]

三三年四月にも、長野県南佐久郡のブリュースター禁酒同盟の井手進一郎は、「一町村一禁酒会運動」の達成において、婦人団体を動かすことに力を入れたと述べている。野沢町主婦会と女子青年団の団則中に、「禁酒に関する条項を加へて、禁酒運動の別働隊として、常に協力して運動を進めたのを手始めに、各町村婦人団体へ働きかけることを怠らなかつた」という。[96] そして、一九三一年一〇月の第七回長野県禁酒連合会大会が野沢町で開催されたときには、「婦人団体員の出席者一六〇余名を算し県大会に全く一時期を画した」とされた。

このように、長野県では禁酒運動への女性の参加が、他県に先がけて顕著であったが、三三年四月には、日本国民禁酒同盟本部においても婦人部が結成された。[97] また、三五年には、『禁酒の日本』に婦人欄も設けられ、女性の言論活動が期待されていた。[98]

（3）　身売り防止と禁酒

飲酒の最大の犠牲者は女性という認識は、昭和恐慌下・凶作下の東北農村における娘の身売りの一因を、飲酒をはじめとする家長の生活態度と関係させて論ずる傾向を強めた。たとえば、『禁酒の日本』では、娘の身売りが頻発している地域として話題となった山形県西小国村の現状について、「たとえば、あの山形県西小国村の実際にしてからが、片端から娘は女郎に売るものときめて居り、どの家もどの部落もそれを実行しているかといふに、売るのは、したたか酒に浸つている家であり、部落であつてかうした環境と風習のなかにあつても禁酒を実行している野頭といふ四十幾戸かの部落の如きは、断然娘売りの悪風の後を断っているといふ事実がある」と説明し、「積年の飲酒は、貧困の上に、特性の鈍磨を来たす」(99)と述べた。

また、「ある地方では身売防止矯正の第一歩として禁酒会を起したといふことですが、弊習打破、精神作興、窮境打開の着手の第一箇所が禁酒にあるといふことは、独り禁酒運動家のみならず、すべての人の注意すべき点でせう。飲酒悪弊から脱け出られずに居る一原因は、周期的災厄と、骨髄まで喰ひ込むでいる貧困による無希望生活とでせうが、禁酒は、やがて、此生活に対して、大いなる希望と光明を見出させるものであると思ひます」とされた(100)。

ここでは、娘を売るという行為を貧困のためとのみとらえるのではなく、酒を飲んで放蕩する男たちの生活態度の問題としてとらえられている。こうした問題は、この時期の農民運動の側とも一部認識を共有していた。たとえば、新潟で結成された農民組合婦人部では、一九三四年、人身売買反対決議を行っている(101)。

(4) 禁酒結婚・拒婚同盟

また、飲酒の最大の犠牲者は女性であると同時に、禁酒を実現する鍵も女性にあるとの認識は、禁酒結婚・拒婚同盟の試みを生み、現実の結婚の改良が模索されはじめた。この禁酒結婚・拒婚同盟の試みについても長野県は他県に先んじて行われていた。たとえば、「禁酒結婚式のやりかた」では、長野県神稲村を中心とした救世協会の女性会員が、酒を飲む男とは結婚しない決議をあげたことが伝えられた。もしやむをえず飲酒者と結婚するときは、結婚相手を禁酒させることが条件とされた(102)。また、南佐久郡においても「飲酒の習癖最も甚しい山間地方において会員菊池賢治郎氏が、爆弾的禁酒結婚によって飲酒鉄壁の如き陋習を、木端微塵に打ち砕いて進んでみせた」とされている。(103)さらに、野沢町のブリュースター禁酒同盟は、野沢町経済改善委員会から「農村経済更生の方法如何」との諮問があったので、禁酒結婚儀式案を制定し、答申したという。(104)

このように、昭和恐慌下における諸団体の公娼制度批判の底流には、不況打開・自力更生をすすめるために、女子青年に対する強い期待がはらまれていた。飲酒を原因とした父や夫の暴力、家族不和、家計破綻は、その結果としての身売りをもたらすとされ、女性は飲酒の最大の犠牲者とみなされたと同時に、自力更生をすすめるために戒めなければならない飲酒や放蕩の禁止への強い欲求と実行力をもっている存在として重視されたのである。こうしたなか、女性主体の禁酒会なども結成され、酒を除外した禁酒結婚、飲酒者との結婚を拒否する「拒婚同盟」などの試みが行われはじめていたのである。それは元来男の既得権であった飲酒や放蕩に歯止めをかけようとする意味において、「家」内部の身分的秩序を改変する実践的な行動であったといえよう。この時期の公娼制度批判の根底には、このような「家」内部の秩序改変への実践的動きがはらまれていたのであった。

おわりに

以上にみてきたように、公娼廃止決議に至る政治過程の背景には、①普選を背景とした政友会少壮派の登場、②モダニズムのなかでのカフェー・私娼の急増と公娼の衰退という状況があった。廃娼運動側は、公娼業者衰退の機会を逃さず、建議案を可決させることを狙った。そして、立場の異なる県会議員のより広範な支持をも得るための、政治的戦術として建議の内容を一部修正させてゆく。すなわち、廃娼運動の目的は公娼廃止のみであって、売買春の絶滅ではない、公娼制度が私娼の増加を助長していると断言することはできないと論旨を変化させ、必ずしも売春そのものの消滅を志向しない県会議員の支持をも獲得しようとしたのである。

しかし、建議内容の論旨の変化は、あくまでも県会内での戦術であって、売買春そのものを絶滅させるという廃娼運動の従来からの課題が変化したわけではなかった。廃娼運動側は、私娼業者の保護や、公娼業者の転業の便宜をはかることを目的としていると受け取れる「風紀衛生に関する件」の主張と、鋭く対立した。

公娼廃止建議可決後、長野県の矯風会支部が三〇年代にとくにめざしたことは、子供への性教育の実践を通じて、人々を内面的に改革してゆくことであった。すなわち、公娼制度下の売買春はもちろんのこと、女給の売春や、「エログロナンセンス」の風潮に抗しうる性意識を育成してゆくことである。具体的には、生殖に関する科学的知識とともに、夫婦の愛に基づく生殖こそが神聖で重要なことを教育した。女子に対しては、やがて母となる自らの性に関して自尊心を、男子に対しては、女性への尊敬の念をそれぞれ育成することをめざしたのである。

このような性教育の内容は、彼らの理想とする家庭像を基礎にしており、二〇年代の廃娼運動の論理と連続している。ただし、三〇年代には、生活のあらゆる局面に浸透しつつあった、より刺激的な「エログロナンセンス」的状況への対応をも意図した。それゆえ、制度の改廃というよりは人々の内面の改造をより重視したという点では、二〇年代とは運動の仕方やその目的が若干変化したといえよう。また「婦人ホーム」の建設方針も、性教育の理念に基づいていたといえる。あるべき性意識を内面化させるという理念は、他方で、私娼・カフェー対策要求をも促した。女性蔑視を再生産するとされた「エログロナンセンス」的状況、すなわち女給や娼婦的女性、風俗営業を遠ざけて自らの居住環境を守ろうとする要求である。ただしその要求は、居住環境における風俗営業の制限や排除ではあっても、県や警察がこの時期から開始した女給への梅毒検査や課税などの措置とは必ずしも一致するものではなかったことに留意する必要がある。

一九三〇年の公娼制度廃止建議の可決後、売買春問題に関して県が現実に行った措置は、警察の恣意的な判断に基づいた女給への課税、梅毒検査の導入であった。「公娼廃止に関する件」の内容とも「風紀衛生に関する件」の内容とも一致する措置ではなかったが、どちらかといえば私娼対策の樹立を主張した「風紀衛生に関する件」の内容にやや近い措置といえよう。公娼廃止決議が、人身拘束違法化の方向ではなく、私娼の黙認要求や私娼への性病検査の導入と軌を一にして行われたことは、この種の営業者の根強さをあらわしており、その後の経緯を考えるうえで重要である。

つまり、売買春問題をめぐって、公娼業者・廃娼運動・県が、私娼対策へとその比重を移していったといっても、一九三〇年代半ばには、その方向性はそれぞれ異なっていたのである。

他方、一九三〇年代にも引き続き行われた県内諸修養団体からの公娼廃止請願書提出運動の底流には、以下のような背景があった。青年団の人々は、エログロナンセンスを「資本主義の矛盾」として批判しながらも、それに惹かれてしまう自己矛盾を抱えていた。青年団の主な担い手は、都会の魅力を断ち切って農村自力更生へ向かうためにも、ともに質実剛健に働いてくれる「新しい」農村女性の出現と「新しい」結婚のありかたを強く希求したといえよう。こうした希求は、恐慌下の厳しい農村状況のなかで切迫度の高いものとして存在していたのであり、その延長線上に農村更生と矛盾する公娼制度に対しての批判があった。そこでは、「恋愛」に対する憧憬もみられたが、「恋愛」と「エログロ」を同様に捉えて排斥しようとする傾向もみられ、なによりも、恐慌下では「恋愛」などをしている余裕はないといった意識に貫かれていた。ある青年団員の言葉を借りれば、「恋愛結婚」ではなく、「合理的見合い結婚」

こそが農村に必要とされているのであった。こうしたなかで、女子青年団への強い呼びかけが行われ、女子青年団においても、必ずしも官製運動に従うだけでない、自主的生活改善運動への取り組みがみられ、冠婚葬祭における冗費の節減などが積極的にめざされていた。

なかでも公娼廃止請願署名団体数の多かった禁酒運動は、この時期長野県内で飛躍的に進展した。この時期の禁酒会活動の明確な特徴の一つは、女性を飲酒の最大の犠牲者であると同時に、禁酒を実現するための最重要なキーパーソンとしても捉え、女性、とくに女子青年の運動への参加を強く促したという点である。その結果、女子青年団主体の禁酒会、禁酒結婚、飲酒者との結婚を拒否する拒婚同盟などの実践運動が展開した。同時に、一九三四年にひときわ注目を浴びた東北農村における身売りの問題は、飲酒などの放蕩に起因する側面が強いといった批判が展開された。禁酒結婚、拒婚同盟は、これまで男としての既得権であった飲酒やそれに付随する放蕩を、たとえ家長の行為であっても認めないという点で、「家」の身分的秩序の改変を求める実践的行為であった。この時期の公娼制度批判の底流には、このように身分的秩序改変の実践運動が存在していたという点で、一九二〇年代より一層の進展がみられたのである。

また、それらは矯風会の近代家族的主張に基づく性教育論などと基本的に方向性を異にしたものであり、同時に、官製の農村経済更生運動における女性の重視、いわゆる「中堅婦人」の育成とも一致するものではなかった。農村経済更生運動でもうたわれた勤倹貯蓄精神を正面から受け止めるならば、放蕩を国家公認している公娼制度は大きな矛盾なのであり、この時期の公娼制度批判も、官製運動の論理によりそいながらも、その矛盾をつくというかたちで行われたのである。

註

（1）藤野豊などにより、数県における公娼廃止後の性病対策について、それらが私娼への性病検査の拡大であったことが明らかにされており（藤野豊『性の国家管理』不二出版、二〇〇一年、一五八頁）、その点において公娼廃止が形骸化させられたと指摘されている。また、廃娼運動側もそうした形骸的な公娼廃止に同調するなどの変質がみられたと主張する。これに対し本書は、日本における性病対策が、娼婦に対する梅毒検査に固執し続け、他の方法（国民全体を対象とする性病予防策の確立など）への志向が主流にならなかったという点において、藤野の主張に賛同する。ただし本書は、冒頭で述べたように、国家公認の廃止そのものにも意味を見出す。また、私娼への性病検査導入に廃娼運動があまり反応を示さなかった点については賛同するが、運動の変質という点については、後述のように見解を異にする。

（2）農村経済更生運動では、同運動の担い手として、中堅青年・中堅婦人の育成が計画された。たとえば、森武麿『戦間期の日本農村社会』日本経済評論社、二〇〇五年、大門正克『近代日本と農村社会』日本経済評論社、一九九四年を参照のこと。

（3）『廓清』各号による。

（4）『廃娼運動の記録』（長野県町教会所蔵）。

（5）同上。

（6）小野秀一は第一次世界大戦後に急成長した大同電力株式会社の重役であり、一九二三年に県会議員に初当選している。積極政策、水力発電の利益擁護のほか、県知事公選、民政党との党争の抑制などの主張、女子参政権の実現を要求する「女子参政権に関する件」（『昭和四年長野県通常県会議事録』五六六～五六七頁）の県会提出などを行った。『長野県政史』第二巻、長野県、一九七二年、一五五頁、『信濃毎日新聞』（以下『信毎』と略す）一九二三年九月二二日、一九二六年一一月二六日、一九二七年一〇月一三日、一九二七年一〇月二三日、一九二八年九月二日などによる。

（7）『廓清』二〇―一、一九三〇年一月。廃娼運動への県や市の接近はこの時期、長野のみならず他の県でも頻繁にみられる。たとえば、秋田県では県社会課が一九二八年末の公娼廃止大演説会の主催者に名をつらね（「秋田廃娼血戦記」『廓清』一九―二、一九二九年二月、二一頁）、さらに、二九年には秋田県教化事業連合会に秋田県廓清会支部が加盟しているなど、県や県の教化団体と廃娼運動団体との関係が非常に密接である（「昨年における我等の運動」『廓清』一九―九、一九二九年九月、三五頁）。

（8）たとえば、映画の有料観覧者数は、一九二七年から昭和恐慌直前の二九年までの間に一千人近く増加している。また、二九年の県内ラジオ数は五一六四台にのぼり、ラジオ番組が新聞紙上に取り上げられるようになった。ラジオの普及に加え、レコード産業が発展したことにより、東京で流行した歌が、長野県内でも流行するという現象も生まれた。その他、一九二七年一〇月に、松本市の鶴林堂で大衆雑誌『キング』の売り上げが一千部をこえるなど、大衆雑誌の普及も著しかった（『長野県史　通史編9　近代3』長野県、一九九〇年、四六～五五頁）。

（9）『信毎』一九二八年一〇月三〇日。

（10）『長野新聞』一九三〇年八月二八日。

（11）同上、一九三〇年一月三一日。

（12）『信毎』一九二九年一二月七日。

（13）同上、一九三〇年一二月一一日。

（14）同上、一九二八年一二月二三日。

（15）同上、一九二八年一二月二〇日。滝沢一郎県議は上田市、山本壮一郎県議は小県郡東内村出身。上田の貸座敷業者は、すでに一九二〇年代初頭から公娼からの転業を希望していた。一九二一年には、「廓内は張見世を撤廃され全く自由な営業は出来なくなつて」いるうえ、「私娼の盛んになつて」いるため公娼業者が「社会に孤立無援」となっていること、「公娼などの年期奉公に其の身を寄せるものが少なくなつて営業は益々困難となつて」いることをあげて、「吾々はむしろ自ら進んで他に転業するか得策である」と主張している（『大正十年長野県貸座敷組合同盟会総会会議録』一〇頁）。

（16）『信毎』一九二九年一〇月一日。

（17）『長野新聞』一九三〇年八月三一日。

（18）同上、一九三〇年三月二六日。

（19）貸座敷業者は、三〇年九月一九日の県下貸座敷業者の大会で、遊興税の減額、賦金の減免を請願すること等を決定している（『信毎』一九三〇年九月一九日）。また、減税要求を繰り返していた県下料芸組合は二九年、もし要求が入れられない場合、不納同盟を結成するか、もしくは鑑札を返上するとまで宣言した（『長野新聞』一九二九年一一月一九日）。こうして、三〇年暮れの通常県会では、女給への対策樹立と、遊興税減額を補う財源の確保が緊急に必要となったのである。

(20) たとえば松本市選出の県議岩附修一郎は、一九二八年の県会で、カフェーの「客人は男子である、異性の女（女給—引用者）が酒食の間に交つて居ると云ふ所から見まするど、其の落行く先は蓋し想像に難くないと考へる、此処に私のお尋ねしやうと云ふ衛生上の危機を孕んで居るのである」と指摘し、「芸妓若くは酌婦と云ふものに対しまして検診を行ふと云ふ意味が矢張り女給其の者にも行はなくてはならぬ」と、女給への梅毒検査の導入を主張した（『昭和三年長野県通常県会議事録』一四六頁）。
(21) 『長野県会沿革史　九編』長野県、一九三五年、七六頁。
(22) 『昭和五年長野県通常県会議事録』六九四頁。
(23) 同上、七〇四頁。
(24) 『昭和四年長野県通常県会議事録』四六三、四六四、七一七〜七二七頁。
(25) 「廃娼案長野県会を通過す」『婦人新報』一九三一年一月、一七頁。
(26) 『昭和五年長野県通常県会議事録』六七三〜六七六頁。
(27) 同上、六二三頁。
(28) 同上、七〇六〜七一〇頁。
(29) 同上、七六五〜七六六頁。
(30) 『信毎』一九三〇年一〇月一日。
(31) 同上。
(32) 『昭和五年長野県通常県会議事録』七五四頁。
(33) 『信毎』一九三〇年一〇月二五日。
(34) 同上、一九三〇年一一月七日。
(35) 同上、同年一一月二六日。
(36) 同上、同年一一月二八日。
(37) 管見のかぎりでは日本のキリスト教的廃娼運動は、長野県においてのみならず、女給の検梅反対運動に賛同することがほとんどなかった。このことはイギリス等での廃娼運動との相違を想起させる。イギリスの廃娼運動は、売春したとみなされた女性に対して風俗警察が性病検査を行うことに抗議したことから始まった。そして売買春の弊害は男女平等な性道徳の確立によってのみ除去できるとして、下層階級の女性への性病検査に一貫して反対し続けた。これと比べると、日本のキリスト教的廃娼運動の論理が梅毒検査反対をその中核としていないことに気づく。

(38) 『信毎』一九三二年七月七日。

(39) 同上。

(40) 『廓清』各号による。

(41) 同上、一九―一一、一九二九年一一月、三八頁。

(42) 『信毎』一九三一年五月一五日。

(43) 同上、一九三二年一二月一八日。

(44) 同上、一九三二年一〇月二一日。

(45) たとえば、松本のカフェー業者は、「女給税賦課を断行するのはこの不況時に余りにも弱い者いぢめをするものだと女給税絶対反対を策し県下の組合に檄を飛ばせ」たという(『信毎』一九三二年一一月一七日)。また、女給の検診問題についても業者から猛烈な反対の陳情があり、県衛生課長がカフェー業者のみならず女給の代表とも直接懇談することとなった(『信毎』一九三三年四月七日)。

(46) 松宮弥平「最近に於ける廃娼運動の進展」『廓清』一九三一年七月、二三一~二四頁。

(47) 同上。

(48) 『廃娼運動の記録』(長野県町教会所蔵)。

(49) 『婦人新報』四一七号、一九三二年一二月、五四頁。

(50) オールズ夫人(一八七四~一九三六年)は同志社の創立社の一人であるデビスの娘であり、日本に生まれた。アメリカで教育を受けた後、宣教師夫人として宮崎に一〇年、新潟に八年、岡山に一八年居住した。矯風会では教育部長をつとめた(『日本キリスト教婦人矯風会百年史』ドメス出版、一九八六年)。

(51) 『家庭と性教育』日本基督教婦人矯風会、一九三二年、一頁。

(52) 同上、二頁。

(53) 同上、三頁。
(54) 同上、九頁。
(55) 同上、一二頁
(56) 同上、三六頁。
(57) 同上、三五頁。
(58) 同上、四一頁。
(59) 「秋田婦人ホームの託児所落成」『秋田県社会時報』一三一、一九三五年一月二〇日、五頁。『子らと共に―城南園母の会五〇年の歩み―』城南園母の会、一九八五年。
(60) 『婦人新報』四四二号、一九三五年一月、四二頁。
(61) 『家庭と性教育』四八〜四九頁。
(62) 同上、五三頁。
(63) 『婦人新報』三八四号、一九三〇年三月、一〇月。
(64) 同上、四三〇号、一九三四年一月、五二頁。
(65) 同上、四四二号、一九三五年一月、四二頁。
(66) たとえば、秋田県の廃娼運動団体は、「純住宅地であり、付近に秋田商業、聖霊、盲唖各中等学校あり、楢山グラウンドをひかえている長野下新町」でのカフェーの営業を不許可にすることを秋田署に要求した（『廓清』二二―七、一九三二年七月、四〇頁）。
(67) 『買売春問題資料集成〔戦前編〕』第六巻、不二出版、一九九七年所収。
(68) 前掲『長野県政史』第二巻。
(69) 前掲『長野県史　通史編9　近代3』五六頁。
(70) 森・前掲『戦間期の日本農村社会』、大門・前掲『近代日本と農村社会』、西田美昭編著『昭和恐慌下の農村社会運動』御茶の水書房、一九七八年、安田常雄『日本ファシズムと民衆運動』れんが書房、一九七九年などを参照のこと。
(71) 前掲『長野県政史』第二巻、三七八頁。

(72) 大門・前掲『近代日本と農村社会』三一七～三一八頁。
(73) 前掲『長野県政史』第二巻。
(74) 長野県町教会史料。
(75) 前掲『長野県政史』第二巻、三八〇頁。
(76) 前掲『長野県史　通史編9　近代3』二六六～二六七頁。
(77) EM生「親愛なる青年に贈る」『泉田時報』六六号、一九三二年二月。
(78) 土畑耕造「農村雑記」同上、六八号、一九三二年四月。
(79) 「北青講習研究会模様」同上、六八号、一九三二年四月。
(80) 「半過支部」同上、八八号、一九三三年一二月。
(81) 前掲『長野県史　通史編9　近代3』二七三～二七五頁。
(82) 『公文書綴　埴科郡連合女子青年団　自昭和六年一月至昭和七年一二月』(長野県立歴史館所蔵)。
(83) 『松尾処女会　沿革大要』一九三二年八月一日(長野県立歴史館所蔵)。
(84) 『東筑摩郡本郷連合女子青年団記録簿』一九三三年二月～三一年三月。
(85) 『公文書綴　埴科郡連合女子青年団　自昭和六年一月至昭和七年一二月』(屋代小学校所蔵、長野県立歴史館所蔵。『長野県史　近代資料編　第8巻(1)戸口・社会集団』五五六頁所収)。
(86) 『富県時報』一九三二年一月五日(長野県立歴史館所蔵)。
(87) 昭和恐慌下の女子青年団における生活改善への取り組みについては、岡田洋司「農村社会における女子青年団活動の実態とその論理―愛知県下の一地域女子青年団の事例を通して―」(『日本史研究』二三四号、一九八二年二月)がある。この論文でも、「生活改善」の一環としての「婚礼改善」などのなかに、わずかだが農村生活のあり方そのものを問い、それをあらためようとする姿勢の存在したことを指摘している。
(88) 『禁酒の日本』一九三一年二月。
(89) 『禁酒の日本』一九三一年七月。
(90) 『禁酒の日本』一九三一年六月。

(91)『禁酒の日本』一九三一年一月。
(92)『禁酒の日本』一九三一年六月。
(93)下伊那郡禁酒連盟が公娼廃止請願署名を行っている。
(94)前掲「禁酒人国記　長野県の巻　続き」。龍江では、龍江村女子青年会が公娼廃止請願署名を行っている。
(95)『禁酒の日本』一九三三年八月。松尾では、松尾女子会が公娼廃止請願署名を行っている。
(96)『禁酒の日本』一九三三年四月。野沢町の主婦会と女子青年団も公娼廃止請願署名を行っている。
(97)『禁酒の日本』一九三三年五月。
(98)『禁酒の日本』一九三五年三月。
(99)小塩完次「娘を売る村」『禁酒の日本』一九三三年六月。
(100)「東北を実地に視る」『禁酒の日本』一九三五年三月。
(101)たとえば、一九三四年の全国農民組合婦人部南蒲地区創立大会では、婦人部帯織支部によって、「女子人身売買禁止に関する件」が議案として提出された。そこでは、農村女性が『「家族の為の犠牲」と云ふ美名の下に、実は借金と、小作料支払のために売り出されて」いることが批判されており、「(公娼廃止の)即時実行」「各自部落に於て、農家の女子を、絶対に芸娼妓として、売春せしめざる様、決議をとること」などが要求されていた(『日本女性運動史料集成　第七巻　生活・労働Ⅳ』不二出版、一九九五年)。
(102)『禁酒の日本』一九三二年一一月。救世協会も公娼廃止署名を行っている。
(103)『禁酒の日本』一九三三年二月。
(104)『禁酒の日本』一九三三年八月。

表5　廃娼請願団体名簿（一九三六年・長野県分）

長野市

長野常盤会
長野禁酒会
桜楓会長野支部
長野婦人会
長野市女子青年団
長野修養会
上町青年会
日本美以長野教会
日本聖公会長野聖救主教会
長水産婆会
旭幼稚園母之会
長野少年禁酒軍
廓清会長野支部
婦人矯風会長野支部
長野教会婦人会
北信中央青年共励会
市政記者倶楽部有志

松本市

松本婦人会
松本女子青年団
非川城女子青年団
松本婦人法話会
市立松本尋常高等小学校女教員会
松本和洋裁縫女学校
松本裁縫女塾
松筑看護婦会
市立松本病院看護婦有志
松本友の会修養会
松本禁酒宣伝会
松本高等学校排酒会
松本中学校排酒会
松本商業学校排酒会
松本盲学校排酒会
日本美以松本教会
松本教会婦人会
救世軍松本小隊
長野県産業技術員教会東筑支会
小岩井製糸場
今井組製糸場
竹内製糸場
片倉普及団蚕業講習所蚕友会
石井製糸修養団
黒　踏　社
廓清会松本支部
日本基督教婦人矯風会松本支部
日本美以松本青年共励会
鈴蘭少年禁酒軍
鈴蘭幼稚園母之会
松本市在郷軍人連合会海軍班

上田市

社会大衆党東信支部
廓清会上田支部
上田市労働組合
柳原青年会
南天神町青年会
日本基督教婦人矯風会上田支部
聖公会上田教会婦人会
南天神町処女会
柳原婦人会
小県上田連合禁酒会
上田禁酒会
上田蚕業専門学校排酒会
上田少年禁酒軍
上田蚕業専門学校製糸部女子一同
日本美以上田教会
日本聖公会上田聖公会
救世軍上田小隊
常田幼稚園母之会
梅花幼稚園保姆一同
常田幼稚園保姆一同
蕉風俳諧研究会
日本美以上田教会婦人会
同　教会共励会
常田館ドルカス会

上水内郡

水内郡青年団
栄村婦人会
長井婦人会
下長井青年会
上水禁酒会
南小川村禁酒会
北小川村禁酒会
柵村農会
柵尋常高等小学校職員会
柵婦人会
柵村青年団
柵女子青年団
柵青年団平分団
柵禁酒会
柵愛善禁酒会
小田切尋常高等小学校同窓会
小田切村青年会
小田切青年会千木区支会
小田切婦人会
小田切禁煙禁酒会
小田切村千木区修養会
希望社連盟小田切修養会
富士の塔詩社
七二会村婦人会
七二会禁酒会
柏原婦女会
鬼無里村女子青年団
鬼無里村町区青年会
古間禁酒会
浅川村婦人会
三水村明友会
嶋居禁酒会
芹田区九反青年会
中郷村青年会
若槻村婦人会
若槻村青年会

古里村婦人会
古里村女子青年会
古里村青年山岳会
古里村成年山岳会
古里村養蚕組合青年部
古里村禁酒同志会
信濃尻村菅川共和倶楽部
野尻青年会
大豆島村松岡赤心団
浅川村修養団
希望社古間村連盟
水内村東尋常
　高等小学校女子同窓会
飯山復活教会
鬼無理村町《ママ》明正同級会

下水内郡

飯山尋常高等小学校職員会
飯山婦人修養会
飯山町基督教青年会
飯山聖公会
同　教会婦人会
水内尋常小学校職員会
水内青年会
太田村主婦会
太田村基督教団
太田村今井主婦会
岡山村上境農家組合
岡山村藤沢市川女子青年団
永田村婦人会
永田村処女会
豊井村奥手山青年会

上高井郡

在郷軍人川田村分会
川田村婦人会
川田村青年会
須坂町上高井禁酒会
日野村青年会
村上禁酒会
豊淵村桐之嶋婦人会
小布施青年会
小布施婦人会
小布施聖書研究会
小布施同志会

下高井郡

下高井郡女子青年団
穂波尋常小学校職員会
堺女子青年団
木嶋村婦人会
木嶋女子青年団
木嶋村基督教徒団
日野青年団
穂波処女会
長丘村女子青年団
瑞穂青年禁酒会
瑞穂青年修養会
夜間瀬村前坂禁酒会
平穏村上條禁酒会
平穏生活改善同盟
平穏第一発電所有志
往郷村青年会
往郷村基督教徒団
延徳禁酒会

埴科郡

屋代尋常高等小学校職員会
屋代主婦会
屋代女子青年会
屋代若葉幼稚園母之会
日本美以屋代教会
同　教会共励会
同　教会婦人会
埴科郡禁酒連盟
屋代禁酒会
朝日禁酒会
松代女子青年団
松代婦人協会
松代廃娼期成同盟
日本基督教婦人矯風会松代支部
松代青年共励会
日本美以松代教会
同　教会婦人会
松代幼稚園母之会
戸倉尋常高等小学校職員会
戸倉村青年団
戸倉松葉禁酒会
帝国在郷軍人会中之條村分会
中之條村婦人会
中之條村青年会
中之條村女子青年団
中之條排酒同盟
東條婦人会
杭瀬下禁酒会
五和村小船山禁酒会
雨宮県村処女会
森禁酒会
埴生村婦人会
埴生禁酒会
埴生村小嶋青年会
小嶋少年団
坂城町南日名壮年会
坂城町立町青年会
坂城町南日名青年会
坂城町女子青年団辺山会
坂城禁酒会
彰徳婦人会
愛国婦人会東條村分会
西條村婦人会

更級郡

昭和尋常高等小学校職員会
村上尋常高等小学校職員会
八幡村尋常高等小学校職員会
牧郷尋常高等小学校同窓会
篠ノ井青年会
篠ノ井町高田主婦会
篠ノ井町御幣川健児団
聖公会稲荷山青年会
聖公会婦人伝道補助会稲荷山支部

稲荷山幼稚園母之会
稲荷山町山崎式農具製作場
青木嶋《ママ》村有志
青木島村禁酒会
中津村処女会
大岡村婦人会
大岡青年会
大岡青年団和平支部
日原村婦人会
原青年団
川中島村婦人会
川中島村青年会
川中島幼稚園母之会
真島村婦人会
千曲禁酒会
川柳村禁酒会
西寺尾村禁酒会
信田禁酒会
信田村揺籃会
更府禁酒会
三水朝日少年団
上山田村更南女子青年団
村上村女子青年団
村上村綱掛女子青年団
稲里村青年会南区支会
稲里農会南区婦人部
信里村青年会
信里村有旅禁酒会
八幡女子青年団
稲里村青年会学芸部
稲里村禁酒会
稲里村新生会
稲里村中氷鉋青年会
稲里村連合子供会

小県郡

東内尋常高等小学校同窓会
東内婦人会荻窪支部
荻窪衛生組合連合会
東内産業組合主婦会荻窪支部
東内禁酒会
東内村希望社相互修養会
東内村処女会
東内禁酒会荻窪婦人部
東内村荻窪処女会
長窪古町青年会
荻窪修養団
荻窪少年団
西内村婦人会
西内禁酒会
和村井高処女会
和禁酒会
東塩田青年会
西塩田村婦人会
西塩田村十八婦人会
西塩田村処女会
中塩田村上小島処女会
神川村堀処女会
泉田排酒会
川辺村婦人会
川辺禁酒会
神科村婦人会
神科村山口区青年会
県村婦人会
県村田中山十製糸修養会
県村田中山十製糸愛友会
県村田中山十製糸戌辰会
県村田中少年禁酒軍
県村田中製糸婦人修養団
武石村連合青年団
本原村婦人会
依田村婦人会
依田村尾野山禁酒会
和田村尋常高等小学校同窓会
丸子尋常高等小学校職員会
社会大衆党丸子依田窪分会
塩川村神友会
滋野禁酒会
滋野善人同盟中屋敷愛郷奉仕団
塩尻村双葉会
大門連合青年団
長窪古町青年会

南佐久郡

臼田青年会
野沢町主婦会
野沢町青年団
野沢町女子青年団
大沢尋常高等小学校職員会
内山尋常高等小学校職員会
内山婦人会
南牧村野辺山高原禁酒会
栄村青年会
栄処女会
栄村若菜会
青沼村婦人会
南相木禁酒会
畑八連合婦人会
畑八青年会
海瀬村青年会
岸野村婦人会
切原青年会
切原禁酒会
切原村光の集ひ
小海村青年学校職員会

北佐久郡

小諸尋常高等小学校職員会
小諸学生排酒同盟
岩村田禁酒会
御代田禁酒会
御代田婦人会
軽井沢青年会
軽井沢町母之会
軽井沢基督教婦人会
三井村婦人会
本牧尋常高等小学校職員会
望月婦人会
南御牧村矢島青年団

北大井青年会
川辺大村久保処女会
中佐都村愛隣禁酒会
三岡禁酒会
横島村虎御前青年会
横島村虎御前処女会
横島村平松青年親睦会
春日村婦人会
五郎兵衛新田禁酒会
芦田村古町処女会
伍賀村面替青年会
伍賀村処女会
志賀村青年団
南御牧村矢島女子青年会

南安曇郡

南穂高村婦人会
北穂高村婦人会
小倉村婦女会
穂高町青年会
有明村小岩嶽青年団
北穂高村青年会
西穂高村共和倶楽部青年会
有明村富田処女会
穂高町女子青年団
穂高睦友社
西穂高村青年倶楽部
穂高町柏矢町正風会
温村親和会
穂高町等々力禁酒会
有明村富田信友団
温村上手川農事組合
西穂高村原畦共進会
西穂高村柏原禁酒会
梓禁酒会
有明禁酒会
温明禁酒会
豊科少年禁酒軍
南安禁酒会
日本美以豊科教会

北安曇郡

大町連合青年会
帝国在郷軍人会大町分会
大町商工会
北安曇郡繭糸組合
大町料芸組合
北城村北光会
北城村細野愛隣組合
中土村婦人会
会染村婦人会
陸郷村南部婦人会
北城村細野婦人会
愛国婦人会大町分会
大町婦人会
陸郷村青年団
陸郷南部青年会
犀西青年会
北城村細野青年支会
陸郷村女子青年団
北城村禁酒宣伝会
常盤村花の香青年禁酒禁煙会
大町北安禁酒会
北城禁酒宣伝会婦人部
北城少年禁酒軍
大町浸礼教会

東筑摩郡

信濃教育会東筑摩部会北部支会
錦部婦人会
日向村中芝婦人会
和田村照明婦人会
坂北村婦人会
広丘村婦人会
筑摩地村婦人会
岡田村松岡婦人会
山形村婦人会
坂北村青年会
片岡村下北内田青年会
新村連合青年会修養部
新村希望社々友会
塩尻町中西條青年会
洗馬村上町青年会
洗馬村曾部青年会
広岡村野村青年会
麻績村梶浦青年団
里山辺青年会
宗賀青年会
里山辺村女子青年団
坂北女子青年会
芳川女子青年団
里山辺禁酒会
日向禁酒会
今井村五行田禁酒会
塩尻町筑南禁酒会
本郷村三才山禁酒奨励会
新村禁酒会
島内村禁酒会
寿村上瀬黒禁酒会
広岡村野村禁酒会
今井禁酒会
坂北村長田二葉会禁酒部
岡山村節約禁酒同盟会
麻績村昭和青年排酒会
錦部村禁酒会
坂井村坂井禁酒会
洗馬村戌申禁酒会
中山村和泉禁酒会
中山村農会
広岡村清教会
生坂村川手実業同志会
岡田村松岡実業同志会
岡田村黎明会
塩尻町中西條修養会
洗馬村栄進社
希望社会田村連盟
希望社錦部村連盟
本城村乳橋同志会

神林村筒井製糸会社修養会
修養団里山辺支部
修養会里山辺社友
塩尻町杉山製糸場
笹賀村二子橋養魚場
坂北青年修養会
朝日新生会
広丘村野村共栄社
筑摩地村生糸販売
　購買利用組合共栄社
岡田村伊深本郷同士会
岡田村松岡希望社支部
生坂村革正会
錦部村拾五同級会
中山村同級会
新村尋常高等小学校女子同窓会

西筑摩郡

福島町向上の青年婦人同盟
田立村婦人会
大桑村須原婦人会
大桑村野尻婦人会
日義女子青年団
玉瀧女子青年団
木曾福島町禁酒会
木曾酒害教育同盟
福島婦人排酒同盟
木曾排酒同盟
木曾廃娼期成同盟会
福島神前早天修養会

福島希望倶楽部
福島町健康会
福島相互修養会
福島町新生会
福島町希望社々友会
愛国婦人会上松町分会

上伊那郡

帝国在郷軍人会藤沢村分会
帝国在郷軍人会川島村分会
西箕村上戸主婦会
藤沢村荒町婦人会
河南村婦人会
上郷村婦人会
日本基督教婦人矯風会辰野支部
豊田婦人会
上伊那助産婦会
川島村青年会
手良青年会八ッ平支部
信州銀行伊那町支店社員会
美篶青年会笠原支部
伊那富村青年会
藤沢村荒町男子青年会
西箕輪村吹上青年団
西箕輪村上戸青年会
南箕輪沢尻青年会
西箕輪村連合青年会
高遠青年会
南箕輪村塩井青年会
朝日村青年会

南箕輪村北殿青年会
朝日村赤羽青年会
南箕輪村北殿女子青年会
手良女子青年会
南向村女子青年会
西箕輪村大萱女子青年会
富県村処女会
西箕輪村中曾根女子青年会
美和村女子青年会
飯島村女子青年会
南箕輪村田畑女子青年会
美篶村処女会
藤沢村荒町女子青年会
朝日村平出処女会
南箕輪村南殿女子青年会
朝日村赤羽淑女会
伊那富村処女会
朝日村西樋口成女会
朝日村東樋口成女会
美篶村笠原処女会
藤沢村水上女子青年会
藤沢村御堂垣外女子青年会
藤沢村片倉女子青年会
藤沢村北原女子青年会
藤沢村台青年会
川島村女子青年会
西箕輪禁酒同盟
西箕輪少年禁酒軍
川島村上島禁酒会

南向村日徳禁酒会
朝日村朝日禁酒連盟
朝日村樋口禁酒会
朝日村赤羽禁酒会
朝日村沢底禁酒会
手良村八ッ平禁酒会
日本美以伊那教会
日本美以高遠町教会
日本伊那基督教会青年会
川島基督教青年会
美篶村仏教正信会
上伊那火防衛生組合
川島尋常高等小学校同窓会
修養団朝日向上会
希望社上伊那郡連盟
高遠町真光会
伊那町伊那工区事務所
伊那町電燈部従業員
伊那町伊那病院有志
南向村微光会
東春近村小出土に生きる者の会
伊那富村羽場共和社
伊那富村修養会
朝日村樋口同志会
西箕輪村上伊那純潔同盟委員会
南箕輪村伊那電鉄北殿駅々員一同
南箕輪村長田製糸修養会
伊那町白百合会
西箕輪村生凡社

藤沢尋常高等小学校女子同窓会

下伊那郡

下伊那農学校同窓会
在郷軍人会智里分会
大鹿村大河原婦人会
智里村主婦会
波合村平谷婦人会
下久堅村中組青年団
鼎実業青年団
上郷村青年会第三友会
山本村青年会
千代村青年会
龍江第四区南部青年会
上飯田町青年会
智里青年会
千代青年会米峯支会
智里村晝神青年会
山本村青年団
鼎村尚志会壮年団
木沢村青年団
和田村青年会
神稲村福島青年会
智里村壮年団有志
智里村鈴蘭処女会
河野村処女会
伊賀良女子青年会
下久堅村女子会
木沢村女子青年会
和田村女子青年会
南和田村女子青年会
智里村処女会
千代村処女会
波合村平谷処女会
龍江村女子青年会
平岡村満島女子青年会
大島村処女会
上飯田町女子青年会
豊丘女子青年団
千代村処女会大郡支会
千代村毛呂窪処女会
千代村下村処女会
松尾女子会
龍江村女子青年第四支会
伊賀良村中村禁酒会
伊賀良村地方禁酒会
上村禁酒会
千代禁酒禁煙会
泰阜村禁酒会
智里村節酒会
河野禁酒会
上飯田町禁酒研究会
手良村禁酒会
智里村横川禁酒会
下久堅村禁酒会
智里禁酒会
龍丘禁酒同盟
市田村禁酒会
千代村基督教伝道館
和田村尋常高等小学校同窓会
和田組合村農会
和田村希望社同盟会
下條村恒星会
飯田町清向会
山本村久米ヶ城下正風倶楽部
和田組合村遠山廃娼同盟会
市田村下市田組合修養会
市田村双葉会
智里村信用販売組合修養会
喬木村信望愛会
希望社下伊那郡連盟最南部
神稲村救世協会
千代希望社連盟
下伊那郡禁酒連盟
救世協会
暁星学園めぐみ社
神稲村和合会
神稲村処女会
喬木第一男子同窓会
喬木禁酒会
喬木村仏教婦人会
喬木館工友会
阿島青年会
龍東索道株式会社社員会

諏訪郡

諏訪郡看護婦会
上諏訪町諏訪産婆会
北山村公徳佛教婦人会
本郷村婦人会
湖南村婦人会
落合村婦人会
原村婦人会
愛国婦人会上諏訪町委員区
下諏訪婦人会
平野村岡谷幼稚園母の会
上諏訪幼稚園母の会
原村柏木青年会
金沢村女子青年会
北山村芹ヶ沢青年会女子部
諏訪禁酒会
川岸村諏訪禁酒青年会
平野禁酒会
湖東村須栗平禁酒会
岡谷禁酒会
日本美以岡谷教会
日本基督教婦人矯風会諏訪支部
日本基督上諏訪教会
茅野ホーリネス教会
平野村シオンの友会
岡谷パルナパ教会婦人補助会

第二部　公娼制度をめぐる国際関係

第一章　東アジアにおける「国際的婦女売買」の問題化と日本

はじめに

本章の目的は、一九世紀末から第一次世界大戦前後の時期を対象に、この時期、国際社会で顕在化する国境を越えた女性の売買（以下、当時の表現である「国際的婦女売買」〔international traffic in women〕と表記する）問題を各国の植民地政策の再編と関係づけ、この問題に関する日本の特徴を明らかにすることである。

国際的婦女売買は一九世紀末からの移民の急増にともなって問題化したことが指摘されている。一方その禁止の取り組みは、欧米列強各国女性解放運動を前提として、戦間期の国際連盟によって本格化した。すなわち、戦間期は国際的婦女売買の進展と、婦女売買から女性の人権を擁護するための欧米列強各国による国際的運動との相克が初めて顕在化し、その過程で公娼制度への批判が高まった時期であった[1]。そして、アジアのなかで唯一帝国主義国となり、かつ国際連盟に加入した日本は、国際的婦女売買禁止のための欧米列強の取り組みと歩調を合わせなければならなくなったのである。

ところで当初、国際的婦女売買禁止への取り組みは、欧米人女性の売買の禁止に限定されがちであった。①欧米各国における女性運動・社会浄化運動による売春批判の高まり、②第一次世界大戦後の植民地支配政策の転換にともない、アジアでの欧米植民地においても公娼制度を廃止すべきだとの世論が高まるなかで、イギリス・アメリカ合衆国・オランダの支配下にあった、シンガポール・マニラ・インドネシアなどでは、公認娼家の閉鎖、欧米人売春婦の本国送還などが実現している。公認娼家の閉鎖は、公認でない娼家や街娼の増加を招いただけであるとの批判はあるが、ともかくもそれらの地域では公認が取り消され、宗主国の売春婦が減少したことは事実なのである。(2)

けれども欧米列強とは異なり、親の受け取る前借金を返済するための、廃業の自由のない芸娼妓の身売りを国家公認するという、著しい後進性を残していた公娼制度をかかえたまま、(3)アジアのなかで唯一帝国主義国となった日本の勢力圏下東アジア諸都市の日本人居留民社会における国際的婦女売買問題は、欧米列強・その植民地とは相当に事情を異にしていた。「奴隷制度」と呼ばれた日本の公娼制度は、不平等条約の改正という課題をかかえ、欧米列強に伍していかなければならない日本政府にとっては、近代初頭以来の懸案事項であったが、一八七二年に形骸的な芸娼妓解放令を発布することによって、問題の解決を先延ばしにしてきたのであった。(4)その結果、「大日本帝国」内ないしはその勢力圏下の東アジア諸都市では、多数の芸娼妓酌婦が存在し、公娼制度がしかれていた。

近年、日本の植民地・勢力圏下東アジア諸都市における公娼制度に関する研究成果が相次いでいる。(5)本章は、部分的にそれらの研究成果にも依拠しつつ、一九世紀末から第一次世界大戦前後の時期のアジアにおける欧米植民地での国際的婦女売買問題への取り組みをふまえ、日本に関係する国際的婦女売買がどのような特徴をもっており、日本政府がこの問題にどのように対処していたかを明らかにする。

一　二〇世紀初頭の国際的婦女売買と日本人売春婦

1　ヨーロッパ各国における婦女売買

一九世紀末から二〇世紀初頭にかけて拡大したヨーロッパ人女性の国際的売買の主たる受入先は、南米諸国であったとされる。たとえば一八八九〜一九〇一年の間、ブエノスアイレスの風紀取締警察に登録されていた六四一三人の売春婦のうち、四三三八人がヨーロッパ出身であり、ロシア人、イタリア人、オーストリア＝ハンガリー帝国出身者、フランス人、ドイツ人などであったとされる。そしてこれらの密売人の多くがユダヤ系ポーランド人であるとされていた。また、ヨーロッパ人女性の国際的売買のもう一つのネットワークは、中近東やアジア方面に向かって形成されていると認識されていた。

このような国際的婦女売買が大きな問題として大新聞で取り上げられるようになり、人々に認識されるようになったのは、一九〇二年のこととされる。ホテル業者、職業紹介所、カフェーの支配人、劇団などを装って移民官などによる取締りの目を欺き、国際的売買をすすめている組織の存在が問題にされ、また、公娼廃止論者は国内における公娼制度の存在が、国境を越えた女性の売買を促進していると主張した。

しかし、たとえばフランスにおいて国際的婦女売買を問題視する世論では、「処女」がだまされて国際的婦女売買の犠牲になることばかりが問題にされがちであったことが指摘されている。つまり、現実には商売の内容を承知の上で国境を越えた女性たちとその斡旋人たちが多数存在したにもかかわらず、国際的婦女売買の犠牲者としては、若い

「処女」の娘の誘拐ばかりが、実態以上に強調されがちだった。その背景には、この時期のヨーロッパで、女性の性的解放や「遊蕩」を懸念する潮流が存在したことが指摘されている。特にフランスでの国際的婦女売買禁止論者の中には、女性の解放ではなく、女性の処女性の監視、ひいては公娼廃止ではなく良家の子女の保護のために一定数の公娼の維持を主張する者たちすら存在したのであり、国際的婦女売買禁止運動の担い手は、相当に呉越同舟であったことが指摘されている。また、国際的婦女売買に関する議論では、ユダヤ人が婦女売買の担い手であると強調されることが多く、反ユダヤ主義の風潮を醸し出していたとされる。(6)

しかしいずれにしても、全体的な潮流としては、世紀転換期から二〇世紀初頭にかけて、ヨーロッパにおいて国際的婦女売買が禁止の対象とされ始めたこと、その過程で公娼制度が女性の売買や搾取、人権侵害の温床であるという認識が醸成されたことは事実であった。

2　日露戦争後の東アジアにおける日本人売春婦の急増

一方、一九世紀後半から二〇世紀初頭にかけて、シベリア・中国・東南アジア・アメリカ合衆国などに「日本人海外醜業婦」が多数出現した話は有名である。森崎和江『からゆきさん』によれば、一八八七年（明治二〇）頃、すでにウラジオストックに二〇〇余人、一八八四・五年頃の上海には、五〇〇〜六〇〇人以上存在していた。また、ヨーロッパ各国による東南アジアの植民地化は、大量の中国人・日本人のこの地域への流入をもたらし、アジア人売春婦の需要が急速に増大した。英領海峡植民地・香港・インド・仏領インドシナ・蘭領インドネシアなどの地域では、周旋人の活発な活動によって日本人売春婦も多数流入したことが知られている。なかでもシンガポールはこうした婦女売買の拠点都市であり、一九〇五年にChinese Protectorateが把握していたかぎりでは、Hylam, Malabar, Malay, Bugis,

Sago, Banda, Spring といった各 Street における日本人娼家の娼婦数の合計は六三三人であったという。(7)

ところが、日露戦争後になると、今度は朝鮮半島と、大連・奉天・旅順・芝罘といった日本の勢力圏下の諸都市に、日本人売春婦が一気に急増したことが最近の植民地研究で指摘されている。初期の頃の大連では日本人居留民社会における女性の大半が日本人男性を相手とするいわゆる「からゆきさん」であり、関東州民政署は一九〇五～六年にかけて取締り規則を制定し、鑑札を与えた業者と娼婦に対する営業を一定の場所に限定して認めつつ、性病検査を義務付けるという公娼制度をしいた。その際、娼妓の許可年齢は、内地より一歳若い一七歳だった。大連では一九〇七年時点で芸妓酌婦娼妓数は六三〇人、〇八年には八八三人であったとされる。その際注目すべきことは、日本人客相手とみなした場合には、中国人売春婦をも管理して梅毒検査を義務付けたことであった。大連における中国人公認娼婦は一九〇七年に七六人、〇八年に八一人であったことが指摘されている。

そして、一九〇七年に満鉄が設立され、日本の実質的支配が満鉄付属地にまで拡大すると、満鉄付属地の各都市における日本人向けの売春も関東州同様の取締り規則によって取り締まられることとなった。また、満鉄付属地ではない中国諸都市における日本人売春婦に対しても、各地の領事館の管轄で、基本的には関東州同様の取締りが行われることとなったのである。(8)しかし、国際的な体面上、これらの都市では売春そのものを稼業とする娼妓の名称ではなく、酌婦・芸妓と称しながら、その実売春を公認するとの形式を採用した。

二　国際条約の制定と各国売春対策

1　国際条約の制定

　このように、植民地や大連で急増した日本人売春婦に対して公娼制度をしいた日本の動向とは対照的に、ヨーロッパでは一九〇〇年代初頭から一九一〇年にかけて、国際的婦女売買を抑制し、そのためにできれば公娼制度を廃止する努力を行うことを目的とする各国間の協力が開始された。一九〇四年には「醜業を行はしむる為の婦女売買取締に関する国際協定」(International Agreement for the Suppression of the White Slave Traffic) が、そして一九一〇年には「醜業を行はしむる為の婦女売買禁止に関する国際条約」(International Convention for the Suppression of the White Slave Traffic) が制定されたのである。具体的には次章でみるが、この条約の第一条は、婦女売買からの未成年女性の保護を目的としており、女性が未成年の場合、たとえ本人が承諾していても売春に勧誘してはいけないとするものであった。そして第二条は、成年女性が強制的・あるいは詐欺的手段で売春を強要されることを禁じたものである。

　このような条約が制定されたとはいえ、婦女売買問題に関する条約加盟各国間の見解は大きく異なっていた。国内で娼家を公認する制度を採っているからこそ、ヒモや売買業者が蔓延し、国際的婦女売買の温床となっているのだとして、参加国すべての公娼制度廃止を求めるイギリスなど廃娼国の見解とは大きく異なり、前述のようにフランスなど未だ公娼制度を採っていた国は、国際的婦女売買の防止には賛成しながらも、公娼制度自体は性病防止などの点で今後も継続せざるをえないとの見解だったからである。けれども全体的な潮流としては、世紀転換期から一九二〇年代にかけて、公娼制度は売春婦搾取の温床であり、なおかつ性病検査の強制という点で売春婦の人権を侵害しており、同時に性病防止の効果も弱いといった点において、望ましい制度ではないという認識が普及しつつあったといえる。

2　欧米各国売春対策の実情

ここで、一九一〇―二〇年代のヨーロッパ各国の売春対策を概観してみよう。①公娼制度を廃止し、売春婦ではなく国民全体に対して性病の任意診療制度を採用するもの、②公娼制度を廃止し、国民全体に対して性病の強制診療制度を採用するもの、③公娼制度を廃止したが、一時的な便法として売春婦に対する性病検査を未だ義務付けているもの、④売春そのものを処罰の対象としたもの、⑤公娼制度、といった大きく五種類に分類される。

①は公娼制度廃止後に、娼家の所有・経営の禁止、媒合の禁止、ヒモの処罰など、娼婦から利益をあげる人間の処罰を刑法などで制定し、性病対策としては売春婦への検査・治療の強制を廃止し、性病にかかった人間は娼婦であるなしにかかわらず、自由意思で診療を受けるようにするために、性病無料診療所を設立するというものであり、イギリス・カナダ・オランダ・スイスなどであった。②は娼家の禁止、媒合の禁止、ヒモの処罰、そして売春婦に対する強制的な性病検査の禁止という点では①と同様だが、性病対策として、性病罹病患者に対しては治療を強制するという点が異なり、ドイツ・チェコスロヴァキア・スウェーデン・ノルウェー・デンマーク・エストニア・フィンランド・スイスの一部の地域などがこれに該当する。以上の①②に対して、娼家や周旋の禁止という点では同様だが、売春婦に対する性病検査の義務付けを部分的に継続しているのが③であり、ブルガリア・ラトヴィア・ポーランドなどであった。

ただしここで強調しておきたいことは、①②③においては、売春婦自身は、ただ売春をしたということだけでは原則として処罰の対象とされていないことである。売春婦は貧困と悪徳の犠牲者ではあるが、犯罪者ではないという判断に基づいていたのである。その反対に、道徳悪化・性病蔓延との関係で、売春そのものを犯罪とし、娼家はもちろん、売春婦自身をも売春行為を理由に逮捕するのが④であり、代表的なのがアメリカ合衆国であった。そして最後の⑤公娼制度に分類されるのが、フランス・イタリア・スペイン・ポルトガル・ハンガリー・オーストリア、そして日本などであり、娼婦・娼家がそれぞれライセンスを与えられて公認されており、娼婦には性病検査が義務付けられていたのである。しかし、公娼制度維持国として最も有名なフランスにおいても、一九二〇年代後半から、公娼制度を廃止する市が出てきており、全体としてヨーロッパでは公娼制度廃止、新たな性病対策の樹立といった方向へと進んでいたのである。(9)

三　東南アジアにおける欧米植民地での公娼制度廃止

一九一〇年の国際条約制定以降、こうした公娼廃止の趨勢は、アジアにおける欧米植民地にも波及した。まずシンガポールの例をみてみよう。中国人労働者の移民を奨励していたシンガポールでは、娼家を法律上公認していたわけではないが、事実上黙認していた状態であった。しかし、一九一〇年以降、シンガポールが白人少女の売買の拠点都市であるというキャンペーンがイギリス本国で行われた。このキャンペーンでは、売買される白人女性の人数や、シンガポールでのアジア人売春婦の性病罹患率などが過度に誇張されていた。その結果、シンガポール当局はこの問題を無視できなくなり、一九一三年にはヒモが一斉に追放、ないしは投獄され、一九一六年にはシンガポールからほとんどすべてのヨーロッパ人女性が追放、帰国させられたのである。(10)

また、オランダ領東インドは公認娼婦に許可書を交付し、娼婦に対する週一回の梅毒検査を採っていたが、一九一一・一二年、婦女誘拐反対同盟会の運動が行われ、一九一三年には娼家の閉店、娼婦の解散・帰国が行われた。その際、日本人を含む外国人娼婦も該当国の領事と協力のうえ、帰国させられた。そして同年には刑法も改正され、密娼家と婦女売買の担い手が禁固刑を含む処罰の対象となったのである。(11)

第一次世界大戦後、東南アジア植民地における公娼廃止は本格的な勢いをみせた。たとえばイギリス道徳・社会衛生協会（Association for Moral and Social Hygiene）は、シンガポールにおけるイギリス人女性の売春が、イギリスの信用を失墜させるという理由で公娼制度を攻撃した。また、イギリス軍のモラルを低下させ、性病検査を義務付けてもイギリス軍の衛生状況を悪化させただけであるとの観点からも公認娼家は批判された。こうして一九二七年から漸次娼家の閉鎖をすすめたのである。(12)

また、マニラでは、第一次世界大戦にアメリカが参戦した際、軍隊での性病蔓延を防ぐという衛生上の見地から、軍隊所在地一〇マイル以内の遊廓・舞踏場が撤廃され、一九一八年には、マニラ全市での営業が停止された。そして欧米人売春婦は帰国させられるなど、著しく減少し、フィリピン人売春婦も極力廃業させられた後、残りはミンダナオなどへ追放された。(13)さらに、廃止にはいたらなかったものの、香港でも第一次世界大戦後には公娼制度の廃止が議論され、少なくとも欧米人売春婦は一九二五年時点で一八人となり、著しく減少させられたのである。(14)

このように、公娼制度を採用しているフランス領のインドシナや、本国が公娼を廃止していても、未だ公娼を存続している香港・ダヴァオなどが存在しながらも、一九一〇年代から二〇年代にかけて東南アジアの欧米植民地では公認娼家・娼婦の登録管理・性病検査の廃止、娼家と斡旋業の禁止がすすんだ。公娼を存続していた香港においても、欧米人売春婦は著しく減少したのである。そして、娼家の閉鎖、娼婦の廃業・追放は欧米人に対してだけでなく、基本的には中国人、そして後に詳しくみるように日本人に対しても適用された。

ただし、娼家や周旋業の禁止、強制的性病検査の廃止、娼婦の廃業・追放の後にも、中国人・フィリピン人・インドネシア人などの私娼が一掃されたわけではなく、欧米人女性もふくめて娼婦の保護や救済のための十分な措置がとられたわけでもない。また、みてきたように、現実の公娼廃止は多くの場合、宗主国の体面の向上や、軍隊の性病予防を主目的としていた。しかも、マニラでもシンガポールでも、売春婦を軍隊のそばから追放することによって性病の蔓延を予防することを目的としていたにすぎなかったことが明らかである。その意味で、これらの地域における公娼廃止の欺瞞性を強調することは簡単である。しかし、そのような目的であったとしても娼家や周旋業を法律で禁止し、宗主国の欧米人娼婦を著しく減少させたという点において、また、性病予防のために性病検査済みの売春婦を軍隊にあてがうのではなく、むしろ売春婦を「追放」するという点において、次節以降でみる東アジアでの日本政府の対策と大きく異なっていたことが注目される。

四　国際連盟婦人児童売買問題諮問委員会の設立

東南アジアの欧米植民地における公娼制度廃止が本格化した第一次世界大戦後には、国際的婦女売買禁止問題が飛躍的な進展をみせた。次章でみるように、一九二一年六〜七月に開催された婦人児童の売買禁止に関する国際会議で、新たに「婦人及児童の売買禁止に関する国際条約」(International Convention for the Suppression of the Traffic in Women and Children)が制定され、さらに翌年にはこの問題が国際連盟の管轄となり、国際連盟内に各国代表・各国民間団体代表よりなる婦人児童売買問題諮問委員会(Advisory Committee on the Traffic in Women and Children)が設置されたのである。

また、国際連盟婦人児童売買問題諮問委員会は、条約への各国批准をすすめるのみならず、国際的婦女売買の防止に関係する各国の法令調査や、国際的婦女売買が頻発していると思われる各地域の婦女売買実態調査にも乗り出した。一九二〇年代には、まずヨーロッパからの婦女売買が最も盛んに行われていたとされた南北アメリカ大陸調査、ヨーロッパ各国の調査が、二年の歳月をかけて行われている。そして、同委員会ではこの時期、さらに東洋調査が企画されていたのである。

こうした各国調査の報告、そして東洋調査の企画も日本政府にとっては大きな意味をもった。それらの調査では、各国内での婦女売買の実態、女性の国際的売買（輸入・輸出）の実態が、各国における魔窟の売買業者からのインタビューも含めて明らかにされていたからである。[15] すなわち、擯夫が若い女性をだます方法、パスポートの偽造方法なども含めて報告されていたのである。こうした調査方法が日本と日本人売春婦の多い東アジアで実施されたならば、どのようなことが明らかにされてしまうかは明らかであった。日本政府は国内・植民地・アジアの諸都市における公娼制度の実態と、一九二一年の国際条約との間の落差に苦慮しつつ、「海外醜業婦」問題、条約批准問題、東洋調査などに対処してゆかなければならなくなったのである。

五　東南アジアからの日本人売春婦の帰国と東アジアにおける日本人売春婦

1　東南アジアにおける公娼廃止と日本人売春婦の帰国

一九一〇年の国際条約制定以降における欧米各国の婦女売買禁止の取り組みに対して、当初日本政府は目立った対応を示さなかった。よく知られているように、日本キリスト教婦人矯風会をはじめ、当時のキリスト教団体は、人身売買批判の見地から、また、日露戦後に「大国」となった日本にとって日本人海外売春婦の存在は「国辱的」であるとの見地から、繰り返し売春婦の保護・帰国を主張していた。しかし日本政府は、海外日本人売春婦が欧米列強の目にいかに奇妙に映るか、そして、海外における日本人の評判をいかに下落させているかを承知していながらも、一九一〇年条約に日本が調印する必要はないという方針であった。

しかし東南アジアの欧米植民地での娼家の閉鎖がすすむ第一次世界大戦後になると、日本政府の対応は大きく転換することとなった。海外「醜業婦」に関する訓令を出し、現地の公娼を廃止して白人娼婦を帰国させたインドネシア・シンガポール・マニラなどにおける日本人売春婦に対して各領事館が働きかけ、廃業・帰国、もしくは他の地域への移動を積極的に促したのである。シンガポールでは一九二〇年に総領事館が日本人売春婦に対する公娼廃止を断行し、売春婦の廃業・帰国を推進した。その結果、帰国せずに私娼となった日本人売春婦も存在したものの（一九二六年八月現在一二六人）、それら私娼に対してもシンガポール華民保護局は、婦人少女保護法一九条などを使って起訴、閉鎖させている。[16] また、公娼廃止直前のマニラにおける日本人売春婦は一二三人であったが、公娼廃止と同時に多数帰国し、一九二一年には領事館が再度営業停止を勧告、帰国させている。[17]

さらに、ラングーンや、香港・上海などにおいても、日本政府は各領事館に日本人売春婦の帰国、娼家の新規営業許可の停止を命じている。[18] たとえば香港では一九二四年時点で日本人公娼数は四四人であり、ヴィクトリア市に居住しているとされたが、これは四、五年前に三〇〇人以上の日本人の公娼がいたことを考慮すると著しい減少であることが指摘されている。香港ではイギリスが未だ公娼制度を廃止していなかったため、欧米人売春婦も一八人存在していたが、日本の公娼が「張り店」を行っていたのとは異なり、欧米人売春婦は「張り店」を行っていないことなどの違いも指摘されている。[19]

こうして、第一次世界大戦後にこれら東南アジアの欧米植民地都市における日本人売春婦数は激減したのであったが、このような変化は東南アジアにおける日本人居留民社会の変化とも連動していることが最近の植民地研究では指摘されている。[20]

2　東アジアの勢力圏における日本人売春婦

しかしここで強調しておかなければならないことは、日本人海外売春婦の営業を禁止し、帰国を促した地域は、イギリス・オランダ・アメリカ・フランスなどの植民地支配下にあった東南アジア地域、香港などにおいてのみであったということである。すなわち、内地と日本の植民地であった朝鮮・台湾はいうまでもなく、関東州、満鉄付属地の諸都市、租借地である青島などでは、日本人売春婦の売買が、事実上の公娼制度の下に合法的に行われ続けたのである。[21] 朝鮮では、一九〇六年にソウルで売春婦に対する健康診断を開始し、一九〇八年には「妓生団束令」「娼妓団束令」を制定して、これらの商売を許可制にした。そして一九一六年には、「貸座敷娼妓取締規則」が制定され、朝鮮全土で統一的な公娼制度が確立した。この規則において、娼妓の許可年齢は日本内地よりも一歳低い一七歳以上と決められた。しかも自由廃業、文書閲覧などの自由の規定は内地の規則よりも不十分だった。[22]台湾では一八九六年に民政に移行すると多くの日本人娼妓が台湾にわたった。同年六月には台北城内における日本人遊郭の設置を認める「貸座敷並娼妓取締規則」が制定され、娼妓に性病検査が義務付けられた。その後台北以外の各地でも公娼制度が導入された。

日本政府が各地総領事に命じて行わせた売春婦実情調査（一九二五年）によれば、「満州」諸都市の実態は以下の通りであった。関東州では一九〇五年に制定された「芸妓酌婦及雇婦女取締規則」によって、日本人居留民の多い満鉄沿線都市を中心に、芸妓・酌婦・料理屋という名目で鑑札を下付し、売春を稼業とすることを黙認する事実上の公娼制度をひいた。主要都市における「日本人」の公娼数は一九二五年時点で、安東に芸妓一六一人、酌婦七八人、長春に芸妓一四四人、酌婦二一〇人（うち朝鮮人二二人）、奉天に芸妓・酌婦五六二人、朝鮮人芸妓・酌婦一四九人、遼陽に芸妓・酌婦二〇四人、鉄嶺に芸妓・酌婦一一一人、ハルビンに芸妓六八人、酌婦一六三人（朝鮮人一七名を含む）、青島に芸妓二四〇人、酌婦二六〇人（うち朝鮮人三〇人）、天津の日本租界に酌婦五九人（朝鮮人を含む）、芸妓一〇七人であった。[23]これらの都市では、満鉄付属地内においては、上述の「関東州芸妓酌婦及雇婦女取締規則」が適用されており、満鉄付属地外やハルビン・青島などの都市においては、各総領事館が同規則に準じて作成した館令が適用されていたのである。

次に、「満州」の諸都市、青島・ハルビンなどにおける公娼制度の実態を、総領事館の報告をもとにみてみよう。長春の領事館報告では満一七歳以上の女性であれば、酌婦営業が許され、当該官署に願い出ることができ、芸妓・酌婦とも、毎週一回梅毒検査を義務付けられている。芸妓・酌婦には、年季抱と自前という二種類があり、年季抱とは、年季期間中の芸妓・酌婦の稼ぎのすべてが経営者のものとなる制度である（ただし一〇〇分の五以上のこずかいは支給されるという）。自前とは、その稼ぎを経営者と芸妓・酌婦との間で分ける稼ぎ方（たとえば芸妓が四で経営者が六）をいうが、前借金の額によってその比率は異なる。年季の期間は一年から一〇年まで様々だが、自前にせよ年季抱にせよ大体が前借金をともなっており、前借金の額が高いほど抱え主の取り分が高い。また、長春の総領事館が「殆と前借金を完済するもの稀にして他人より落籍せられ廃業するものの外稼業義務を離脱すること能はざる現況にして間々逃走自殺者などを出現す」と伝えたように、法的に自由廃業が許可されていても、実際にはその自由がほとんどなかったということを、領事館自らが認めていたことがわかる。[24]

そして、「当地方の料理店又は置屋営業者が自己営業の所用を満す為め自ら内地に帰還し、内地周旋業と連絡して抱入契約を締結し当地に同伴する者と当地以外なる満鮮各地の稼業者等が地方周旋業者の紹介により当地住替来るものとの二種あり」と奉天の領事館が伝えているように、日本人売春婦は、たいがい抱え主と周旋業者との連携によって内地や「満州」の他の都市から連れられてくるのであった。[25]しかも、周旋業者は、「関東庁令紹介営業取締規則」および同規則を準用した領事館令によって公認されていたのである。

また、中国人売春婦に対する各都市日本総領事館の対応はほぼ以下の通りであった。奉天では満鉄付属地内に居住し稼業を行っている中国人売春婦三一三人にのみ、俳優という名目で取締りを行い、彼らの売春を黙認しながらも、「絶体日本人の求めに応ぜさる条件の下に」梅毒検査を施行していないことが伝えられている。[26]一方、満鉄付属地内に一四〇名の中国人・朝鮮人売春婦を抱える遼陽総領事館は、「多少参酌」しながらも日本人売春婦とほぼ同様の取締りを行っていると伝えた。[27]さらに天津の日本租界では、中国人一七人に対しては日本人売春婦同様週一回の梅毒検査を義務付けているものの、日本人遊客の少ない中国人芸妓に対しては梅毒検査を義務付けていないと述べられている。[28]要するに、中国人売春婦の場合は、日本人に接する可能性のある場合にのみ、梅毒検査をはじめとする日本式の取締りを強制していることがわかる。

以上の内容からは、日本人居留民の多い満鉄付属地を含む「満州」諸都市やハルビン・青島などでは、日本人売春婦の周旋や娼家経営が国家公認の下に自由に行われており、周旋業や娼家経営者の手を経て、売春婦が日本内地からさかんに連れてこられていたことを各地の総領事が自ら明らかにしていることがわかる。しかも日本人と接する場合のみ中国人売春婦に対しても衛生上の管理・取締りを行っており、こうした日本政府の対応は東南アジア植民地における自国人売春婦を国際的婦女売買の犠牲者とみなして、一斉に帰国・追放させたイギリス・オランダ・アメリカなどの対応とまったく異なっていたことをあらためて確認できる。

しかも彼女たちの多くは年季があけるか前借金を完済するまで人身の自由がなく、しかも前借金の完済自体がきわめて困難なことを各地の総領事館は認めている。しかし日本人売春婦の人身の自由の欠如にもかかわらず、各地の総領事は、誘拐されたわけではないなどの点においてこれらの芸妓酌婦稼業を「自由意思」の商売であるとみなし、婦女売買とはみなさなかったという点が、後の経緯を考える場合重要である。たとえば奉天の総領事は「何れも合意の契約に基づくものにして略取又は誘拐に因るものなし」と述べ、[29]遼陽でも、抱え主が芸妓・酌婦の意志に反して住替を強制することはないので婦女売買ではないとし、さらにハルビンでも自由廃業が法的に認められているので人身売買ではないとしているのであった。[30]

そして、以上にみた日本の売春婦とその取締りの実態は、中国人売春婦に対する中国側の取締りの実態と比べればはるかに人権重視・衛生重視であるとの主張が、各総領事によって強調された。たとえば青島の総領事は、中国人売春婦が「幼時より人買の手に売買され全く人権なるものを認められず転輾此の苦界に彷徨しつゝある者少な」くないと述べた。[31] ハルビン総領事も、中国人の人身売買と比べれば自由廃業を認めている日本の公娼制度は「真の人身売買にあらざる点は支那に勝る」とした。そして、なによりも梅毒検査などにより「風俗竝衛生上より大なる弊害を防止しつつあるは露支両国に勝る」としたのである。[32] しかし一方で、ロシア人売春婦には前借金がなく、廃業が自由であることが伝えられている点も注目される。

そして、以上のような日本人売春婦の「満州」への国際的売買の実態が、国際連盟によるヨーロッパ・アメリカ調査で明らかにされている婦女売買と著しく異なっていたことも強調しておきたい。

おわりに

以上、みてきたように、一九一〇年代以降、東南アジアの植民地において娼家や婦女売買の周旋を禁止し、少なくとも欧米人売春婦を一斉に帰国させた欧米廃娼国とは対照的に、日本の内地と東アジア勢力圏の間では日本人女性の国際的売買がむしろ日露戦後活発化した。第一次世界大戦後になると、東南アジアの欧米植民地からは日本人売春婦を一斉帰国させたものの、勢力圏下の東アジア諸都市における日本人女性の国際的売買は一貫して続いたのである。しかも日本政府は勢力圏下の東アジア諸都市における、「家」制度を背景とした前借金に基づく廃業の自由のない身売りと娼家や国際的婦女売買の周旋を禁止するどころか、日本人に接する場合は中国人・朝鮮人売春婦に対しても梅毒検査を課し、その売買を国家公認し続けた。

本文でも述べたように、欧米諸国やその東南アジア植民地での国際的婦女売買禁止キャンペーン高揚の背景には、女性の処女性の重視といった潮流が存在していた。また欧米の東南アジア植民地における公娼制度廃止の主目的には、宗主国の体面の向上や軍隊の性病予防という側面があった。しかし、日本の内地や日本の東アジア植民地・勢力圏都市では、女性の処女性の重視という視点からすら、国際的婦女売買禁止運動はそれほど高揚しなかったのであり、宗主国の体面向上、軍隊の性病予防といった観点からすら公娼制度廃止は行われなかったのである。こうした違いに注目する必要がある。

このように廃業の自由のない日本人売春婦の売買を公認していた日本の勢力圏下東アジア諸都市の状況は、日本の植民地支配固有の特徴と関係づけても考える必要があるように思われる。すなわち、「同質的な」社会であった東アジアを支配した結果、日本は「文明の使徒」「支配民族」にふさわしくない姿をその植民地・勢力圏にさらさざるをえなかったことの事例の一つが、国境をこえて東アジアの日本人居留民社会へ売買されてきた日本人売春婦とその公認制度だったのではないか[33]。

次章では、国際的婦女売買に関して以上のような固有の事情を抱えていた日本が、国際連盟の活動や、一九二一年の国際条約の制定に対してどのように対応したのかをみていく。

註

（1）　アラン・コルバン『娼婦』藤原書店、一九九一年など。

（2）　吉見義明・林博史編著『共同研究　日本軍慰安婦』大月書店、一九九五年、一〇八〜一一四頁、James Francis Warren. *Au Ku and Karayuki-san: Prostitution in Singapore 1870–1940*. Singapore, Oxford University Press, 1993. 在バタビヤ総領事井田守三→外務大臣幣原喜重郎「売春婦の実情報告の件」一九二五年一月二三日、在マニラ総領事杉村恒造→外務大臣幣原喜重郎「売笑婦実情取調の件」一九二五年一月一五日『国際連盟婦人児童売買問題』五巻（外務省外交史料館所蔵、一九二五年一～五月）などを参照のこと。

（3）一八七二年の芸娼妓解放令による人身売買の禁止にもかかわらず、事実上廃業の自由がなく、しかも親権者を当事者とした身売り契約が継続したことは周知の事実である。廃業に同意しない楼主を一娼妓が訴えた裁判に対し、大審院は一九〇〇年、債務弁済のために債権者方において娼妓営業をなすべしとする諾約は無効であるとの判決を下した。しかし、「人身の自由を拘束するの無効の原因」によって成立した娼妓契約と不可分の前借金契約もまた無効であるとして返済の義務はないと主張した娼妓に対して、大審院は、「娼妓営業は公認せられ居るを以て、債務者たる娼妓が債権者に対し自己の営業より生ずる収益を以て其の債務の弁済に供ずべきことを約するも毫も公の秩序もしくは善良なる風俗に反する所なし」とし、公娼制度の存在を理由に、娼妓稼業を通じて返済することを約した前借金契約の有効性と返済義務を認めたのである。そして前借金を娼妓稼業で返金するとした一つの契約を、金銭貸借上の契約と娼妓稼業契約という二つの別個の契約であると解釈し、後者が無効になったとしても、前者は有効とする法的解釈が行われた。その結果、前借金返済以前の廃業が法律上は可能であったにもかかわらず、前借金の返済義務が残ったために、他に返済方法が見当たらない娼妓としては途中廃業を決断できず、廃業の自由が事実上欠如した身売りが、公娼制度の下で長らく公然と行われてきたのである（牧英正『人身売買』岩波書店、一九七一年）。

（4）牧・前掲『人身売買』。

（5）序章で示した文献を参照のこと。

（6）コルバン・前掲『娼婦』三八七～四〇八頁。

（7）森崎和江『からゆきさん』朝日新聞社、一九七六年、九二頁、前掲 *Au Ku and Karayuki-san*. p.49.

（8）藤永壮「日露戦争と日本による『満州』への公娼制度移植」『産研叢書』8、大阪産業大学産業研究所、一九九八年。

（9）以上については、油谷次郎七「欧米列国風紀及性病法制概観」一九三二年（『買売春問題資料集成〔戦前編〕』五巻、不二出版、一九九七年、四九頁）を参照のこと。

（10）前掲 *Au Ku and Karayuki-san*. p.155.

（11）在バタビヤ総領事井田守三→外務大臣幣原喜重郎「売笑婦の実情報告の件」一九二五年一月二三日、前掲『国際連盟婦人児童売買問題』五巻。

(12) 森崎・前掲『からゆきさん』、前掲 *Au Ku and Karayuki-san*, pp. 156,175.

(13) 在マニラ総領事杉村恒造→外務大臣幣原喜重郎「売笑婦実情取調の件」一九二五年一月一五日、前掲『国際連盟婦人児童売買問題』五巻。

(14) Norman Miners, *Hong Kong under Imperial Rule, 1912–1941*, Oxford University Press, 1987. 在香港総領事高橋清一→外務大臣幣原喜重郎「醜業婦の実情調査の件」一九二五年一月七日、前掲『国際連盟婦人児童売買問題』五巻。

(15) 警保局「婦人児童売買専門家委員会報告書」一九三〇年一二月『国際連盟婦人児童問題一件　東洋に於ける婦女売買実地調査の件』（外務省外交史料館所蔵）一巻。たとえば、フランスについての報告では、婦女売買業者へのインタビューがのせられていた。

(16) 『在外本邦売笑婦取締送還関係雑件』第一巻（外務省外交史料館所蔵）、一九二七年。

(17) 註13に同じ。

(18) 「在南洋南米各在外公館宛　醜業婦取締方に関する件」一九二一年六月一六日、『国際連盟婦人児童問題一件　東洋に於ける婦女売買実地調査の件』五巻。

(19) 在香港総領事高橋清一→外務大臣幣原喜重郎「醜業婦の実情調査の件」一九二五年一月七日、前掲『国際連盟婦人児童売買問題』五巻。

(20) 橋谷弘「東南アジアにおける日本人会と日本人商業会議所」波形昭一編著『近代アジアの日本人経済団体』同文館、一九九七年。

(21) 東アジアにおける日本の植民地・勢力圏における日本人売春婦とその取締りに言及した研究としては、森崎・前掲『からゆきさん』、山崎朋子『サンダカン八番娼館』筑摩書房、一九七四年、倉橋正直『北のからゆきさん』共栄書房、一九八九年、橋谷弘「植民地都市」成田龍一編『近代日本の軌跡9　都市と民衆』吉川弘文館、一九九三年、柳沢遊『日本人の植民地経験』青木書店、一九九九年、宋蓮玉「朝鮮植民地支配における公娼制」『日本史研究』三七一号、一九九三年七月）、藤永・前掲「日露戦争と日本による『満州』への公娼制度移植」、同「朝鮮植民地支配と『慰安婦』制度の成立過程」『日本軍性奴隷制を裁く　女性国際戦犯法廷の記録3』緑風書房、二〇〇〇年、駒込武「台湾植民地支配と台湾人『慰安婦』」同前などを参照のこと。

(22)　山下英愛「日本軍『慰安婦』制度の背景―朝鮮の公娼制度―」『ナショナリズムの狭間から』明石書店、二〇〇八年、藤永・前掲「朝鮮植民地支配と『慰安婦』制度の成立過程」。
(23)　前掲『国際連盟婦人児童売買問題』五巻。
(24)　在長春領事西春彦→在巴里国際連盟事務局長松田道一「売笑婦の実情取調の件」一九二五年一月一六日、前掲『国際連盟婦人児童売買問題』五巻。
(25)　在奉天総領事代理領事内山清→外務大臣幣原喜重郎「売笑婦の実情調査に関する件」一九二五年一月二一日、同上。
(26)　同上。
(27)　在遼陽領事藪野義光→外務大臣幣原喜重郎「売笑婦の実情取調の件」一九二五年一月二二日、同上。
(28)　在天津総領事吉田茂→外務大臣幣原喜重郎「売笑婦の実況取調に関する件」一九二五年一月一四日、同上。
(29)　註23・25を参照。
(30)　在哈爾賓総領事代理郡司智麿→外務大臣幣原喜重郎「売笑婦の実情取調の件」一九二五年二月一六日、同上。
(31)　在青島総領事堀内謙介→外務大臣幣原喜重郎「売笑婦の実情調査報告の件」一九二五年二月二一日、同上。
(32)　註28を参照。
(33)　橋谷・前掲「植民地都市」は、日本の植民地都市のシンボルの一つとして遊廓をあげている。たとえば奉天では一九〇六年度下半期の居留民会収入六〇〇〇円のうち芸娼妓酌婦賦金が三六〇〇円という大きい比率をしめていたという。

第二章　国際連盟における婦人および児童売買禁止問題と日本の売春問題

――一九二〇年代を中心として――

はじめに

本章の目的は、一九二〇年代に国際連盟が担った婦人および児童売買禁止問題への、国際連盟日本代表、外務省をはじめとする日本政府の対応を考察することである。そして、そのような考察を通じて「婦女売買」禁止の国際的な潮流と、日本の公娼制度・廃娼運動との相互関係の一端を明らかにしたい。

まずはじめに、ヨーロッパでの「婦女売買」反対運動について簡単にふれておこう。「婦女売買」反対運動の起源は、一九世紀後半以降のイギリスのジョセフィン・バトラーらの伝染病法反対・売春防止運動にさかのぼる。この運動の道徳的支柱は、買春という「不道徳」を犯した男性については取り締まらずにその性的放縦を放任しておきながら、売春したとみなされた女性の方は性病検査などで取り締まるという、いわゆる道徳の二重規準に対する批判であったことが知られている。[1]やがて、バトラーをはじめとする様々な立場からの公娼制度批判・性道徳擁護の主張が全ヨーロッパに広がるなかで、前章でみたように国際的「婦女売買」がことに問題とされると同時に、公娼制度の存在が「婦女売買」を助長しているとの批判が、とくに非公娼国で強まるのである。そして、一九〇四年には「醜業を行はしむる為の婦女売買取締に関する国際協定」が、一九一〇年には「醜業を行はしむる為の婦女売買禁止に関する国際条約」がそれぞれ締結された。(2)

前章でも言及したように、国際条約の制定に際しては、公娼廃止論者とは立場を異にする様々な勢力が存在したことが明らかにされている。フランスでは、公娼制度を支持しながら、良家の子女の保護・道徳擁護のために「婦女売買」反対運動に参加した勢力が存在したこと、フランス政府が自国の公娼制度維持のため、条約制定にあたって「婦女売買」問題と公娼制度廃止問題を切り離したことなどが指摘されている。そしてそれらの勢力の活躍の結果、一九〇二～一〇年の時期においては、売春の規制管理を阻もうとする公娼制度廃止論者のキャンペーンが、条約によって変節させられてしまう結果になったこと、性病予防のために新規制主義が台頭して結局公娼廃止が挫折し、より執拗な管理が「娼婦」に課されるようになったことが指摘されている。条約制定の背景に、以上のような経緯が存在することをふまえつつ、本書ではそれらが日本の売春問題をめぐる状況にどのような影響を与えたかを重視したい。

国際連盟設立後、同問題は連盟の管轄下におかれたが、それまでの条約の不備を補い、加盟国を増やすために、一九二一年六～七月には婦人児童の売買問題に関する国際会議が開催され、新たに「婦人及児童の売買禁止に関する国際条約」が作成された。さらに翌二二年には連盟内に各国代表・各国民間団体代表よりなる婦人児童売買問題諮問委員会（以下、諮問委員会と省略）が設置された。こうしたなかで、国内に公娼制度をかかえ、「婦女売買」禁止という点では後進国であった日本の外務省や国際連盟・諮問委員会の日本代表は、一九二一年以降国内の「婦女売買」の実態と「婦女売買」禁止の国際的潮流との間の落差に苦慮しながら、国際条約の調印・批准や、諮問委員会内での公娼制度廃止問題に直面せざるをえなくなるのである。

しかし、それらの問題への日本の対応については、国際条約の批准をめぐる日本政府の対応について、以下のような事実がわずかに指摘されてきたのみである。すなわち、日本の公娼制度は一八歳以上の女性に娼妓になることを許可しているので、二一歳未満の女性を売春に誘惑することを禁じている国際条約に抵触してしまわないよう、条約の調印・批准にあたって、日本は条約の年齢規定を留保した。また、植民地である朝鮮・台湾、関東租借地、樺太、委任統治領を条約の対象地域としないことも宣言したのである(3)。このように、日本の廃娼運動や公娼制度見直し論と、「婦女売買」禁止の国際的な潮流との相互交流・相互関係については、未だに本格的な考察が加えられていない。

序章で述べたように、第一次世界大戦後の日本では、農民・労働運動をはじめとする社会運動が高揚したが、農民・労働運動の高揚や農業・労働政策の転換には、国際的な「デモクラシー」の潮流との関係がきわめて重要であったことが指摘されている(4)。以上に鑑みるならば、廃娼運動・公娼制度に関しても、第一次世界大戦後の国際的な潮流との関係についての考察が必要なのは明らかであろう。

本章はまず、諮問委員会への参加を通じて、国際条約の女子保護の理念に直面した日本代表や外務省のとった当初の対応について明らかにする。次いで日本の廃娼運動との相互交流のなかで強まった、欧米諸国・欧米民間団体による日本の公娼制度への批判を考察し、そうした批判への日本代表や外務省・内務省の対応を明らかにすることを課題とする(5)。

一　国際条約の調印と公娼制度

1　一九二一年以前の条約認識

まず最初に、一九〇四年の国際協定、一九一〇年と一九二一年の国際条約の概要を明らかにしておこう。一九〇四年の国際協定は、ドイツ・デンマーク・スペイン・フランス・イギリス・イタリア・ロシアによって批准されており、その概要は、外国で売淫させる目的で女性を誘惑する行為についての情報を収集し、かつそれらの女性を保護し、その誘惑者を捜索・監視する義務を締約国が負うとするものである。ここでは売淫させるために婦女を誘惑した者を処罰すること自体は規定されていないが、一九一〇年の国際条約では、そうした行為そのものが処罰の対象となった。一九一〇年の国際条約は、オーストリア＝ハンガリー・スペイン・フランス・イギリス・オランダ・ロシア・ドイツ・ポルトガル・ベルギーによって批准されており、その概要は以下に述べる同条約第一・二条に示されている。

第一条　何人たるを問はず他人の情欲を満足せしむる為醜業の目的を以て未成年の婦女を勧誘し誘引し又は拐去したる者は本人の承諾を得たるときと雖も罰せらるべし。右犯罪の構成要素たる各行為が異りたる国に亘りて遂行せられたるとき亦同じ。

第二条　何人たるを問はず他人の情欲を満足せしむる為醜業の目的を以て詐欺に依り又は暴行脅迫権力濫用若は其の他一切の強制手段を以て成年の婦女を勧誘し誘引し又は拐去したる者は右犯罪の構成要素たる各行為が異りたる国に亘りて遂行せられたるときと雖も罰せらるべし。

一九〇四年の協定では外国での売淫を目的とした婦女の勧誘に関する情報収集、監視、婦女の保護が規定されているだけであったが、一九一〇年の条約になると、外国での売淫にかぎらず、「醜業」を目的とした勧誘・誘拐そのものが処罰の対象とされている。そして、二一年の「婦人及児童の売買禁止に関する国際条約」は、連盟参加各国がすみやかに上記の協定と条約に加入すべきことを取り決めたうえ、誘惑からの保護の対象となる未成年の年齢を二一歳未満に引き上げ、未遂行為をも処罰の対象とするなど、時代が下るにつれ、婦女の保護に関する規定が強まっていったのである。(6)

日本の外務省は、一九二一年六～七月の婦人児童売買問題に関する国際会議開催以前から、婦人児童売買禁止問題が日本の公娼制度の廃止問題、海外における日本人売春婦の問題へ波及する可能性のあることを看取していた。二〇年九月一一日に、外務省は内務省に次の伺いを行っている。

第一回国際連盟総会に於て婦人及児童の売買禁止に関する問題〔中略―引用者〕の議せらるることある場合若し我国の本件に関する既存条約加入問題、公娼廃止問題又は海外より送還せらるる醜業婦の保護問題等が議題とならば我邦は之に対し如何なる態度を持すべきやに関し予め貴省の御意見承知致度〔以下略〕。(7)

これに対する内務省の回答は以下の通りであった。まず第一に、「海外より送還せらるる醜業婦に関しては本省に於て之が保護の為に相当の準備を為」すとした。第二に、公娼廃止問題に関しては、道義上、国家の体面上公娼制度の存在が望ましくないことを認めながらも、「現下の状態に於て当分之を認むるの已むを得」ないとした。そして第三に、公娼制度を存置しても、娼妓の人身の自由を拘束しているわけではないとし、その理由として次の①～④を指摘した。すなわち、①一八七二年〔明治五〕太政官布告第二九五号によって人身売買は禁じられていること、②一八歳以上の女性で、本人自らの意志で出頭した者に限り、慎重な調査の後に娼妓稼業を許可していること、③貸座敷営業者と娼妓の間に人身の自由を拘束する契約はないこと、④何人といえども娼妓廃業を妨害する者は罰せられることである。[8]つまり、この時点で内務省は、娼妓稼業が国際条約でいうところの「婦女売買」に該当しないとの認識の下に、公娼制度を維持しながら、国際条約に加入できると判断していたのである。

しかし、内務省のこうした主張は長く続かなかった。婦人児童売買禁止に関する国際会議を間近にひかえた一九二一年五月三〇日、内務省は外務省に対して「本条約への加入を留保する等適当の措置を採るべきこと」を申し入れている。この申し入れの理由は以下の通りであった。一九一〇年の国際条約は、「個人の自由意思を拘束するが如き行為を禁ずる趣旨と解せらる」るので、自由稼業である日本の娼妓はこの条項の禁止の対象とはならないはずである。しかし、もし同年六〜七月の国際会議で、日本の娼妓稼業も第一条で禁止されている行為とみなされる場合には、日本では一八歳以上の女性に娼妓稼業が許可されるため、二〇歳未満の女性を誘惑することを処罰の対象とする本条約第一条に抵触してしまうことになるからというのであった。娼妓の年齢を二〇歳以上と改正して、一九一〇年の国際条約に抵触しないようにすることは、「我国の現情に於て不適当」であるとされたのである。[9]

このように、一九二一年の国際条約制定以前に、外務省は将来の日本の条約調印・批准にあたって、公娼制度が障害となるとの認識にすでに達しており、内務省もほぼ同様の認識に至っていた。しかし内務省は公娼制度が条約調印・批准の障害となる場合には、娼妓取締規則を改正するのではなく、条約調印を留保すればよいとの考えであったのである。

2　年齢留保をめぐる外務省と内務省の認識

国際条約との関係で日本の公娼制度が問題視されることを憂慮する帝国全権および外務省の認識は、以下にみるように一九二一年六〜七月の婦人児童売買問題に関する国際会議を経てますます深まってゆくが、内務省の認識は依然として変わらなかった。

同国際会議で、一九〇四年の協定と一九一〇年の条約への各国の加入を主な目的とした「婦人児童の売買禁止に関する国際条約」が新たに制定され、日本もこれに調印しなければならなくなると、調印の仕方に関して外務省から意見を求められた内務省は、次のように回答した。条約の主旨には賛成であるが、娼妓取締規則の規定上、「年齢の点を留保し得れば差支なきも若し年齢の点にして協約〔一九〇四年の協定をさす―引用者〕及条約の主要点を為し其留保が不可能なる場合に於ては協約及条約の加入を差控ふるの外なし」と、年齢の留保か、条約調印そのものの留保を主張したのである(10)。

このような内務省の主張に基づき、連盟総会帝国全権は、年齢の点を留保して調印する方針を固めたが、以下にみるように、その後の各国との接触のなかで、そうした調印の仕方が望ましくないことを認めざるをえなくなる。日本の他にタイ・インドが年齢に関する留保を申し出たため、留保に関し条約案に適当な規定を設けるための起草委員会が設置されたが、帝国全権は、この起草委員会との審議のなかで、日本の娼妓稼業が「全然自由の営業なる点は兎も角其稼業を為さしむる行為は所謂 traffic〔人身売買―引用者〕に包含せらるるものと解するの外なかるべき」との認識に至った。そして、年齢問題の留保を明記する場合には、「人身売買」をともなうとみなされる公娼制度を理由に、保護すべき女子の年齢を低下させることを諸外国に対して明らかにせざるをえず、したがって未成年の女性の保護という国際的趨勢に日本が逆行しているのを示すという「体裁上面白からざる」結果となることを、帝国全権は危惧したのである(11)。

全権委員のこうした認識に基づき、外務省は条約に調印するとともに、条約のなかで日本の現行法令と抵触する部分の実施については、「将来条約案の主旨に合致する如く現行法令改正の時機到達する迄暫く之を延期し度旨の留保を附する」べきであると、内務省と司法省に対して主張した。(12) すなわち、未成年の女性の保護という条約の目的に合致するよう、少なくとも娼妓取締規則における娼妓の年齢の規定を、将来一八歳から二一歳に改正する意志があるのを示すよう要望したのである。

しかし内務省は、将来現行法令を改正して娼妓の年齢を高めることを約束するのは「慎重なる考究を要する」ことなので、年齢の点を留保することが不可能であれば、条約に調印しないのもやむをえないという判断を変えなかった。(13) 内務省のこのような見解が障害となり、結局帝国全権は一九二一年一〇月、現行法令の将来における改正を約束せず、年齢問題や植民地に関する条約の適用について留保を付して条約に調印するに至ったのである。

以上に述べてきたことからわかるように、国際会議などでの各国との接触のなかで、帝国全権および外務省は、娼妓稼業が国際的には「婦女売買」とみなされるに違いなく、しかもそのような公娼制度を理由に日本のみ未成年の女性の保護の範囲を二〇歳から一八歳未満に狭めることは、国際的な潮流に反した行為で、著しく日本の「体面」を傷つけることになるとの認識をもつに至った。したがって外務省は、将来娼妓の年齢の規定を一八歳から二一歳に改正する意志のあることを示して条約に調印すべきであると判断した。しかし一方の内務省は、一貫して将来における現行法令の改正を約束することを拒否し続けたのである。

二　国際条約批准の遅れと公娼制度批判

1　刑法改正問題と条約批准の遅れ

日本は留保を付して「婦人及児童の売買禁止に関する国際条約」に調印した後、一九二三年以降、同条約の批准問題に直面することになった。しかし、条約批准に関する合意の形成は難航し、日本の批准は甚だしく遅れた。外務省は、条約を批准しないのはなぜかという国際連盟事務総長や、批准をせかす国際連盟帝国事務局次長杉村陽太郎に対し、「条約及協定批准又は加入の上は刑法の改正等諸種の措置を執る必要有之候処右の中刑法の改正に付ては目下法制審議会に於て刑法全般に亘り改正審議中なる関係上本件条約に基く改正のみ切離して行ふこと困難なる事情有之之が為に批准等の手続遅延致居候」と回答している[14]。つまり外務省は、留保を付すことによって、公娼制度と国際条約との間の矛盾を回避したものの、条約で処罰の対象とされている行為のなかに、日本の現行法令では処罰しえないものがあるため、条約を批准するには、刑法の改正等、現行法令の再検討が必要であると判断したのである。きわめて時間を要する刑法改正等の議論を経なければならなかったことが、批准が甚だしく遅れたことの一因であったといえよう。この間の経緯を述べておこう。

外務省は、一九二三年六月二三日に、「婦人児童売買禁止問題に関する関係官庁協議会」を開催し、同条約の意図について内務省・司法省に伝達すると同時に、「醜業婦売買禁止条約と日本刑法」[15]を作成し、条約の解釈と、条約と関係のある日本の法律の内容を示しつつ、刑法改正私案を提示した。そのなかで外務省は、警察犯処罰令・娼妓取締規則・刑法が「婦女売買」に関係する現行の法律であるとし、まず、警察犯処罰令・娼妓取締規則の二つが条約に規定されている行為すべてを取り締まりえないことを示した。すなわち、前者は密売淫の「媒合又は容止」を禁じているのみであり、後者は一八歳未満の女性が娼妓になることと、一八歳以上の女性が強制的に娼妓にさせられることを禁じているだけであることを指摘したのである。また、条約と関係する日本の刑法は、第一八二条「営利の目的を以て淫行の常習なき婦女を勧誘して姦淫せしめたる者は三年以下の懲役又は五百円以下の罰金に処す」、第二二五条「営利、猥褻又は結婚の目的を以て人を略取又は誘拐したる者は一年以上十年以下の懲役に処す」、第二二六条「帝国外に移送する目的を以て人を略取又は誘拐したる者は二年以上の有期懲役に処す。帝国外に移送する目的を以て人を売買し又は被拐取者若くは被売者を帝国外に移送したる者亦同し」であるとした。しかし外務省は、これらによっても国際条約の処罰の対象となる行為すべてを取り締まりえないことを以下のように明らかにし、刑法改正私案を示したのである。

まず第一に、一九一〇年の国際条約第一条の「他人の情欲を満足せしむる為め醜行《ママ》を行なはしむる目的を以て未成年の婦女を誘惑したるもの」のなかの「誘惑」とは「其意義広汎にして誘拐略取を含めども誘拐略取と異り必ずしも欺罔手段又は強制手段を用いたるを要」しないし、必ずしも被誘惑者を「自己又は第三者の支配内に移したることを要」しない。したがって、人を「偽罔手段又は強制手段に依り自己又は第三者の支配内に移したる」行為を処罰の対象とする日本の刑法第二二五条・二二六条では、条約の対象とする行為すべてを処罰することができない。一方、日本刑法の第一八二条によれば、「偽罔手段又は強制手段」を用いない誘惑でも処罰の対象としうる場合があるが、それには次の三要件が備わっていなければならない。すなわち、①「誘惑者に於て営利の目的を有し」、②「被誘惑者が淫行の常習なく」、③「姦淫が既遂の場合」である。換言すれば、誘惑者が営利目的ではない場合、被誘惑者が淫行の常習者である場合、実際には売淫が行われなかった場合には、刑法第一八二条では処罰しえないことを明らかにしたのである。

第二に、同国際条約第二条は、売淫をさせることを目的に、成年の女性を「欺罔手段」「強制手段」を用いて誘惑する行為を対象とする。「欺罔手段又は強制手段を用いたることを要する」点において、「其〔条約第二条の―引用者〕観念は〔日本刑法第二二五・二二六条の〕稍誘拐略取に近」い。しかし、日本の刑法第二二五・二二六条では要件とされる「支配若くは場所の移動」を、条約がその要件としていないので、刑法第二二五・二二六条は条約第二条が処罰の対象とする行為すべてを処罰しえない。一方日本の刑法第一八二条は、先に述べたような三つの要件を備えていなければ処罰の対象としないので、やはり条約第二条の対象とする行為すべてを処罰しえないことを明らかにした。

第三に、一九二一年の国際条約第三条は、一九一〇年条約第一・二条で禁じられた行為の未遂を処罰の対象とする。しかし、日本の刑法では、「略取誘拐罪」に該当する行為の未遂については、第二二八条の適用によって処罰することができるものの、「姦淫勧誘罪」にあたる行為の未遂や、「略取誘拐罪」「姦淫勧誘罪」のいずれにも該当しないが条約では禁じられている行為の未遂に関しては、処罰しえないことを明らかにしたのである。

そして以上をふまえ、外務省は次の刑法改正私案を示した。

一、第百八十二条を左の如く改む

「他人に売淫せしむる目的を以て未成年の婦女を誘惑したる者は三年以下の懲役に処す

前項の未遂罪は之を罰す」

二、第百八十二条の二として左の一条を加ふ

「他人に売淫せしむる目的を以て欺罔手段又は強制手段に依り成年の婦女を誘惑したる者は三年以下の懲役に

処す

前項の未遂罪は之を罰す」

このように外務省は、女性、とくに未成年の女性すべてを、売淫への誘惑から保護することが条約の理念であり、その女性がたとえ「淫行」の常習者であろうとも、実際には売淫させられるに至らなかったとしても、また未成年女性の場合は、誘惑が強制的でなくても、売淫への誘惑そのものが条約では処罰の対象となることを指摘した。そして、日本の刑法には、そのような理念が欠けていること、それゆえ、厳密には条約を批准する前に刑法を改正する必要のあることを、内務省・司法省に示したのである。

2　日本の公娼制度に対する批判の激化

以上のような外務省の刑法改正私案は、とうてい内務省・司法省には受け入れられず、この後条約批准問題は膠着状態に陥った。

ところが、一九二四年春以降、現行法令改正問題等の解決を待たずに、早急に条約を批准しなければならない事態が生じた。一九二三年九月の関東大震災を契機として、廓清会・日本キリスト教婦人矯風会などの女性団体・廃娼運動団体による焼失遊廓再興反対運動がおこり、この運動のなかで強調された娼妓の悲惨な境遇が、国際連盟の諮問委員会参加諸国および参加民間団体に知れわたってしまったためである。以下にその経緯をみてみよう。

関東大震災後の一九二三年一二月、キリスト教婦人矯風会をはじめとする東京連合婦人会の有志が、全国公娼廃止期成同盟会を組織し、同月の帝国議会に、焼失した遊廓の再興を阻み、将来の公娼制度廃止の前提とすることを要求する「焼失遊廓再興不許可に関する建議」を提出するなど、日本国内での公娼制度批判が強まった(16)。そして、帝国議会への同建議の提出の際には、多数の娼妓が大震災の際に逃げ遅れて焼死したのは、平素から貸座敷業者が娼妓の逃亡を恐れて彼女らの人身を拘束していたためであることを次のように強調したのである。

　此度の大震災に於きましても何百人と云ふ娼妓が焼死した、今から十三四年前の大火事の時にも多数の娼妓が焼死しました、彼等は其平素の生活に於て実に其自由を奪はれて居るのでありまして、其身に危険が及んできても、之を逃げる所の自由を与へられて居らないのであります。(17)〔傍点引用者〕

震災時に多数の娼妓が焼死したのは、貸座敷業者が彼女らを閉じこめたためであるという主張は、日本の廃娼運動団体によって、連盟の諮問委員会への参加諸国・参加民間団体にも知らされるところとなった。「大震災当時（吉原?《ママ》）に起こりし惨劇我婦人団体等の宣伝に依り漸く世上に周知せられ我遊廓制度に対する非難高からんとす」と国際連盟帝国事務局次長杉村陽太郎が伝えたように、(18)震災時における貸座敷の惨状が、日本の公娼制度における「人身売買」的側面を諸外国の人々にも強く印象付けることとなったのである。

　その結果、翌一九二四年四月の国際連盟第三回婦人児童売買問題諮問委員会では、公娼制度に対する批判がこれまでになく強められた。「婦人児童売買問題諮問委員会第三回会議経過報告書」は次のように公娼制度批判の激しさを伝えている。

　本諮問委員会の構成分子は政府代表十名に対し私的団体代表五名あり政府代表十名中其約半数は公娼制度を有せざる国の代表者にして此等代表者は私的団体代表者と合し公娼制度廃止論に立脚し猛烈なる提案過激なる論議を為し公娼制度問題夫れ自身は国内問題なるに拘はらず屢々本問題に触れ其度毎に公娼維持国代表者は恰も法廷に於ける被告の如き観を呈す。(19)

日本代表として諮問委員会に出席した杉村陽太郎〔以下、杉村日本代表と省略〕は、「芸者は芸人なり」として、芸者が「婦女売買」の犠牲者ではないこと、また「公娼隔離制度は風俗衛生警察上の必要に出でたるものにて婦人売買の弊を醸すが如きこと断じてなし」として、公娼制度が「人身売買」をともなわないことを強く主張した。[20]しかし、日本の公娼制度が「人身売買」にほかならないのではないかという疑惑が参加諸国に広まるなかで、公娼制度の弁明に努めるばかりで、国際条約を批准しない日本代表の態度は、かえって欧米の参加諸国・民間諸団体の不信を呼ぶばかりであった。杉村日本代表は欧米参加諸国によって、日本に「何等か内密の事情あり条約の根本主義又は原則に対しても反対せむとするかに誤解せらるる」恐れがあることを伝えている。[21]また、日本はこの頃から再三にわたって、条約を批准しない理由を国際連盟事務局長から問い質され、批准にともなう現行刑法改正に関する審議の長期化のために批准が遅れていると弁解している。同時にこの頃から、諮問委員会に参加している欧米民間団体と国際連盟事務局から、日本の廃娼運動団体と提携して運動をすすめたいとの申し出が、日本代表に対して相次いで出された。[22]こうして欧米諸外国における「婦女売買」反対の運動団体と、日本の廃娼運動団体との提携によって、日本の公娼制度の実態が対外的により明らかにされる可能性が生まれたのである。

参加諸国からの批判を受けて、日本代表は公娼制度が「人身売買」ではないことを懸命に主張する一方、外務省に対しては、国際条約を早急に批准して、参加諸国の不信を解くよう、以下のように強く要請した。「年齢の留保さへあれば我現行法の規定にても大体に於て関係各条約及取極の要求に応じ得」ること、「既に香港、海峡植民地、印度、暹羅の如きさえ」批准した条約を、未だに批准しないわけにはゆかないこと、諮問委員会には「各国婦人団体の代表者参加し盛に論陣を張る次第にもあり国際世論の見地より」対応すべきであることを主張したのである。[23]

3　国際条約の批准準備と公娼制度に対する認識の転換

このように批准を急いだ日本代表は、日本の現行法令の改正が「決して条約批准の必要前提条件にあらず」との判断をあらためて下した。一九二四年五月八日に外務省へ送付した、国際連盟帝国事務局事務官三枝茂智起草の「婦人児童売買禁止に関する三条約の批准に関する件」という文章によって、刑法改正をせずに、早急に条約を批准することが十分に可能であるとの主張を強く打ち出したのである。その主張の論拠はほぼ次の三つであった。(24)

第一は、条約と日本の現行法令との間には大差がなく、「観念上の差別に止ま」っており、条約と完全に一致するよう国内の現行法令を改正しても、「事実上保護すべき社会的法益は殆んど存在」しないからということである。すなわち、一九一〇年条約第一・二条で処罰の対象とされる行為のうち、娼妓取締規則、警察犯処罰令、刑法第一八二条、刑法第三二章「脅迫の罪」の規定などをもって処罰しえない行為は少なく、強いていえば「婬行の常習ある婦女に姦婬を勧誘したる場合若くは婬行の常習なき婦女に金銭上の利得を目的とせずして姦婬を勧誘したる場合にして而も警察犯処罰令第一条及刑法第三三章の罪〔「略取及び誘拐の罪」―引用者〕等に触れざる場合のみ」である。このような行為を処罰しえないということは、確かに「法文の不備」ではあるが、たとえ処罰しうるように改正したとしても、「事実上保護すべき社会的法益は殆んど存在」しない。そもそも、現行法令で処罰しえないそれらの行為は「道徳問題として取扱ふべき個人の貞操問題に付帯して惹起せらるる社会的現象に関係」するものである。したがって、それらの行為を処罰しようとすれば、「青春男女の恋愛関係の連鎖を為す者又は結婚の媒介を為す者をして非常の脅威を感ぜしむる」ことになるので、むしろ望ましくないというのであった。

第二は、一九一〇年の国際条約の目的が、国内の「婦女売買」ではなく、国際的売買の禁止を目的としているとの解釈に基づき、したがって「我国内法は条約上の義務を果すに於て毫も欠陥を感ずることな」いからというものであった。条約第一・二条はその主旨を明示せず、国内での売買をも処罰の対象とするようにみえるが、「仏国の如きは嘗て前掲の〔国際的売買に限定されるという―引用者〕解釈を棄てたることな」く、それゆえ、もしフランスの解釈を採用するならば、日本は「条約上の義務を果すに於て一挙手一投足の労も要せず」としたのである。

第三は、条約を既に批准した国の刑法においても、大同小異の欠陥があるのだから、「刑法を改正したる上に於てのみ初て右条約に加盟し得べし」と考える必要はないとするものであった。すなわち、条約の条文中には、「他人の情欲を満足せしむる為」婦女を「勧誘し誘引し又は拐去したる者」との字句があるため、「実質上は兎に角形式上に於て条約の規定に吻合する」刑法をもつ国はほとんどないとする。条約に加盟している三三ヵ国のうちでも、厳密な意味において国際条約に適合する国内法をもつのはフランスとルクセンブルグのみであるにもかかわらず、刑法改正の意図を有する国はなく、したがって、刑法の「改正を実現することは、決して条約批准の必要前提条件にあらず」としたのであった。

そして以上の論拠から、「外務省本省に於て法制審議会の議を経て刑法を改正したる後初て婦人児童売買問題に関する国際条約を批准せむとする」ことは「著しく迂遠にして今日の国際的事態に適合」しないこと、その結果、「婦人児童売買問題委員会に委員を有しながら尚且つ婦人児童売買問題に関する国際諸条約の非締約国たる地位に居」るという「重大なる誹違を敢てしつつある」ことを批判したのである。

刑法改正問題の解決を待たずに、早急に条約を批准するには、三枝の起草による上記第二の論拠はとりわけ都合のよいものであった。一九一〇年の国際条約については、国内の公娼制度に批判が及ぶのを避けるために、あくまでも国際的犯罪のみが条約の対象であるとするフランス等公娼国の解釈と、公娼制度の廃止をも意図し、条約の対象が国内的犯罪をも含むとするイギリス等非公娼国の解釈とが、条約制定以前から対立していた。これらの解釈の対立は、国際連盟において婦人児童売買問題諮問委員会が設立された後も継続しており、三枝は、フランスのように国際条約の対象が、国際的な「婦女売買」のみに限定されると解釈すれば、日本は刑法を改正せずにただちに条約批准が可能だということに気づいたのである。

以上のような方法の批准が提案されたことに加え、二四年秋以降、日本代表に対する国内外の批判はさらに強まり、日本代表のみならず、内務省まで日本の公娼制度の弁明に尽力しなければならなくなるなかで、ようやく日本は具体的な批准準備をすすめることになる。

一九二四年八月に、近々日本が国際条約を批准すること、日本代表が連盟の諮問委員会で「芸者はこれを『芸術家』とし娼妓は『自由営業』とし婦女売買行為にあらず」としたことが報道されると[25]、廓清会や日本キリスト教婦人矯風会などの日本の廃娼運動団体は抗議の声をあげた。芸娼妓の営業が「婦女売買」ではないと主張することで、「譬え一時連盟諸国を欺き得たとしても、一朝我が国の娼妓制度が彼等の前に、その真相を暴露されるに至る時は、我が国民は衷心より赤面せざるを得ない事になるであらう」というのである[26]。つまり廃娼運動団体は、日本の公娼制度の「人身売買」的側面を隠蔽して、諸外国の手前、形のみ条約を批准しようとする日本政府の姿勢を見抜いて痛烈にこれを批判し、条約への無条件加入とともに公娼制度の廃止を訴えたのであった。

また、連盟の諮問委員会内での日本批判の強さを知った内務省は、「楼主に於て娼妓の逃走を予防せむが為に通用門を閉鎖し又は一定の場所に収容し又は土蔵内に押込めたる為遂に多数娼妓の焼死を見るに至りたりと云ふが如き事実は更に之れなく」〔傍点原文〕と、自由を奪われていたゆえに、関東大震災の際に娼妓が多数焼死したということを、諸外国に対して必死に打ち消したのである[27]。さらに、公娼制度は「人身売買」をともなわないとし、その論拠として、①人身売買は一八七二年一〇月の太政官布告第二九五号によって禁止されている、②貸座敷営業と娼妓稼業はそれぞれ独立した業体であり、貸座敷と娼妓の間には雇用関係はない、③娼妓申請者については調査し、やむをえない者のみに娼妓稼業を許可している、④娼妓の廃業の自由、通信面接の自由を妨害する行為は禁じている、⑤娼妓には慰安、休養を確保し、廃業後の生活についても業者が相談にのるようにしている、⑥貸座敷業者への娼妓の債務の返済については、明瞭に記載し、業者による搾取が行われないようにしている、などの見解を強く主張した。(28)

日本の公娼制度に対する、以上のような国内外からの批判に押されるように、二四年一〇月以降、日本はようやく批准のための上奏手続きなど、具体的な批准の準備を始めるのである。そしてこのようななかで、外務省・日本代表のみならず、内務省の公娼制度認識も以下のように大きく転換するに至った。

杉村日本代表は、公娼制度の弁明に努めながらも、委員会内で支配的となっている公娼廃止論の論拠を次のように理解し、もはや公娼廃止の国際的趨勢に反対することはできないため、日本の公娼制度についても、その廃止を本格的に検討すべき時期にきていると判断した。その論拠とはまず第一に、「婦女売買」と貸座敷の有無とは密接に関係しているため、「売笑婦に依り衣食するの徒を一掃すること肝要なり」というものである。第二は、売淫婦の全滅は不可能でも、せめて「奴隷に等しき未成年婦女の救済なりとも断行せざるべからず」というものであった。そして第三は、「遊廓制度が花柳病の予防上必要なりとの理由は最早何人も之を認めず」であった。さらに、このような公娼廃止論の論拠をふまえたうえで、日本の売春取締政策のとるべき方法として、「関係当局に於て群馬県に於ける私娼制度(29)の実績等に照らされ本問題に就き深甚なる考慮を払はるべき時機到来せりと存ず」と、公娼制度にかわる私娼対策の本格的検討の必要を主張したのである。(30)のみならず、内務省もこの時点で「将来我国の貸座敷制度が国際的の問題となり根本的に変革を行ふの必要あるに至るべきを予想せらるる」と認識するに至った。(31)

関東大震災を契機とした日本国内と諮問委員会内における公娼批判の強まりは、このようにして、現行法令改正問題の解決を待たずに早急に条約を批准する方向に日本政府の方針転換を促した。同時に、外務省のみならず内務省をも、公娼制度を将来抜本的に改革する必要があるとの認識に至らせたのである。

三　国際条約批准と公娼廃止・婦人児童売買状況実地調査への対応

1　フランス式条約解釈の採用と条約の批准

以上にみたように、日本政府は一九二四年一〇月以降、条約批准準備を開始し、かつ将来における公娼制度の国際問題化やその抜本的改革を必至と認識するに至った。しかし、一連の婦人児童売買禁止問題について、日本政府がその後採用した基本方針は次のようなものであった。すなわち、当面は公娼制度や現行法令を維持しなければならない関係上、①条約に関しては、現行法令改正を一切せずに批准できるフランス式解釈を採用することであり、②公娼制度に関しては、日本の実態に批判が集中しないよう、日本への「婦女売買」に関する調査を延期することである。本項では①条約批准のありようについて、②については次項で考察しよう。

外務省は、批准の準備過程における枢密院での審議で、連盟が「余りに一国の内政問題に干渉し過ぎる」との批判が生じることを予想し、一九二五年一月、「本条約の予想する犯罪の処罰は単に渉外関係を有する場合に限り国内のみの犯罪に付ては其の国の立法に一任し法律上何等本条約の拘束を受けざるもの」と理解してよいかどうかということを連盟帝国事務局長に問い質した(32)。つまり、二節で述べた三枝茂智起草の条約解釈が妥当かどうかを確認しようとしたのである。

この質問に対して、国際連盟帝国事務局長松田道一は、「従来仏国側の如きは諮問委員会に於て一九一〇年条約は国内事項を規律せずとの解釈を固執し来れるも決定的意見存する次第にあらざる」と回答し、委員会内において意見が統一されていないことを明らかにした。そして、連盟事務局法律部長に、国際的売買のみを条約の対象とするとの解釈の是非を確認する次の問い合わせを行っている。

〔同条約が―引用者〕単に国際的売買のみを取締るは一九〇二年巴里会議召集の由来竝同会議議事録（殊に起草委員会報告書及最終議定書（d）項）に徴し明かなりと認む、従て我が国条約に加入する場合其の適用は単に国際的売買にのみ限らる可し、我国内法が国内に於ける売買の取締上本条約の要求に合するも右為念確認を請う。(33)

すなわち、一連の国際協定・条約が国際的な「婦女売買」のみを対象とするとの解釈の根拠として、一九〇二年の国際会議における起草委員会報告書があげられている。この起草委員会報告書の日本語訳は以下のとおりである。

国際的問題に対しては吾人は各国政府に対し少くとも或種の手段に依り約束を為さむことを提議するを得たり国内的問題に関しては吾人は多少厳格なる勧告の下に自ら制限を付することとせり

誘拐の事実は一国の一地方を目的とすることあり得べし斯くの如き場合に於ては右犯罪は被害者の国籍の如何を問はず純然たる国内的性質を有するものたり国際的約定は斯くの如き場合に関すべきものに非らずして右は容易に了解せらるべき所なり(34)

日本の外務省の以上のような問い合わせに対し、国際連盟の法律部長は、フランスとイギリスで見解に相違があるため「解釈上の責任を回避せんとてか」回答を渋ったが、再三の問い合わせの末、ついに右の解釈を認めた。(35)また松田国際連盟帝国事務局長は、フランス外務省にもその条約解釈について問い合わせ、二五年四月には同外務省からも、一九一〇年条約が国際的犯罪にのみ適用されるものと解釈しているとの回答を得たのである。(36)同じ頃、フランスが条約を批准するとの声明を発表し、日本代表は「仏国の批准声明に依り委員会参加国中未批准国は単り我れのみとなる

〔中略―引用者〕此上何時迄も御批准の運びに至らざる時は意外の結果を招くべきものと御承知を請う」と、日本の外務省・内務省の危機感をあおった。[37] 条約の批准を急いだ日本の外務省は、以上のようにして、条約の対象が国際的「婦女売買」に限定されるとの解釈の余地を確認し、現行刑法改正・公娼制度廃止問題の解決を待たずに、きわめて形式的に条約を批准する道を選択したのである。

しかし、各国によって条約の解釈が異なることを理解していた外務省は、条約が国内の「婦女売買」にも適用されるという解釈が将来支配的になる可能性のあることを予測していた。それゆえ、その場合にも日本の公娼制度が条約に抵触しなくてすむよう、条約における未成年の年齢二一歳未満を一八歳未満に引き下げる権利を留保する方針を固め、後述する枢密院の審査に臨んだのであった。

このような批准準備の過程で、条約問題への日本の対応に関する国内外からの批判はさらに強まってゆく。一九二五年五月の第四回婦人児童売買問題諮問委員会では、各民間団体の代表者が「我国民間有志団体との通信に依り本邦の事情にも通じ機会ある毎に我に不利なる誇張的言辞を弄せん」としていること、ヨーロッパを訪れた賀川豊彦が、アメリカのスノー博士、ジョンソン博士、イギリスのベーカー女史等に会って、日本の公娼制度を以下のように批判したことが日本代表によって外務省に伝えられた。

〔公娼は―引用者〕人身売買なること、衛生上も私娼に比し不可なること、遊廓の存在する処必ず私娼の巣窟を生ずること、公娼の存置は莫大なる租税収入を維持し度き当局の希望と女郎屋の主人が選挙等政治上に多大の努力を有するとに因ること、芸者は純然たる淫売婦にして御酌は小児売買なること、日本諸団体年来の努力の如何に大なりしこと、『スノー』『ジョンソン』両博士の率いる米国実地調査委員の来訪は政府官僚を除き日本に於ける健全なる輿論の一致歓迎する所なること等。[38]

また同年六月に、日本が条約で規定された年令二一歳を一八歳に引き下げ、かつ朝鮮・台湾・関東租借地・樺太・南洋群島委任統治地域を除外して批准することを宣言すると、廓清会・日本キリスト教婦人矯風会は、そのような批准の仕方を「人道」に反し「国家の体面を汚損する」として、条約への無条件加入を主張し、批准問題の審査が行われる枢密院に対して働きかけた(39)。

国内外からのこうした批判は、枢密院での批准に関する審査にも大きく影響を与えてゆき、枢密院は留保を早期に撤廃することを主張した。しかし、国内外の日本政府批判が国際条約への無条件加入と同時に、条約と矛盾する公娼制度の廃止をも要求したにもかかわらず、枢密院の審査では、条約と公娼制度との矛盾、公娼制度の廃止などは一切問題とされていない。「其の情状同一ならざるが故に両者〔国際的行為と国内的行為―引用者〕其の処罰規定を異にするは毫も不可なく」、また、将来条約が国内の公娼制度に適用されるかもしれないという外務省の憂慮に対してもそうした問題は「将来条約改正の際に於ける問題に属」するので、留保を付す必要はないとするのが枢密院の意向であった。しかも「本条約には広く婦人児童とありて専ら娼妓を以て犯罪の目的物と為す場合にのみ其の適用あるものと解すべきに非ざる」ので、公娼制度によって批准方法を左右される必要はないというのである。そして、欧米各国の重視している「本件の如き人道に関する重要事項に付き明確なる理拠なくして該留保を付するは帝国の体面に顧みて本官等の遺憾に堪へざる所」であるとし、留保を付すにしろ、できるだけ早くそれを撤廃することを主張した(40)。

こうして一九二五年一〇月に、ようやく日本は年齢問題、朝鮮・台湾・関東租借地・樺太・南洋委任統治領への条約の適用を留保して条約を批准するに至り、さらに一九二七年二月には、枢密院の方針に基づき、年齢に関する留保を撤廃した。しかし、批准したとはいえ、以上にみてきたように、批准にあたってはフランス式条約解釈が採用され、現行法令・公娼制度と条約との間の矛盾の解決は回避された。枢密院にいたっては、条約と公娼制度との間の矛盾に関する理解も不十分であり、早期批准によって欧米と足並をそろえ、「帝国の体面」を維持することのみを重視したのである。

2 公娼廃止・婦人児童売買実地調査問題

日本への「婦女売買」実地調査を阻止することにより、日本の公娼制度の実態が白日の下にさらされることを妨げるという、日本のとった第二の方針は次のようなものであった。諮問委員会内での公娼制度批判の高まりを背景に、同委員会は一九二四年から新たに婦女売買実地調査委員会（以下、調査委員会と省略）を開設し、各国の「婦女売買」の実状調査に乗り出したが、日本は以下にみるように、アジアにおける欧米植民地での売春の「醜態」を指摘することで、欧米諸国のアジア調査への意欲をそぐことをねらったのである。

一九二四年一〇月の第二回調査委員会では、南北米に関する「婦女売買」の調査結果が報告されたが、日本代表はこの調査報告に関し、どの国も自国の売春の実状が明らかになることで、自国の「体面」に傷がつくことばかりを憂慮し、本腰をいれた調査を行っていないと判断した。たとえば、アメリカのスノー博士の態度については、「自国に関係ある問題なれば批評頗る微温的にして委員会を満足せしむるを得ず」、また、「各国政府孰れも自国の体面を命とするの余り誠意を以て本問題の解決を計らず」と観察している。各国代表のこうした態度に対して、「一国の名誉と社会救済と孰れを重要視するかに依り本件国際的協調の効果決定す」と批判する者があったほどであると、日本代表は伝えている。(41)

欧米各国の代表が「婦女売買」の詳細な実状調査よりも、自国の「体面」維持の方を重視していると判断した杉村日本代表は、アジアの欧米植民地において、公娼廃止後も存続する「欧米人不道徳の事実を素破抜」いて、アジア調査を断念させ、ひいては日本の公娼制度に対する批判をそらすことを企図した(42)。そして、アジアを中心とする各地駐在領事に「(イ)売笑婦(国籍別)の数(ロ)売笑婦制度及実際の概要(ハ)外国人売笑婦輸入の経路(ニ)之が周旋人の国籍、素性其の他苟くも我れに有利なる材料(43)」を調査させることを外務省に要請したのである。その結果、各地総領事から寄せられた「婦女売買」に関する実情調査報告は四二通にも及んだ。

日本代表はこれらの報告書を、翌一九二五年七月の第三回実地調査委員会に提出すると同時に、「地理上、言語上、宗教上、風俗慣習上、風土上」欧米と異なるアジアの調査の困難さを強調し、その阻止・延期を謀ったのである。この報告書は、南北米・欧州の実地調査が「貧弱なる口頭報告を為したるのみにて明確なる根拠ある事実を十分把し得ざる」のと比較し、「統計に基き其後法令を引照し綿密公平」であると評価され、「委員会をして感嘆措く能はざらしむるものあり」とされた。そして日本代表が予測したように、以後、英仏二国はアジア調査延期の方向へ動いたのである。こうして、アジアにおける「婦女売買」の実状調査に関する議論は第四回調査委員会まで、日本への実際の調査は一九三〇年まで延期されるに至った。

英仏両国がアジア調査延期の方向へ動いたことを、日本代表は次のように認識していた。まずフランスについては、かつて自国の占領地へ公娼制度を導入したことが諮問委員会において批判された際、日本がフランスの味方をした関係から、日本に味方してアジア調査に反対しているとみなした。またイギリスについては、「阿片会議の苦々しき経験もあれば極東方面に於ける英国植民地の醜状を米国人に素破抜かるるを虞れて内心我〔日本―引用者〕に」賛同しているとみなした。アジア調査に関する以上のような経緯を、日本代表は「我方の立場必ずしも悪しからず」と認識し、アジア調査が断念された場合には「英仏側に利用せられ我独り其責任を負はざる様努む」ること、調査実行の場合には「我方としては表面上なりとも好意的態度を示し之〔調査―引用者〕が善用を期するを可とすべ」きことをめ

ざしたのである。(44)

以上からわかるように日本代表は、当面は公娼制度を維持しなければならない関係上、日本を含むアジアへの実地調査の延期をはかり、日本の公娼制度が諸外国の調査団の目にさらされ、批判が集中するのを避けることにのみ腐心したのである。

おわりに

婦人および児童売買禁止問題に対する、日本代表や外務省のとった対応をまとめると以下のようになろう。

条約に調印した一九二一年の時点で、外務省が娼妓稼業を「婦女売買」と認識し、条約の調印の仕方によっては日本の「体面」に著しく傷がつくため、現行法令の将来における改正を約束することを主張したのに対し、内務省は、現行法令の改正を約束することを拒否したのであった。一九二二年以降、条約批准問題に直面し、外務省の条約に対する認識はさらに深まる。未成年の女性を売春に勧誘する行為自体が罪であるという理念が日本の刑法には存在せず、条約が処罰の対象とするすべての行為を、日本の刑法が処罰しえないことを明らかにしたのである。したがって、条約を厳密に考察した場合、その批准にあたっては、刑法をはじめとする現行法令の改正が必要となることが明らかになったが、条約批准に際して国内の法令を改正するということは、とうてい他省から合意を得ることのできる問題ではなく、批准は遅れ、膠着状態に陥ったのである。

ところが、以下の事情を契機として、一九二四年春以降、諮問委員会内や日本国内での、日本の公娼制度に対する批判がきわめて激しくなり、日本代表・外務省そしてとくに内務省の条約批准や公娼制度廃止問題に関する認識は大きく変化せざるをえなくなるのである。その契機とは、①関東大震災を契機として、日本国内で廃娼運動が高揚し、日本の公娼制度の「人身売買」的側面が廃娼運動団体等によって国内外、そして諮問委員会参加諸国・団体に知れわたったこと、②同時に、諮問委員会内での日本代表による公娼制度の弁明、条約の批准の遅れ等が新聞によって報道され、日本国内での日本代表批判がきわめて強くなったことである。こうして外務省は、一九二四年秋以降、条約批准を具体化しはじめるのであり、外務省のみならず、内務省警保局も、将来日本の公娼制度が国際的に問題となり、その抜本的改革が必至となると認識するようになったのである。

条約批准問題や公娼廃止問題に対する、外務省や内務省の以上のような対応や認識の変化にもかかわらず、日本が当面公娼制度を維持してゆかなければならない関係上、これらの問題に関してその後外務省や日本代表がとった基本方針は、まず第一に現行法令の改正の義務が生じなくてすむような条約解釈に基づく条約批准であり、現行法令と条約との間の矛盾の解決の回避であった。第二の方針は、婦女売買実地調査委員会の日本への調査を延期することによって、日本の公娼制度の実態への注目や批判の集中を回避することであった。同問題に関する国際的な状況についての外務省および日本代表の次のような認識が、こうした日本の対応を助長したのだといえよう。①日本以上に自国刑法と条約に差があるにもかかわらず、条約を批准している国が多い、②公娼国フランスが、自国の公娼制度改革・廃止を余儀なくされるのを避けるために、条約の対象を国際的な「婦女売買」に限るとの解釈をとっており、日本もこの解釈にのっとれば、現行法令を改正せずに批准できる、③公娼制度批判の急先鋒であるイギリスが、自国のアジア植民地での売淫の醜状を各国に知られることを恐れ、アジア調査に消極的となっている、などの認識である。

以上からわかるように、この時期の国内外の公娼制度批判は、国際条約の批准、公娼制度に対する外務省や内務省の認識の転換を促したものの、条約の批准は形骸化し、公娼制度と条約との間の矛盾の解決は回避されたのであった。

しかし、日本政府によるこうした矛盾の隠蔽にもかかわらず、日本の公娼制度に対する欧米諸国からの強い批判が、日本の廃娼運動の論理に正当性や「大義名分」を付与したということを最後に指摘しておきたい。廃娼運動団体は、人道的見地からの公娼制度廃止が国際的な趨勢であることをことさらに強調するようになり、政府も廃娼運動を容易には無視できなくなるのである。一例をあげてみよう。

たとえば、ロンドンに本部を置き、各国の支部と連携していた運動団体、婦人児童売買禁遏国際事務局書記のセムプキンスによって、一九二四年四月、日本にも支部を設立すべきであると申し入れられた杉村日本代表は、日本国際連盟協会会長渋沢栄一に対し、日本国内での「婦女児童売買禁遏国民委員会」の設立を次のように要請した。「人道及社会上の見地より」、また「本邦実情を他に紹介し」日本の公娼制度に対する欧米人の疑惑を解くためにも、「此種国際的運動に協力するの望ましきは勿論」であるので、「此の際貴協会が中心となり本邦に於て直接間接本問題の為めに活動する私的団体を糾合し国民委員会を設立し此の世界的運動に参加すること」を促したのである。(45) もはや日本代表は、国際的な「婦女売買」反対運動の申し出を無視しえず、それどころか日本の廃娼運動との媒介にならざるをえなくなったといえよう。

註

(1) 今井けい『イギリス女性運動史』日本経済評論社、一九九二年、三六頁。同書は、バトラーらの社会浄化運動が、一面で「一九世紀初頭の『悪徳抑制協会』のように社会に抑圧的雰囲気をつくりだした」ことをも指摘する(四一頁)。

(2) アラン・コルバン『娼婦』藤原書店、一九九一年、三九七〜四〇八頁。

(3) 伊藤秀吉『日本廃娼運動史』廃娼連盟、一九三一年、復刻版、不二出版、一九八二年、三六一頁。

(4) 安田浩・林宥一「社会運動の諸相」歴史学研究会・日本史研究会編『講座日本歴史9　近代3』東京大学出版会、一九八五年、林宥一「日本農民組合成立史論Ⅰ」『金沢大学経済学部論集』五―一、一九八四年などを参照のこと。

(5) 本章で使用する史料は、とくにことわらないかぎり、外務省外交史料館所蔵『国際連盟婦人児童売買問題』一～七巻、一九二〇年～一九二六年の各巻からの引用である。
(6) 内務省警保局「婦人及児童売買に関する国際条約関係書類」一九二四年一〇月～一二月、四巻。
(7) 埴原正直外務次官→小橋一太内務次官、一九二〇年九月九日、一巻。
(8) 小橋内務次官→埴原外務次官、一九二〇年一一月一一日、一巻。
(9) 小橋内務次官→埴原外務次官、一九二一年五月三〇日、一巻。
(10) 小橋内務次官→埴原外務次官、一九二一年八月三〇日、一巻。
(11) 連盟総会全権→内田康哉外務大臣、一九二一年九月二一日、一巻。
(12) 埴原外務省臨時平和条約事務局長→司法次官、一九二一年九月二七日、埴原事務局長→内務次官、一九二一年九月二九日、一巻。
(13) 小橋内務次官→埴原事務局長、一九二一年九月二八日、一巻。
(14) 松井慶四郎外務大臣→国際連盟帝国事務局次長杉村陽太郎、一九二四年三月三日、三巻。
(15) 外務省条約局長山川端夫→国際連盟帝国事務局長奥山清治、一九二三年七月二日、二巻。
(16) 「焼失遊廓再興不許可に関する建議案」『婦人新報』三一四号、一九二四年二月。
(17) 『第四七回帝国議会衆議院議事速記録』一九二三年一二月一三日、二〇二頁。
(18) 国際連盟帝国事務局次長杉村→弊原喜重郎外務大臣、一九二四年一〇月一一日、四巻。
(19) 「婦人児童売買問題諮問委員会第三回会議経過報告書」一九二四年四月七～一一日、三巻。
(20) 国際連盟帝国事務局次長杉村→松井外務大臣、一九二四年四月一四日、三巻。
(21) 国際連盟帝国事務局次長杉村→松井外務大臣、一九二四年四月一六日、三巻。
(22) 三巻等参照。
(23) 国際連盟帝国事務局次長杉村→松井外務大臣、一九二四年四月一六日、三巻。
(24) 国際連盟帝国事務局事務官三枝茂智「婦人児童売買禁止に関する三条約の批准に関する件」、杉村→松井外務大臣、一九二四年五月八日、三巻。

(25)『国民新聞』一九二四年八月三日。
(26)安部磯雄「芸娼妓と国際条約」『廓清』一四―九、一九二四年九月。
(27)内務省「震災当時吉原洲崎両遊廓娼妓避難の際に於ける貸座敷営業者の措置非難に対する事実の真相及死亡娼妓に対する追悼、慰藉」一九二四年一〇月二〇日、四巻。
(28)湯浅倉平内務次官→松平恒雄外務省臨時平和条約事務局長、一九二四年七月三一日、三巻。
(29)群馬県では廃娼運動の結果、一八九三年に公娼制度が廃止され、以後、私娼に対する管理が行われた。本章の対象とする時期には、同県は日本で唯一の廃娼県であった。同県における廃娼運動と公娼制度廃止決議については、拙稿「帝国議会開設期の廃娼運動―群馬県を中心として―」『歴史学研究』六三七号、一九九二年一〇月を参照されたい。
(30)杉村連盟帝国事務局長→弊原外務大臣、一九二四年一〇月一一日、四巻。
(31)前掲「婦人及児童売買に関する国際条約関係書類」。
(32)弊原外務大臣→国際連盟帝国事務局長松田道一、一九二五年一月一〇日、五巻。
(33)代表(国際連盟帝国事務局長松田)→弊原外務大臣、一九二五年二月二六日、五巻。
(34)「白奴売買禁止に関する一九一〇年条約の第一条及第二条の適用に関する解釈」一九二五年五月一八日、五巻。
(35)代表(国際連盟帝国事務局長松田)→弊原外務大臣、一九二五年二月二七日、五巻。
(36)国際連盟帝国事務局長松田→弊原外務大臣、一九二五年四月二四日、五巻。
(37)国際連盟帝国事務局長松田→弊原外務大臣、一九二五年五月二九日、五巻。
(38)「第四回婦人児童売買問題諮問委員会に関する報告」一九二五年五月二〇～二七日、六巻。
(39)伊藤・前掲『日本廃娼運動史』三三六頁。
(40)「婦人及児童の売買禁止に関する国際条約御批准の件外一件審査報告」一九二五年九月一一日、六巻。
(41)「婦人児童売買状況実地調査専門委員会第二回会議経過報告書」一九二四年一〇月三～七日、四巻。
(42)国際連盟帝国事務局次長杉村→弊原外務大臣、一九二四年一〇月一〇日、四巻。
(43)国際連盟帝国事務局次長杉村→弊原外務大臣、一九二四年一〇月一一日、四巻。
(44)「婦人児童売買状況実地調査専門委員会第三回経過報告書」一九二五年七月二七～三〇日、六巻。

(45)　杉村日本代表→渋沢栄一日本国際連盟協会会長、一九二六年四月三一日、七巻。

第三章　「国際的婦女売買」論争（一九三一年）の衝撃
――日本政府の公娼制度擁護論破綻の国際的契機――

はじめに

本章の課題は、一九三一年に来日した国際連盟東洋婦女売買調査団への日本政府（中国諸都市の日本の領事・関東庁・朝鮮総督府・内務省）の対応を考察し、公娼制度擁護のために日本政府のつくりあげた論理が、調査団との質疑応答のなかで破綻してゆく経緯を明らかにすることである。

前章でみたように、日本政府は国際連盟の東洋調査を延期させるために策を弄したが、一九三〇年になるとついに東洋婦女売買調査団が組織され、同調査団は日本と日本の植民地・勢力圏都市にも訪れた。そして、調査後の一九三三年に公表された「国際連盟東洋婦人児童調査委員会報告書」は、東洋全域の国際的婦女売買の調査結果について述べるなかで、日本の関係する国際的婦女売買を取り締まるためには、公娼制度の廃止およびそのための官民合同の対策協議会の設立が必要であると提言した。(1)この提言を受けて日本の内務省は同年、廃娼運動団体などとの官民合同対策協議会を設立するのであり、そして翌一九三四年に内務省が公娼制度廃止方針を表明するに至る。

このようにみてくると、内務省の公娼制度廃止方針の表明に大きく影響をあたえた調査報告書の前提として、調査過程で日本の婦女売買や公娼制度が調査団にどのように問題化されたか、日本政府はどのように公娼制度を擁護しようとしながら失敗したのかを分析することがまず重要となろう。

前章で明らかにしたように、国内の公娼制度と国際条約の間に大きな矛盾を抱えながらも、「一等国」としての立場を維持する必要のあった日本政府は国際条約を批准せざるをえず、様々な策を弄して一九二〇年代の間はなんとか条約の理念と公娼制度との間の矛盾を隠蔽し続けた。一九三一年の調査団の来日に際しても、日本は日本人の国際的婦女売買はほぼ皆無であり日本の公娼制度は婦女売買を促進していないとの立場を貫き、矛盾の隠蔽をはかる。しかし日本人女性の国際的婦女売買はほぼ皆無であると論証するための日本側の論理が、中国諸都市での日本人の売春の実態を目のあたりにした調査団の追及の前につき崩されていき、ひいては国内の公娼制度の存在そのものが日本人女性の国際的売買を助長しているということを、すでに調査の段階で内務省自らが事実上認めさせられてゆくのであった。本章は、こうした経緯を明らかにする。

ところで、国際連盟東洋婦女売買調査団への日本の対応については、これまで本格的な研究がほとんど行われてこなかった。また、国際連盟婦人児童売買問題諮問委員会の活動をはじめとする、欧米の婦女売買反対運動そのものについては、公娼廃止（風俗警察による梅毒検査の廃止）というより、未成年の処女の保護、彼女等の行動への監視、夫婦関係以外の性的関係の取締りを目的とした運動であり、それゆえむしろ女性解放を阻むものであったという評価が与えられがちである。(2) しかし本章は、たとえ欧米の婦女売買反対運動にそのような評価が与えられるとしても、同運動が日本の売春状況にあたえたインパクトは別個に論じられるべきであると考える。

一　東洋婦女売買調査団来日の前提

1　一九三〇年前後の婦人児童売買問題諮問委員会と日本の対応

国際連盟の婦人児童売買問題諮問委員会における一九二〇年代の課題は、まず第一に、婦女売買禁止のための国際条約への各国の加入問題であった。主として、①売春へ未成年（二一歳未満）の女性を勧誘する行為の禁止、②強制や詐欺によって成年女性を売春に勧誘することの禁止を取り決めた条約である。この条約加入問題に加え、条約で禁止されている行為についての各国の取締り方法のとりまとめ、公娼制度下で外国人女性に登録を許可することの禁止、ひいては公娼廃止問題等についての議論が行われていたが、これらの議論の根底には、公娼制度が婦女売買を促進しているとの見解が存在していたのである。さらには、婦女売買調査団が組織され、二〇年代のうちにヨーロッパ・アメリカ大陸における婦女売買実態調査がすでに行われている(3)。

一九三〇年前後の時期になると、連盟委員会内では、公娼制度、すなわち売春の公認・合法化が婦女売買を促進しているため、公娼制度を廃止すべきであるとの見解がほぼコンセンサスを得るようになった。また、いわゆるヒモなど、他人の売春からあがる利益によって生活する者の処罰、婦女売買禁止の国際条約における禁止事項に関して成年女性と未成年女性の間につけられている区別の撤廃が議論の俎上にのぼっている。つまり国際条約では、未成年女性を売春へ勧誘することについては詐欺や強制的手段をともなわなくても処罰の対象としたにもかかわらず、成年女性については詐欺や強制・暴力をともなう場合にのみ処罰の対象にしているのに対して、成年女性を詐欺・強制をともなわずに売春へ勧誘する行為をも処罰すべきであるという意見が増大していたのであった。この議論は、一九三三年の成年婦女売買禁止条約（Convention for the Suppression of Traffic in Women of Full Age）へと結実してゆく。女性の年齢にかかわらず、売春へ勧誘する行為そのものを婦女売買として禁じ、他人の売春からあがる利益で生活する者を処罰することは、売春業者や売春の周旋を許可している公娼制度と連盟の理念との間の決定的な落差を意味した。公娼制度を維持している国の反対のため、国際条約における年齢上の区別の撤廃は未だ実現しなかったものの、国際連盟の理念と公娼制度との落差が日本での調査においても顕在化してゆくのである。(4)

東洋調査は、婦女売買禁止に関する以上の趨勢のなかで計画された。調査団のメンバーはバスコム・ジョンソン（Bascom Johnson、アメリカ社会衛生協会主任）調査団団長をはじめ、カロル・ピンドール（Karol Pindor、ポーランド外交官、中国勤務、一九二二年から二八年までハルビン駐在）、アルマ・ズンドキスト（Alma Sundquist、スウェーデン人医師、性病・皮膚病・婦人病関係医師、廃娼運動・婦人参政権協会に参加）の三人であり、ほぼ公娼廃止論者によってしめられたのである。(5)

しかし、連盟内で公娼廃止の妥当性が表面上ほぼコンセンサスを得ていたとはいえ、公娼制度を維持している国としていない国の確執や、廃娼後の自国の売春の実態を隠蔽しようとする各国の姿勢が完全に解消されたわけではなかった。一九二〇年代後半になっても、フランスは公娼制度廃止後に望ましい売春対策がないという理由で、自国の公娼制度を擁護していたし、公娼を廃止したイギリスも、廃娼後もなくならない自国の植民地の売春の実態を明らかにされるのを恐れていたため、調査に消極的であったことがうかがわれるのである。(6)

以上の事情のためか、「右売買〔国際売買―引用者〕に影響を及ぼすべき国内事情を調査するを妨げ」るものではないが、調査の対象は「原則として国際売買に限」られた。そして、国内事情を調査する際には、「関係国官庁と協議の上之をなすべきことに委員会の意見一致を見た」のである。さらには、婦女売買に直接関係している売春業者やヒモの発言は信頼するに値しないので、インタビューの対象は「立派な人物」に限定すべきであり、関係官庁における調査を中心に行うべきであるとされた[7]。要するに、公娼廃止の正当性についてはコンセンサスが形成されていたものの、欧米各国も自国の公娼制度維持のため、もしくはヒモや売春業者へのインタビューを通じて自国の売春の実態が赤裸々に明らかになることを恐れたため、調査方法に最初から限定を付していたのもまた事実だったのである。

以上のような同委員会に対する日本政府の対応は、当初から困難に満ちたものであった。いうまでもなく、日本の公娼制度が国際条約の理念と矛盾していたからである。杉村陽太郎国際連盟日本代表のみるところによれば、国際連盟における婦女売買禁止の理念からすると、「其稼業〔娼妓─引用者〕をなさしむる行為は所謂traffic に包含せらるるものと解するの外なかるべき」というのであった。杉村は、「売笑婦に依り衣食するの徒を一掃すること」、少なくとも奴隷のごとき未成年婦女を救済することが、連盟内の婦女売買禁止の理念であるととらえており、公娼制度がこの理念と根底から矛盾するとしたのである。しかし、日本代表・外務省の主張にもかかわらず、内務省は公娼廃止どころか、その将来における廃止を約束することをも拒否し、当初は条約批准にすら消極的であった。関東大震災後に日本の公娼制度に対する内外の批判が高まると、公娼制度維持の困難性を予測するようになったものの、一九二〇年代には公娼廃止を約束するまでにはいたらなかったのである。

したがって、公娼廃止が望ましいとの個人的見解を有していながらも、日本代表は公式的には内務省に追随した以下のような見解を連盟において表明せざるをえなかった。すなわち、芸者は芸人であり売春を行わない、貸座敷と娼妓の間に雇用関係はなく単に座敷を貸し借りする関係にすぎない、人身売買は法律上禁止されており、内務省は娼妓の人権保護に努めている、それゆえ公娼制度は婦女売買を助長していないということである[8]。そして条約は批准したものの、公娼制度を維持するため、年齢・植民地について留保をつけ、しかも条約は国際的売買にのみ適用されるとのフランス式解釈を採用したのである。さらには、調査団が日本に来ることで、連盟委員会での理念と日本の公娼制度との落差が公にされるのをおそれ、できるだけ東洋調査を延期するよう画策したのであった(9)。

要するに、一九二〇年代には、日本の公娼制度と連盟の婦人児童売買問題諮問委員会との間にかなりの矛盾のあることがすでに認識されていたにもかかわらず、外務省は両者の間の矛盾を露呈させないために、無理をしてつじつまあわせを行っていたのである。

2　各総領事による売笑状況準備調査

連盟の委員会内での婦女保護の理念と公娼制度との矛盾を理解していながら、内務省の当面の公娼維持方針ゆえに、公娼制度の実態を隠蔽しつつ擁護するという日本の方針は、基本的に一九二〇年代後半、三〇年前後にも継続せざるをえなかった。

いよいよ東洋婦女売買調査団の来訪が決定すると、日本政府はまず、調査団が訪れるであろう東南アジア・中国諸都市の各総領事に命じて、その地域での日本人の売春とその取締りの実態を把握するための調査を行わせた。こうした調査は一九二〇年代半ばにも行われたが、再度行われたのである。それらの報告によれば、一九一〇年代に日本の外務省が、東南アジアの欧米植民地の諸都市において売春する日本女性を一斉に帰国させたため、これらの地域における日本女性の売春は一時期に比べて相当減少したことが伝えられている。東南アジアにおいて売春する日本女性の帰国方針は、イギリスが自国の植民地での公娼制度を廃止したことや、日本人居留民社会の変化によるところが大きい(10)。

けれども、売春する日本人女性の一斉帰国は、欧米植民地である地域に限定されており、中国の諸都市においては、未だに多数の日本人・朝鮮人女性が売春していたことを各総領事が伝えている。日本の取締りの下で売春していた日本人・朝鮮人女性の人数について数例をあげれば、安東に日本人一八八人、朝鮮人三二人、済南に日本人六〇人、朝鮮人五人、長春に日本人二七七人、朝鮮人三五人、青島に日本人四三四人、朝鮮人一〇六人、漢口に日本人六二人、朝鮮人三七人、奉天・撫順・本渓湖に日本人五〇〇人、朝鮮人二二〇人などであった。

外務省は、これら在外日本公館に対して、主として①日本人売春婦の取締り制度、②抱え主との関係、③日本人売春婦輸入の経路等に関する報告を求めた。これらの点に関して、各在外公館に共通する報告は次のとおりであった。まず①については、売春を黙認し、梅毒検査等の管理を行いつつも、娼妓としてでなく、芸妓・酌婦として女性を登録していることを、ほぼすべての在外公館が報告している。②については、ほぼすべての在外公館が、抱え主と女性との間に前借金が存在すると伝えているが、廃業には前借金の返済が必要であると伝えているところもあれば、法律上売春稼業と前借金返済とは別物であると伝えているところもあった。そして③については、多くの場合、楼主が直接内地や朝鮮もしくは他の「満州」の都市におもむいて、そこでの周旋業者や楼主より女性を雇い入れると伝えている。たとえば奉天の領事は、当地の料理店・置屋営業者は「自ら内地に帰還し内地周旋業者と連絡して抱入契約を締結し当地に同伴する者と当地以外なる満朝各地の稼業者等が地方周旋業の紹介により当地に住替来るものとの二種あり」「朝鮮人売笑婦に在りては抱主自ら鮮内地方に於て抱入契約を為す」と伝えたが、「何れも合意の契約に基くものにして誘拐其他不法行為に因るもの少し」と強調した。(11)

以上の報告書からは、中国の諸都市では芸妓として登録している日本人女性が売春を許可されていること、事実上前借金返済まで稼業を続けなければならないこと、内地や朝鮮から女性たちが連れられてくることが明らかである。

これらの事実は、調査団に国際的婦女売買とみなされてゆくことになるのだが、国際的婦女売買が存在しないことにしたい日本政府は逆に、これらの事実が国際的婦女売買と認定されないための論理づくりに腐心してゆくことになるのである。

3　東洋における婦人児童売買実地調査委員会への日本政府の回答

調査は、まず調査委員会の作成した婦女売買取締りに関する質問集に対して、関係国の担当官庁に回答させることから始まった。そして、この回答書に基づく担当官庁との会議を中心に調査がすすめられていったのである。日本は関東庁・朝鮮総督府・台湾総督府・内務省に関して回答書を作成しているので、ここではまず、この質問集の内容を検討し、ついで日本側の回答集の内容を考察することで一九三一年時点の日本政府の公式見解の論理を明らかにしてみよう。

質問集は「一般質問」と「細目質問」とに分けられている。一般質問は、「貴国に向け又は貴国より或は貴国を通過して行はるる不道徳的目的殊に売淫の為の婦人児童売買の存否及範囲」や、そうした婦人児童売買に関する情報、法律の有無を尋ねるものであった。また、二〇項目以上にのぼる細目質問は、「A．行政上及立法上の質問」と「B．社会上及経済上の状態に関する質問」に分けられていた。前者は、①売買者の表面上の職業、売買の手段、売買の経路、②婦女売買事件の具体例、③職業紹介所と国際的婦女売買との関係、④国際的婦女売買と公娼制度との関係、⑤移民する女性の保護、⑥養子制度の悪用による児童の搾取、児童保護、⑦婦女売買防止のための民間団体との協力、などに関する質問であった。そして後者は、①婦女売買に関する世論の盛り上げに関する民間団体の尽力、②単独で旅行する女性の保護、③売春する女性が借財のために利用されていないかどうか、などを問うものであった。(12)

この質問集に回答した朝鮮総督府・台湾総督府・関東庁、そして内務省のすべての官庁の回答に共通する点は、まず第一に、日本人の国際的婦女売買は、存在しないか、存在したとしてもごくわずかであるとしている点である。そして第二に、前借金の貸借契約と、芸娼妓酌婦稼業とは別であり、前借金の返済が終わらなくても、稼業をやめることが可能なので、売春する女性たちが意志に反して身体を拘束され、売春を強要されるようなことはないと回答している点であった。たとえば朝鮮総督府は「芸娼妓酌婦稼業契約と借財とは全然別個の問題」であるとし、「芸妓、娼妓、酌婦等は自己の自由意思《ママ》に依り其の契約を解除して任意に稼業を廃することを得べきが故に芸妓、娼妓、酌婦等は所謂前借金を有するの故を以て其の身体の自由を拘束せらるるが如きことなし」とした。[13]また、内務省も、「債権を確保するが為に身体の自由を拘束するが如き契約」は民法第九〇条によって無効とされていること、したがって、「所謂前借金を有するが故に其の稼業に従事することを強制せらるること」はないと回答したのであった。[14]以下ではこの他の点について、それぞれの回答書にそくして詳しくみてゆこう。

(1) 一般質問に対する朝鮮総督府の回答は、「貴国に向け又は貴国より或は貴国を通過して行はるる不道徳的目的殊に売淫の為の婦人児童売買の存否」について、「該当事項なし」とするものであった。したがって、国際的売買の防止のための対策も、「停車場及港其の他出入多き場所に於ては常に警察官を配置し之が監視に努め不法又は不当なる行為の行はれざる様留意」する程度であるとされた。さらに、前述したように、前借金未返済であっても自由廃業が可能なことを強調している。[15]

(2) 関東庁も「関東庁管内（南満州鉄道付属地を含む以下同し）に於ては邦人間には不道徳的目的殊に婦人児童売買の事実殆どなし」と、日本人の国際的婦女売買の存在を否定した。けれども中国人の間では、「中華民国（関東庁管内を除く以下同し）より管内に向け又は管内より中華民国に向け或は管内を通過して行はるる不道徳的目的殊に売淫を目的とする婦人児童の売買を為し官憲の注意に上れるもの多少あり」としたのである。つまり、関東庁における国際的婦女売買は、基本的に中国人間の問題としたのであった。

そして、中国人の国際的婦女売買が多発している背景として、関東庁は以下の点を指摘している。第一に、「中華民国には未だ児童売買の陋習ある」ためとした。第二に、「山東方面よりの出稼苦力は其の大部分が独身にして民度低く収入僅少なる為め之等が安価に性の欲求を充さんとすることが中華民国醜業婦存在の基因をなすもの」であるとしたのである。

さらに、こうした中国人の国際的婦女売買を取り締まることの難しさについて関東庁は次のように指摘した。「中華民国に原籍を有し管内に送入せらるるものは既に幾多の仲介者を経て送入せらるる」ので「身元調査容易ならず」、「此の種犯罪の検挙は困難の事情」にあるというのであった。したがって、婦女売買の直接的取締り方法としては、「単に停車場又は港に於て調査するの外」ないとした。間接的な取締り方法としては、「婦女子の単独旅行に対して」、「汽車中は警乗警察官に於て汽船は汽船会社員をして適当の保護を加へ」、「其の動機が将来芸娼妓たらしむるが如き不道徳的目的にある」養子制度については、厳重にこれを取り締まっていると主張したのである。

以上の中国人婦女売買の実情を、関東庁は中華民国との間の「特殊事情」とし、この「特殊事情」を、「公娼制度を直に廃止するの実行不可能」の理由とした。すなわち、中国人の婦女売買があまりに顕著ななかでは、売春の公認管理制度が不可欠であり、「当面の措置としては公娼に対しては其の出願に当り身元調査を厳にし志願するに至りたる動機其の他に就て十分なる調査を為」す以外対策はないとしたのである。そして、公娼の取締りを通じて、「誘拐又は略取犯罪の発見に努め傍ら彼等〔中国人―引用者〕の自覚と相俟《ママ》ちて漸次本制度撤廃の時機の到来」を模索するとした。(16)

(3)　内務省の回答は、前二者の回答と若干異なっていた。内地において売春に従事する外国人がきわめて少数であると回答する一方で、外国における日本人女性の売春について、「中華民国方面に於て不道徳的行為に陥る危険ある業態に従事する日本婦人若干あり」と認めたのである。これらの日本女性は、神戸・長崎・門司等から乗船し、「旅券を要せざる中華民国各地に向ひ、其の一部は何等かの手段に依り同地より他の国に渡航する者もある」という。すなわち、朝鮮総督府・関東庁・台湾総督府が日本人女性の売春、ことに国際的婦女売買の事実を否定したのと異なり、内務省は、日本人女性が中国で売春をしている可能性を否定しなかったのである。

しかし「不道徳的行為に陥る危険ある業態」とするにとどまり、彼女たちのことを「売春婦」と明言したわけではなかったことに留意する必要がある。中国の諸都市の日本人居留民社会においては、売春する女性が表向きは芸妓として登録されていたことが、このような回答を可能にしたのである。また、内務省は、「之等〔中国で不道徳行為に陥る危険ある日本女性─引用者〕は何れも強制又は詐欺に因らず自己の自由意思に依り出国したる《ママ》」者であると強調することを忘れなかった。つまり、売春を行う恐れのある日本女性の渡航も、国際条約に違反した行為ではないと主張したのである。

本人の意志に反した、強制・詐欺に基づく売春は存在しないとの主張は、繰り返し行われた。たとえば、養子縁組の悪用については、「曾て芸妓置屋、貸座敷、料理店等の営業者が芸妓、娼妓、酌婦の自由を制肘するが為に虚偽の養子縁組を為すもの」があったが、現時点では「児童の質入、児童の物々交換を為すが如き弊害」はまったく存在していないとした。

内務省はこのほか、日本では関係諸法規によって婦女売買が厳重に取り締まられていること、在外日本人売春婦に対しては、従来同様、「正業に就くことを諭示し、或は帰国の方途を講せし」めていること、現行刑法典が改正の気運にあるなかで、婦女売買に関する法規の整備充実に注意を払うよう努力中であること等を述べている。また、廃娼運動団体の活動も取り上げ、「輿論の喚起に相当効果ある」とし、内務省はしばしば婦女売買取締り問題についてそれらの団体から陳情を受けていることも明らかにした。さらに、二節以降の展開を考えるときわめて重要であるが、婦女売買との関係を問われた職業紹介所の実態についても、日本の営利職業紹介所では娼妓・芸妓・酌婦等の紹介をすることが禁じられていることを強調した。そして「芸妓、娼妓、酌婦等の紹介業者は特別の規則に依り厳重なる営業取締の下に」営業しているため、職業紹介所が国際的婦女売買を助長するようなことは一切ないと主張したのであった(17)。

三つの回答書において日本政府が示した見解は、一言でいうならば、国際的婦女売買はこれらの地域ではほとんど存在せず、婦女売買取締りは現行法規のままで十分にうまくいっているというものであった。第二部第一章や本節2項でみたように、各地の総領事の調査によれば、中国諸都市には表向きは芸妓とされながらも、内地や関東州・朝鮮総督府から来て売春をしている日本人・朝鮮人女性がかなり存在していた。しかし日本政府は、彼女たちは芸妓である以上、あくまで売春を行わないとすることで、日本人の国際的婦女売買が存在しないことにしたかったのである。ただし「不道徳的行為に陥る危険ある業態」の日本女性が「若干」存在することは認めた。しかしここで留意すべきは、そのような女性の存在をかろうじて認めながらも彼女たちの渡航が強制や詐欺によるのでなく、自由意志に基づくものであるとしたことである。そして、一般に婦女売買に利用されがちな養子制度・職業紹介所・借金が、日本では婦女売買の促進要因になっていないことを強調した。要するに日本政府は、詐欺や強制なしに成人女性に売春を斡旋することは婦女売買にあたらないとの見解に立脚していたのである。したがって本人の意志にそって芸娼妓の口を斡旋するにすぎない芸娼妓周旋業も婦女売買を促進するものとはしなかった。また、前借金があっても廃業可能との法律上の規定がある以上、前借金の存在も本人の意志に反した売春の強要を意味しないとすることで、公娼制度が問題化するのを避けようとしたのであった。

けれども、成年・未成年を問わず女性への売春の斡旋を禁ずべきとの方向へすすんでいた連盟の委員会内の理念からすれば、たとえ強制・詐欺の手段をともなわず、しかも成年女性への売春の斡旋であったとしても、婦女売買として問題化される可能性があった。そして連盟内の理念に日本の国内状況を完全に適合させるためには、現存の公娼制度を廃止する以外にないことはこの時点ですでに明らかであった。

しかし日本政府は公娼廃止問題をはじめ、国際条約における年齢制限の撤廃、ヒモの処罰化が未だ最終的決定をみていない現状のなかでは、成年女性への売春の斡旋そのものを厳しく追及されることはないであろうとのやや楽観的な見通しをもっていたと思われる。しかも調査の対象が国際的売買に限定されており、さらに日本人ではなく中国人女性の売買が調査団の主たる関心事であること、調査の中心が実際の売春業者というよりも取締り関係官庁であることと等から判断して、日本代表は、この調査で日本の内地の公娼制度そのものが詳細に調査され、厳しく問われることはまずないと判断していたと思われる。これに加え、日本の各領事が行った売笑関係実態調査ほどの資料を保持している国は他になく、この問題の実態把握に関する日本政府の優越性を示すことができたこと、日本がシンガポールから邦人売春婦を帰国させたことが、『一等国』として他の東洋諸国に比し優越なる地位を占むる」理由として評価されたことなども楽観的見通しを支えていたように思われる。(18) こうした楽観的見通しは調査団の調査活動の進展のなかで大きな修正を余儀なくされるのである。

二　東洋婦女売買調査団への対応

1　中国諸都市の調査と日本の対応

（1）　売買春の実態の隠蔽

調査団は一九三〇年から東南アジア・中国南部の諸都市の調査を開始した。マニラ・広東・厦門・上海らの総領事が調査団の動静を伝えているが、これらの地域、特に東南アジアでは、前述したように日本人売春婦の数が減少しており、調査の主な対象が中国人とされていることが伝えられた(19)。ついで調査団は、芝罘《チーフー》・奉天・哈爾浜《ハルビン》・大連などの諸都市を訪れている。

調査団への在外日本公館の対応は、一言でいうならば、芸妓としての建前を前面に出し、売春の実態から調査団をできるだけ遠ざけようとするものであった。たとえば、調査団は「遊廓は夜之を視察するを慣例とし来れる」との理由で大連・京城の遊廓における夜の視察を申し出たが、日本側は、「遊廓と雖も合法的に営業を為せるものなるを以て妄に官憲に於て之が営業を妨害するが如き結果を招くが如き事は之を避き度《ママ》」として申し出を断っている(20)。

また調査団は、芝罘・哈爾浜などで日本総領事館の役人との協議を行ったが、ここでも日本側は、日本人売笑婦の問題をとるにたらないささいな問題として調査団に伝えている。たとえば、一九三一年四月二八日芝罘で日本側は、日本人売笑婦が一九二〇年代と比べると三分の二に減じたと調査団に告げている(21)。五月二六日哈爾浜では、実際には芸妓の売春行為を黙認しておきながら、調査団に対しては、芸妓の売春行為を否定している(22)。加えて、芸妓に年期制度は存在せず、借財の返済後、ただちに廃業しうると強調した。また、中国側の売春取締りの未熟さを強調することで、日本の取締りの優越性をきわだたせようとしたことがわかる。

こうした日本側の対応のなかで、調査団に随行していた人物によれば、調査団が「阿片調査の場合に比し今回は各地共十分の材料を入手し得ざりし」とこぼしていたことが伝えられた。(23)思うように資料を入手できなかった調査団は、やがて婦女売買に関する情報をもつ団体や個人との面会を希望する英文声明書を新聞に掲載することを日本側に求めた。(24)しかし、この件ですら、日本側は「面会要求者の団体名個人名は当方（日本側―引用者）に通知し其同意を経たる上当方係官列席の上之を行ふべき旨」という取り決めをあらかじめ調査団からとりつけておくといった念の入れようであった。また、「宿所星ケ浦ヤマトホテルに私服員を派し特殊婦女等の無用なる事端惹起につきての注視に備ふる」など、関東庁は調査団が婦女売買の実態と接触するのを阻止することに努めたのである。(25)

（2）国際的婦女売買の情報の入手

日本側の売春隠蔽方針は、当初は功を奏したようにみえたが、結局は調査団の疑惑を深めていくことにつながった。調査団は、独自のルートで国際的婦女売買の情報を断片的に入手しようとしたのである。たとえば、五月二五日には哈爾浜で「医師デミン方に於て基督教青年会主筆米人ヘイグ外仏、英、並其他外国人側代表等」と「売笑婦防止公共機関」の結成を協議している。また、調査団は「中国各地に於て日本の制度が悪様に攻撃せらるる」のを耳にした。(26)さらに、各英字新聞は、日本政府が人身売買に基づく売春の実態を隠していることを書きたてていた。(27)

しかも、哈爾浜の日本総領事館での協議における日本側の回答が、調査団の疑念に拍車をかけたと思われる。「日本内地及朝鮮より来るもの（芸妓・酌婦―引用者）の経路如何」という調査団の質問に対し、哈爾浜の滝川領事館補は

「主として抱主に於て直接内地より連れ来るものなり」[28]と答えた。ここで重要なことは、中国諸都市の業者は日常的に内地から女性を連れてくるのであり、そのことはなんら禁じられてはいないということが、哈爾浜領事の口から明らかにされたということである。まさにこの発言が、調査団側に国際的婦女売買の存在を確信させ、以後調査団はこの回答を論拠に、日本人女性の国際的婦女売買の存在について日本側を追及することになる。

2　関東庁における調査会議

中国諸都市での日程を終えた調査団は、ついで連盟調査団の質問集に対して関東庁・朝鮮総督府・内務省の作成した回答書を受け取り、この回答書の内容をふまえて、まず関東庁での日本側役人との調査会議に臨んだのであった[29]。手渡された回答書の内容は、調査団に奇異な印象をあたえた。日本側の隠蔽方針にもかかわらず、中国の諸都市に売春を稼業としている日本女性が多数存在しており、彼女たちの渡航が国際的婦女売買に相当する可能性があることが明らかであったのに、関東庁の回答書に、関東州に関係する国際的婦女売買が皆無とされていたからである。回答書を基にして、六月一・三日に関東庁で行われた調査会議における日本側の回答者は有田保安課長であったが、この点に関するやりとりに集中した。

(1)　国際的売買の有無をめぐって

まず協議の冒頭でジョンソンは、回答書中の「大正一三年四月露国人酌婦の営業を禁止しハルピン又は上海方面に赴かしめたる以来〔露国女性が—引用者〕不道徳的目的を以て到来し又は売買者の手によりて管内に送入せられたりと認むべき顕著なる事実なし」[30]という日本側の回答について詳しい説明を求めた。これに対し有田は、「哈爾浜から上海に渡航する露国婦人に関する此等の犯罪〔婦女売買―引用者〕」に関して、関東州が通路となっていることを認めている。ただし、「ここを通路とする露国婦人の是等の事件を発見することは殆ど不可能」とし、発見不可能な理由をあげた。「上海通信に依ると上海には多数の露国娼婦」がおり、それらの多くが哈爾浜から来ているらしいが、「彼等は此処を通過した後に上海で娼婦になるものと思はれる」。したがって、未だ売春を行っていない関東州通過時に、婦女売買事件を発見することは「殆ど不可能」というのであった。

中国の諸都市における日本人の売春について調査団に尋ねられたときも、有田はほぼ同様の回答をしている。「ここから支那の他の地方へ日本婦人を誘拐する売買業者の例を御承知なきや」とズンドキストに尋ねられた有田は、「そんな例が皆無とはいへない」としながらも、「多くの場合は女子が此処を去て他へ赴いた後に娼婦となる」と答えた。このような場合、「普通の」女性と後に売春をするであろう女性とを、関東州にいるうちに見分けることは難しく、しかも、中国に行く場合旅券が必要でないため、取締りはますます困難だというのであった。要するに、関東州にいるときから売春をしている女性の、国境をこえる移動でないかぎり、関東州が国際的婦女売買と関係したことにはならず、「普通の」女性が関東州通過後に売春するようになることを取り締まるのは事実上不可能であるというのが、この件に関する日本側の見解なのである。

しかし、日本側の見解に立脚するにしても、国際的婦女売買は皆無と答える日本側の発言は、調査団を納得させるものではなかった。日本側が回答書のなかで、「不正な目的を有つ国際的婦女売買に従事する日本人を発見したることなし」と答えていながら、ズンドキストの質問に対しては「日本人が日本婦人を支那の他港に連れ行く例を知らず」と回答している点が、調査団のさらなる疑いを生んだ。要するに、日本側の回答は、売春目的で「支那の他港へ女児を連れ行く日本人は全くなしと云ふのか」、つまり日本側のいう国際売買が一切存在しないという確信があるとの意味なのか、もしくは「売買業者が巧妙にして探知することを得ず」という意味なのか、きわめて曖昧であると指摘されたのである。日本側の見解に立脚するとしても、関東庁が日本側のいう国際的婦女売買の有無を本当に調査しているのか、そしてその取締りをする意欲があるのかということについて疑惑が浮上したのであった。

（2）日本婦人の「独立」

調査会議において第二に問題となったことは、調査団が哈爾浜で見聞きしたことに基づいていた。ズンドキストは哈爾浜の日本領事の発言を論拠に、日本人の国際的婦女売買について次のように問い質した。「哈爾浜の日本領事の話に依ると日本娼家の主人は女子を求むる為大連其他の地方へ赴くと云ふ、関東州の警察はかかる例に逢着したことがあるか」。これに対する有田保安課長の回答は、「哈爾浜領事の話をどう御解釈になつたか知らぬが日本婦人は凡て独立である、御話の主人と云ふは営業の名義主で、其家に是等独立せる婦人がおるのである」というものであった。つまり、たとえ哈爾浜の日本人娼家の主人が大連で日本人女性を雇い入れ、哈爾浜の娼家へ連れ帰ったとしても、日本人女性は独立した個人なので、そこには何の問題もないというのである。日本人売春婦の「稼業の場所は変更することがあるか、それはここ〔関東州―引用者〕から哈爾浜へ売られたと云ふ意味ではな」く、独立した女性が自らの判断で起こした行動にすぎないというのが日本側の見解であった。

しかし、調査団は、日本側の主張する「独立せる婦人」に対して異議をさしはさんだ。ジョンソンは、「哈爾浜に於て娼家の主人が日本に赴き女子の親達と交渉し金は親達に支払ひ、女子は娼家又は芸妓家で稼業して其の金を弁済すると云ふ約定を取結ぶことがあると聞いた」と主張した。つまり、「独立せる婦人」による売春というのは虚偽で、実は、「日本では稼業の約定は営業主と女子の親との直接取引である」のではないか、親に強制された売春ではないのかと問い質したのである。もし親に強制された売春であるとすれば、それは国際条約が禁じているところの、強制・詐欺などの手段による婦女売買にあたることになる。

しかし、日本側は、「独立せる婦人」の自らの判断による売春という主張を撤回しなかった。「女子が営業主から得た金は思ふままに処置することが出来る」ため、「親達の為に使ふも自己の為に使ふも自由である」としたのである。つまり、娘の売春によって親が金銭を得ることがあったとしても、それは、娘の意志で親のために金を使ったにすぎないというのである。しかも、「関東庁では芸妓其他の営業を為す女子に直接に許可を与へる」のであり、「女子は然る後に営業主と約定を取結ぶから」自由な契約であると主張した。

要するに、日本側は、売春業に就業する際に得た前借金を親のために使用する行為を、親による売春の強制とはみなさず、あくまでも娘本人の判断に基づく前借金の利用とみなした。彼女たちの売春は「独立せる婦人」の自らの判断に基づくのであり、「独立せる婦人」の強制・詐欺をともなわない売春は、条約でいうところの婦女売買にはあたらないため、したがって、取締りもとくに必要ないとする日本側の見解が調査団の前に明らかになったのであった。

調査団はこの時点では明言していないが、国際的婦女売買の定義、前借金の意味に関する関東庁側の解釈は、調査団の解釈とは相当に食い違ったものであることが予想された。しかも、中国諸都市での日本側の売春隠蔽策、哈爾浜での日本領事の発言などと関係させるならば、調査団の解釈による国際的婦女売買を隠蔽するために、日本側があえて都合のよい論理をこしらえている可能性を調査団は察知したと思われる。しかし、このときにはまだ婦女売買行為を隠蔽するために作り出された日本側の論理は、調査団の前に明らかとはならず、翌々日の六月五日に、朝鮮総督府において同様の協議が行われた際に明確になっていったのである。

3　朝鮮総督府における調査会議

調査団は関東庁での協議を終えるとただちに、今度は朝鮮の京城へ赴いた。そこでは、京城での視察に先立ち、まず、朝鮮総督府の作成した回答書に基づいた調査会議が行われ、日本側は三橋警務課長が主な回答者となった(31)。

(1)　国際的婦女売買の有無への疑問と解釈の相違の明確化

ここでの協議でも、まず最初に、回答書に示された「醜業の目的で他国から朝鮮に、又は朝鮮より他国に往来する女子は一人もない」という日本側の答弁に対して、調査団の疑問が集中した。調査団の質問に対し、日本側の担当者三橋警務課長は、「満州」で売春を行っている朝鮮人女性が存在することを認めながらも、彼女たちは、「当初より醜業の目的を以て朝鮮を去つたものではない、先ず農業に従事せんが為に其処に赴き然る後に何等かの理由で醜業に陥つたもの」であるとした。関東州を去る際に売春していたり、売春目的であったりするのでなければ、国際的婦女売買とはいえないとする関東庁の回答とほぼ同様の論理がここでも援用されたのである。

しかし、この日本側の回答も調査団を納得させるものではなく、調査団は、朝鮮から「満州」へ、売春目的で渡航させられている女性の存在する可能性を次のように主張した。まず第一に、「満州に於ける朝鮮人保護を目的とする某団体——たしかメソジストミッションだつたと思う——」からの、「朝鮮女子が支那人の為国外に誘拐せらるることが屢々あり」という情報を指摘している。しかし、これに対して三橋警務課長は、警察官を港湾・鉄道停車場等に配置し、旅客の点検に努めているので、「御話の様な事は不可能のことと思ふ」と回答した。

第二に、調査団のピンドールは、「正業の為に女子を雇入るる外見を装ひ実は醜業の目的を以て売買に従事する売買業者」が存在する可能性を指摘した。売買業者は「満州に於て女子の為正業を求むるといふ手段を執り、一旦女子を満州に来らしめた後甘言を以て醜業を営ましむるに至ることも出来ないことではない」というのである。しかし、この質問に対して三橋は、「国境付近の女子が正業に従事し得る口実の下に容易に満州に連れ行かれるだらうといふこと」を認めつつも、「厳重取締」を励行しつつあるため、「周旋人が発見せらるるときは厳罰に処せられる」と回答したのみであった。

売春目的で国外へ渡航する朝鮮女性が存在している論拠として調査団が三番目にあげたことは、日本側が連盟の質問書に対して作成した回答書に示した国際条約第一条該当者についてであった。すなわち、①「家出し数か月後父宛の手紙により誘引せられて奉天にて前借飲食店に居る旨通信あり」（二〇歳）、②「全南光州にて酌婦稼業中誘引せられて支那奉天料理屋にて前借せしめられたり」（不詳）という二つの事件は、調査団には「国際的売買を企図するもの」と思われた。にもかかわらず、朝鮮総督府が国際的婦女売買の存在を否定したことが、日本側への疑問を呼んだのであった。

朝鮮から中国への、詐欺や強制的手段による国際的婦女売買の存在が推測されるにもかかわらず、あくまでも国際的婦女売買は皆無であり、取締りがうまくいっていると主張する総督府側の回答は、調査団側と日本側との間の国際的婦女売買に関する解釈の違いを際立たせた。ついに調査団のピンドールは、「吾々の見るところでは一女子が或国から他の国へ来らしめらる場合は売買業者が唯或一つの場合に関係したるときでも、国際的売買なりと思ふ」が、日本側の解釈はこれと異なり、「組織ある団体が一定の継続的行動に従事した場合のみ」を国際的売買と解釈しているのではないかと指摘した。したがって、国際的売買の例に接したことがないとする日本側の主張は、調査団の定義による国際的売買が存在しないことを意味するのではなく、日本側に、国際的売買の定義に関しての「この誤解あるが為」であると問題提起したのである。たとえば、日本側が回答書に掲載した前述の二つの事件は、「吾々〔調査団―引用者〕の見地よりすれば国際的売買の完全なる特徴を有するものである」にもかかわらず、これを日本側が国際的売買とみなさない理由は、「恐らく貴下は確たる団体又は結合に依りて定まった行動が為さるる場合のみを国際的売買と呼ばるる」ためであろうと問いかけた。これに対し日本側は、「然り、如何にもさうである」と認め、調査団と日本との間の解釈の相違が明確となり、朝鮮ひいては関東州では、調査団の定義するところの国際的売買が行われていないわけではないことが、ここではっきりとしたのであった。

その後の協議を考えると、国際的婦女売買の定義をめぐるここでのやりとりはきわめて重要な意味をもっていた。これにより調査団は、日本側があえて意図的に、国際的売買という行為をきわめて狭くとらえ、調査団によれば国際的売買にほかならない行為を、日本側は国際的売買でないということで黙認していることをさとったからである。こうして調査団は、国際的婦女売買は皆無であるとする日本側の公式見解の背後に存在する、婦女売買の実態をさぐり、その事実を日本側に認めさせて公式見解を覆させるという目的を定めたのであった。

（2）　芸娼妓周旋業取締り問題

国際的婦女売買、ひいては婦女売買に関する調査団と日本側との解釈の相違が際立ってゆくにつれて、論点は必然的に、国際的婦女売買の担い手になりうる周旋業者の取締り問題へと集中していった。

たとえばズンドキストは、周旋業が処罰される場合について、より詳細な説明を求めた。「周旋業者が女子の為に正業を求めむことを約したる」にもかかわらず、「後日実は醜業の為女子を国外に赴かしめたること発覚した」場合、もしくは「女子が国外に赴きたる後周旋業者の約したるが如き職業の存せざるを知りたるとき」、周旋業者が処罰されるか否かを問い質したのである。

これに対する日本側の回答は、たとえ周旋業者が朝鮮女性の「満州」行きの仲介をしたとしても、当初売春目的ではなく、「後日其女子が娼婦に堕ちたる」にすぎない場合は、周旋業者は処罰の対象ではないとするものであった。周旋業者が処罰されるのは、「周旋業者が婦女売買者として行動せる」場合のみに限られるとしたのである。

周旋業者が処罰される場合に関する以上の議論は、一般的な職業周旋ではなく、日本で許可されている芸娼妓周旋業という職業への疑問へと及んでいった。芸娼妓周旋業に関する調査団の興味・疑問は、朝鮮総督府が調査団に対する回答書のなかで提示した芸娼妓の周旋に関する取締規則ともあいまって強くなっていったのである。朝鮮総督府における芸娼妓酌婦の仲介は、各道ごとの紹介営業取締規則、もしくは仲介営業取締規則によって取り締まられていたがこうした規則の存在が、婦女売買に関する日本の解釈のしかた、取締りの方針に対しての調査団の疑惑を強めた。

ズンドキストは、貧乏で無職の女性が周旋業者を訪れ、農業その他の職を求めながら、適当な職がみつからない場合、周旋業者が「只今そんな職はありませぬ、併し娼家でよろしければ周旋しませう」ということを許可されているのかどうかを問い質した。これに対して日本側は、「此処に周旋業といふのは『パンダー』（訳者曰く芸娼妓の周旋を為す女衒の如きもの我が警察にては公周旋業といふ）の意味なり、普通の周旋業とは異なる」と、説明するのにとどまった。職業紹介所は公的な機関であるが、「パンダー」は日本では「周旋屋」と呼ばれる私人の経営であり、警察の許可を受けて営業しているのだとした。したがって、「周旋屋」では「女子に対し御話の様なことをいふことは自由である」が、公的な紹介所では芸妓娼妓の斡旋をすることは禁じられていると説明したのである。

日本側の以上の説明には、一般的職業を紹介する公的職業紹介所と芸娼妓周旋業との違いを説明することで論点をはぐらかそうとする意図がうかがえる。しかし、ズンドキストは論点をいわゆる「周旋屋」〔芸娼妓周旋業―引用者〕

に絞り、重ねて次のように問い質したのである。「周旋屋といふのは職を求むるもの結婚を求むるもの建物の売買貸借を欲するもの又は娼婦たらんとするものが行くところにはあらずや、是等種々の行動を一周旋業者に於て営むことを得るや」「私の質問は『職を求むる女子が其の職を得られぬ場合に其の女子に対し娼婦の地位を提供するを得るや』といふのである」。

日本側はこれらの質問に対しては、もはや否定することが不可能であり、「然り」と返答せざるをえなかった。要するに、日本では強制や詐欺によるのでなければ、他の職業と同じく売春を女性に斡旋することが合法であり、こうした行為自体を婦女売買として取り締まる意図がないことが調査団の前に明らかとなったのである。

（3）　芸娼妓周旋業と国際的婦女売買

ついで調査団は、国外への芸娼妓の斡旋も合法か否かを問題にした。ジョンソンは、たとえば大連で売春をすることを望んでいる女性に対し、芸娼妓周旋業者が、「大連に於ける同業者又は大連其の他の娼家と交渉し此の女子の為に娼婦稼業の取極を為すの権利ありや」と問い質した。これに対し三橋は、「周旋業者が大連又は内地の同業者と交渉することはあり得る」が、「哈爾浜其の他日本帝国外の地方」における同業者と通信することはないと回答した。しかし、ジョンソンが、「さる例は警察に知らしていないと了解する、それは不法だろうか」と重ねて問い質すと、三橋は、「精確に云えばかかる交渉を禁ずる何等の規則もない」と答えざるをえなかったのである。すなわち、芸娼妓周旋業は、国内ばかりか、国境をこえた売春をも合法的に斡旋できるのであり、現にそれを行っていることを、調査団は朝鮮総督府に認めさせたのである。

関東庁・朝鮮総督府での協議を通じて、日本と調査団との間の見解の相違として、主として次のことが明らかになったといえよう。①日本政府による国際的売買の定義はきわめて狭いため、調査団の定義によれば国際的婦女売買の範疇にはいる行為については、実際に存在していても連盟には報告されていないであろうこと、②日本政府は前借金をともなう売春を親による強制とはみなさないため、前借金に基づく売春が事実上公認されていること、③日本では、強制・詐欺をともなわなければ、民間の周旋業者が売春を斡旋することが、国内・国外を問わず合法であるということである。これらの問題は、調査団側の婦女保護の理念からすれば、婦女売買取締りに関する重大な欠陥と考えられた。一節で述べたように国際連盟では、国際条約における年齢制限を撤廃し、成年女性の売春への勧誘そのものの禁止を摸索していた。この問題は連盟委員会内で最終的に決定されてはいなかったものの、少なくとも公娼廃止論者によって構成されていた調査団にとっては、強制や詐欺によるものでなければ、成年女性への売春の斡旋にはなんら問題がないとする見解は、もはや座視できなかったのである。その意味では、詐欺・強制によらない成年女性への売春斡旋は問題化されないであろうという日本の楽観的見通しは、調査団の予期せぬ厳しい追及にさらされたといえよう。おそらく調査団はこれまでの経緯に鑑みて、日本側の国際的婦女売買に関する定義が、公娼制度の下での婦女売買の実態を温存するために考えだされたものであり、調査団の定義による国際的婦女売買については日本側に取り締まる意図がまったくないということにますます確信を強めたのだといえよう。したがって、調査団がついに内地に到着し、婦女売買取締りに関する最高機関である内務省での調査会議を行った際には、これらの点、とくに②・③が厳しい追及の的となった。そこで調査団は、調査団側の国際的婦女売買の定義に基づくならば、内務省は婦女売買取締機関としての役割をはたしていないこと、したがって、今後公娼制度の改廃について抜本的検討が必要なことを内務省自らの言葉で認めさせることをめざしていったのである。

三　内務省における調査会議と廃娼運動との接触

1　内務省における調査会議

（1）芸者問題

六月一一日に内地に到着した調査団は、各地の視察を行う前に、まず六月一二・一三・一六日の三日間にわたる内務省での調査会議に臨んだが、ここでは土屋警務課長、次田警保局長が回答者であった[32]。

そこで最初に論点となったことは、回答書のなかで、日本から出国する女性についてあまり説明されていないことであった。それらの女性についてあまり説明していない理由を問われた土屋警務課長は、「出国する婦人の大部分は芸者」であり、売春婦ではないので、彼女たちに留意する必要がないとの見解を示した。しかし、中国の諸都市における芸者は、売春を黙認されている存在であることを見聞きしてきた調査団にとって、この見解は、婦女売買取締りに関する最高責任機関であるにもかかわらず、内務省がこの問題について非常に消極的であることを示していると考えられたといえよう。

調査団は繰り返し、芸者であれば中国への渡航が許可されるのかどうかを問い質し、娼妓でなく芸者であれば、中国への渡航が自由であるとの土屋警務課長の回答をひきだしている。つまり、「芸者」という建前であれば、売春する女性が中国へ渡航することは禁じられていないということを内務省に認めさせたのであった。

（2）「自由意志」

ついで、内務省の回答書中、「中華民国方面に於て不道徳行為に陥る危険ある業態に従事する日本婦人」が「若干」あるが、「何れも強制又は詐欺に因らず自己の自由意思《ママ》に依り出国したる」と説明されている部分が問題となった。ここでいう「自由意思《ママ》」とはどのような状況をさすのかが、議論されたのである。

ズンドキストは、「此の自由意志と云ふ言葉は種々の意義を持つて居ります。或る人は此の言葉を正業と解釈しませう」とふまえつつ、日本側のいう「所謂自由意志は多分他の意義をも持つて居りませう」と問いかけた。つまり、中国その他の地で聞いたところによれば、「日本人醜業婦の中には両親を扶養するのを其の義務と考へて出国した者も若干ある様に聞きました」というのである。「女達は暴力や詐欺に依て強制されたものでもなく又何をする為に渡航するかを知つて」いながら、「両親を扶けるのは自分達の義務であると信じて出掛け」ている。このような場合も、「或る意味に於ては自由意志と云へる」かもしれないが、内務省はどのような解釈を採用しているのかを問い質したのであった。

しかし土屋は、どのような意味において「自由意志」ということばを用いているのかを明らかにせず、「日本内地に於ては家族が貧困な為醜業に就くと云ふ者も多少あります。支那へ出掛けて行く醜業婦は極く少数だと思ひます。支那行婦女の何パーセントが今の様な目的の下に自由意志に依つて出国するかは解り兼ます」と答えるのみであった。「女達が醜業生活を好む為自由意志と云ふのですかそれとも孝行と云ふ義務の為出掛けるから自由意志と云ふのですか」というズンドキストの再度の問いにも、好んで醜業生活に入る者はおらず、大概貧乏が理由で売淫を行っているのだと回答するにとどまった。

要するに、日本国内における、ひいては国外に渡航した売春婦が、往々にしてその親や「家」の強制によって売春生活を余儀なくされていると明言することを避けたのである。あるいは、「家」のために行う売春を、「家」や親からの強制であるとする認識に欠けていたのだといえよう。したがって、もし親が受け取る前借金に基づく売春を親の強制による売春とみなすならば、日本では、条約で処罰の対象とされている売春の強要が公然と行われ、しかも内務省にこれを取り締まる意図がないことを、関東庁においてと同様、内務省においても明らかにしたのである。

(3) 前借金の有効性

前借金をともなう売春を、「自由意志」とみなすか、ある種の強制の結果とみなすかどうかという議論は、やがて、前借金契約そのものの有効性の議論へとゆきついた。ジョンソンは、「両親が直接金を借りて娘に外国で芸妓として働いて金を返させると云ふ契約は有効なのですか」と問い、次のようなケースを設定して日本側の回答を求めた。

例へばハルピンの芸妓屋から日本に居る娘の両親に金壹千円が渡されたと仮定します。此の壹千円を娘が三年、二年若は一年間或る条件の下に働いて返済すると云ふ契約に両親、娘及び芸妓屋が署名したとします。其処で両親が仮に娘を日本から離し度くないと決心するか、或は娘が日本を去り度くないと決心して、借金の弁済方法に付て約束してあるにも拘らず、契約に従てハルピンに行くことを拒んだとします。芸妓屋は多分娘と両親とを相手取つて返金の訴を起しませう。然し両親は其の金を費消してしまつて金がないとします。裁判所は此の契約は適法なものとして之を支持し、芸妓屋は両親から金の返済を受ける事が出来ますか。

この質問に対し、日本側の次田警保局長は、「娘のハルピン行を強制する途はありません」と回答しながらも、ジョンソンの「此の問題に関する裁判例がありますか」との質問に対しては、明言するのを避けた。日本のこの時期の裁判例によれば、廃業の自由はあるものの、前借金の返済が未だ義務付けられていたことが日本国内では周知の事実であったが、こうした説明はなされなかった。土屋警務課長が「契約面には女の従事すべき稼業に就ては何等書いてありません。契約は唯単純な消費貸借です」と発言したのみだったのである。土屋警務課長のこの発言は、業者から借金をしたからといって、娘がその業者の下で売春によって借金を返済しなければならないとは限らないこと、すなわち、前借金があるからといって、売春を強要されるわけではないとの日本政府の見解を再度強調したものであった。

けれども、ジョンソンの「然し契約には通常女が芸妓稼業をする旨の特別条項があるのではありませんか」という質問に対する、次田警保局長の次の回答は、土屋警務課長の発言と食い違っていた。「借金は女が芸妓稼業をした結果の所得に依つて返済すべき趣旨は契約中に包含されて居ります。女自身又は両親が金を返すのです。契約面には返済方法に就ては余り明瞭な事柄故何等明示的条項は無いでせう」。つまり、芸妓になるにあたっての前借金は、芸妓稼業によって返済すべきことが常識であるというのである。この発言は、前借金と芸妓稼業を別物と考える日本政府の公式見解と、実際の社会慣習とが、実は著しく乖離していることを、はしなくも露呈してしまったといえるであろう。

以上をふまえた後、ジョンソンは、自国アメリカ合衆国の法律上の常識で考慮するならば、前借金契約そのものが違法であるとの見解を示した。すなわち、「例ば私の国（アメリカ合衆国―引用者）では賭博窟に付て同様な場合があります。なんとなれば賭博窟の如きは公の秩序に反するからです」と説明し、同じように「公の秩序」に反する行為、つまり「両親が借金弁済方法として其の娘を如何はしい稼業に就ける約束をしたと云ふ様な種類の契約に就て、公序又は良俗に反するものとして有効か無効かと云ふ問題が起きる事は無いのかと不思議に思はれます」と痛烈な批判を行ったのである。さらにジョンソンは、その女性が文字どおりの芸妓ではなく、「業者と両親との契約―両親が連帯債務者若は保証債務者たる契約―に基て出稼して居る」「外国で醜業に従事して居る事を発見された婦女」であった場合、その違法性はより明らかであると主張した。

こうして、再度ジョンソンから、両親が手に入れた前借金のために娘が売春稼業を行うという契約が、「女が醜業に就く以前に」裁判所で「有効なりとして支持された」ことがあるのかどうか、「若し女が欺罔されたり、脅迫されたりしたのでなければ契約は女及び連帯保証人たる両親に対し法律上拘束力があるのですか。此の種契約は有効且適法な契約なんですか」と問いつめられた土屋は、ついに、「私は此の事に関する判例があると思ひますが、記録を見ない中は確かな事は云へません」とはぐらかさざるをえなくなった。

日本には前借金返済義務があり、したがって、契約は違法ではないことがはっきりしていながら、土屋警務課長がこのような返答をしたのは、国内の常識と、調査団の示した「常識」との間の落差の大きさを見せつけられて苦慮したためと考えられよう。さらにいえば、前借金そのものの違法性の示唆は、前借金と娼妓の人身拘束との関係を否定することのみに気を配っていた内務省の意表をついたのだといえる。そして、もし事実のままに、日本国内においては前借金返済義務があると述べるならば、「一等国」としての体面を決定的に損なうことになり、他方、調査団の示した「常識」に賛意を表明するならば、貸座敷業者を恐慌状態に陥れてしまうというジレンマに立たされたのである。

おそらくは、日本側のこうしたジレンマを見抜いたジョンソンは、この調査会議の最後を、次のような、痛烈な発言で締め括ったのであった。

若し公序に反するの故を以て斯る契約が無効と宣告されますと、外国乃至国内の妓楼経営者は前借金を貸せると云ふ事は為なくなるでせう。そうなれば此の種商売に対する致命傷です。貴君方は斯る判決が有るかどうか、お探し下さる事と存じます。

も及んでいった。

（4） 芸娼妓周旋業の「不道徳性」

内務省自身に婦女売買の存在と取締り上の欠陥を認めさせるという調査団の方法は、さらに芸娼妓周旋業に関しても及んでいった。

芸娼妓周旋業については、その職業そのものの「不道徳」性にもかかわらず取締規則が制定され、この営業が許可されていることの矛盾に質問が集中した。ジョンソンは、日本側が提示した同営業取締規則中に「紹介業者たらんとする者は許可を受くることを要し、若し紹介業者たるに不適当な者に対しては許可しない」という部分をとりあげ、「どんな型の人が所謂適当な者ですか知り度いものです」と問い質した。この文章によれば、「立派な人格を持った人丈けが、娼妓紹介業者として許可を受け得ると云ふ意味に」とれるが、「貴君方は紹介業者に右の様な立派な人を捜し出すことに成功して居られますか」というのであった。つまり、成年女性の売春への勧誘そのものの禁止を目的とする調査団の目からすれば、売春というきわめて「不道徳な」行為の斡旋によって生計をたてている人物に、「立派な人格」が存在するはずもなく、日本の芸娼妓周旋業取締規則は、婦女売買の禁止という点においては、甚だしく矛盾をきたしていることが指摘されたのである。こうした指摘に対して、土屋警務課長は、「警察では申請を詳密に査閲し、身許経歴等を精細に調査して不適当な者は却下し、申請者の中の最も相応しい者に許可を与へて居ります」といった苦し紛れの回答を行うにとどまった。要するに調査団は、自らの常識によれば、ありうべからざる不道徳行為である売春の斡旋が、日本では合法であるばかりか、さして不道徳とも認識されていないということを、内務省自身に認めさせたのである。

しかも、ズンドキストは、国外を対象とした紹介に関して、関東庁で行ったのとほぼ同様の質問を行った。「若し〔芸娼妓―引用者〕紹介業者が女を欺く事をせず、娼妓として出国する事を女に話し、女も亦自由意志で渡航しやうとしている場合、女は出国する事を許されるのですか、若し紹介業者が支那に在る妓楼に口を見付けてやった場合、此の紹介は許可されるのですか」。これに対して土屋は最初、「紹介業は唯国内の職業を紹介する丈けのものです」とはぐらかしたものの、結局は、「特に〔国外への芸娼妓の斡旋を禁じる――引用者〕規則はありません」と回答せざるをえなくなったのである。要するに、関東庁につづいて、内務省も、芸娼妓の国際的斡旋――調査団によれば国際的婦女売買――が合法であることを調査団の前に認めざるをえなかったのである。

以上にみてきたように、国際的婦女売買が皆無であり、婦女売買取締りに万全を期しているとする日本側の主張は、調査団によってつき崩されてゆき、日本側の反論はついにたちゆかなくなった。調査団は、現実に存在する国境をこえた売春目的の女性の行き来が国際的婦女売買ではないとする、日本側のつくりだした論理を見抜き、調査団の定義による国際的婦女売買が現実には存在していながら、日本側に取締りの意図がないことを内務省に認めさせたのであった。そして、ここで再度留意しておきたいことは、調査の対象が国際的売買に限定されていたにもかかわらず、公娼制度のあり方そのものが問いなおされていったことである。そこではとくに芸娼妓周旋業の公認や前借金契約の合法性が調査団の理念と著しく乖離していることが指摘されたのであった。

2　東洋婦女売買調査団の反響と廃娼運動との接触

調査団の来日は、新聞紙上でも大きく取り上げられた。それらの記事は概ね、公娼制度が人身売買に基づくものではないとする日本政府の対応を批判し、日本の公娼制度が人身売買にほかならず、娼妓は「奴隷」に等しいと厳しく指摘するものであった(33)。調査団の来訪を契機とした公娼制度・日本政府批判の高まりのなかで、国内の貸座敷業者・

警視庁は危機意識を募らせた。全国貸座敷連合会本部は、廃娼連盟の活動に抵抗してことを荒立てることで自滅を招かないよう、各支部に通達を送った[34]。また、おそらくは調査団や日本国内の公娼制度批判を和らげるためと思われるが、警視庁が自由廃業方法の改革を計画中であることも報道されている。楼主と娼妓の間に警察が入り、借金解決の見地から保証人を呼び寄せ、双方が合意のうえに自由廃業を行わせるという、いわゆる「合意自廃」を見直し、娼妓の廃業の意志のみでより簡単に廃業できるよう改革案を審議中だというのであった[35]。

公娼制度が「奴隷制度」でないことをアピールする必要を痛感していた日本政府と貸座敷業者は、調査団の吉原遊廓視察に際しても、実態を隠蔽するために細心の注意をはらったことがうかがえる。調査団は六月一八日午後三時に吉原遊廓に乗りこみ、所轄の日本堤署を訪れたが、そこへ外出許可を願いに訪れた娼妓たちは、名前を記入することもなく、外出を許可されたという。その後、調査団は角海老楼を訪れたものの、娼妓はすべて外出中であり、吉原病院でも、病院の娯楽室で娼妓たちが「碁をやるやら、蓄音機をかけるやら、ピンポンをやるやら、何でも勝手次第であ」った。警察と遊廓業者は、娼妓の外出や娯楽をみせることで、「奴隷制度でない処を見せようと云ふ魂胆である」と、『廓清』は伝えた[36]。

しかし、政府や貸座敷業者の隠蔽策も、廃娼運動団体の活動によってその効果を減殺されることになった。この後廃娼運動団体・社会事業団体と懇談した調査団は、日本の貸座敷がいかに娼妓の自由を侵害しているかを教えられたのである。内務省での調査会議の前後の時期には、各地で廃娼講演会・調査団歓迎会を開催するなど、日本の廃娼運動団体は勢いづいた。大阪では、調査団の来日前の五月二八日に、久布白落実・林歌子・松山常次郎・錦織くら子・林龍太郎らを弁士とした「国際連盟調査派遣員を迎ふる国家的準備講演会」が[37]、神戸では二九日、調査団を迎えるにあたり廃娼の世論を起こすための神戸市廃娼講演会が、そして、東京では六月一五日、ジョンソン一行の参加の下に、田川大吉郎・山室軍平・高島米峰・久布白落実・河井道子らをはじめとする百数十名による「ジョンソン一行歓迎会」が開催されたのである。[38]そして、東京での視察を終えた調査団は、六月二九日に京阪神へ赴き、大阪婦人ホーム・神戸婦人同情会・神戸婦人矯風会・廓清会神戸支部などを訪れたが、たとえば大阪婦人ホームでは、娼妓の自由廃業がいかに困難か、自由廃業者の救済状況等について説明を受けている。[39]要するに、調査団の来日は、廃娼運動団体の公娼制度・日本政府批判を強める結果となり、日本政府は国内と国外との挟み撃ちにあうことになったのだといえよう。

けれども、日本の廃娼運動団体と調査団の公娼制度批判は、微妙にずれていたことにも留意しておきたい。日本の廃娼運動団体は、娼妓が「奴隷的」境遇におかれていて自由廃業がきわめて困難であることを強調したが、この時期には未だ調査団のように芸娼妓周旋業そのものの違法性を主な主張点にしていたわけではなかったのである。ところが、調査団の来日後の一九三二年に、公娼制度廃止後の売春対策の提言として、廃娼運動家伊藤秀吉の作成した『廃娼善後策』[40]においては、「売淫の媒合勧誘周旋を厳禁すること」との項目がある。しかも、この項目が必要な論拠として伊藤は、「国際連盟より派遣されて我国に来った婦女売買調査委員の一行が、日本に於て最も驚愕したのは『芸娼妓酌婦周旋業』といふ職業が公認されて居る事であった」ということをあげている。これらのことからは、調査団の公娼制度批判が、その後の廃娼運動の論理や公娼制度廃止問題の顕在化に与えた重要な影響をも予想しうる。おそらくは、昭和恐慌を背景とした娘の身売りが社会問題化するなかで、日本の廃娼運動団体は、前借金契約や芸娼妓周旋業の違法性という調査団の提起した問題の重要性について、あらためて認識を深めていったと考えられよう。このようにして、公娼制度に対する国内外の批判は、内務省の公娼廃止方針を促す一翼を担ってゆくのである。

おわりに

本章で明らかにした経緯は、国際的婦女売買が皆無とするために日本政府のつくりだした論理を、国際連盟東洋婦女売買調査団が見破り、調査団の定義によるならば婦女売買が実は存在しているということを内務省に対して明らかにしてゆく過程であった。

東洋婦女売買調査に対し、日本は国際的婦女売買の存在、ひいては日本の公娼制度の実態を隠蔽するために当初以下のような公式見解に立脚していたのである。第一に、日本人の関係する国際的婦女売買はほとんど皆無とした。この見解は中国諸都市で売春している女性たちが表向きは芸妓として登録されていること、また、国際的売買の定義を狭く設定することによって支えられていた。第二に、中国諸都市で「不道徳的行為に陥る可能性のある業態」に従事する日本女性が若干存在しているとの認識を示しつつも、それらの女性は自由意志で渡航してきたので国際的婦女売買ではないというのであった。つまり日本政府は、詐欺・強制によらず成人女性に売春を斡旋する行為は婦女売買にあたらないとの見解に立脚していたのである。したがって、日本政府が最も気を配ったのは、前借金によって娼妓が業者に人身を拘束され、売春を強要されるようなことはないと強調することであった。

しかし一九三〇年時点の国際連盟の委員会では、成年・未成年にかかわらず、女性に売春を斡旋すること自体を禁じ、他人の売春からあがる利益で生活する人間を処罰することについてほぼ合意が形成されつつあった。この合意に従うならば、強制をともなわないからといって売春の斡旋を公認する日本の立場は批判される可能性があったのである。けれども、この問題は公娼制度との決定的な矛盾を意味していたため、公娼維持国との関係で最終的決定はこの時点では未だ下されてはいなかった。日本は未だ最終的決定が下されていないのをよいことに、成年女性への強制をともなわない売春斡旋を婦女売買とは認めない見解に立脚し、日本の公娼制度の問題性が表面化するのを避けようとしたのだといえよう。

しかし調査団の追及は予想以上に厳しく、中国諸都市での見聞、関東庁・朝鮮総督府での調査会議を経て、調査団はほぼ以下のことを明らかにした。つまり日本では、①国際的婦女売買とは、誘拐団のようなものによる継続的な行動に限られること、②前借金契約に基づく売春を親の強制による売春とはみなさず、独立した女性による自主的行為とみなすので取締りの対象でないこと、③詐欺・強制をともなわないのであれば芸娼妓周旋業における売春の斡旋が、国内・国外を問わず合法的であることなどであった。そして、日本政府は、自国の関係する国際的婦女売買が皆無であるとするために、あえて意図的にこれら①〜③の解釈をとっているのであり、したがって、日本政府には調査団の定義するところの婦女売買行為自体を取り締まる意欲がないことを調査団は看破したのである。

国際的婦女売買隠蔽のための日本側の論理に気づいた調査団は、日本で許可されている行為が、日本の定義ではなく調査団の理念からするならば、国際的婦女売買にほかならないことを日本側、とくに内務省に示した。そして内務省での調査会議において、調査団はとくに次の点について日本側を追及したのである。まず前借金をともなう売春について、親による強制売春ではないかと指摘するにとどまらず、前借金そのものの違法性を問い質した。また、芸娼妓周旋業については、国際的婦女売買を促進する存在として批判するにとどまらず、連盟の理念に基づいて同業の存在そのものの「不道徳性」を厳しく追及したのであった。

ここで留意しておきたいのは、国際的婦女売買に限定された調査ではあったが、売春の斡旋や前借金契約を合法化している公娼制度そのものの問題性があぶりだされていったということである。公娼制度は国際的婦女売買を助長しており、日本の公娼制度下における一般的売春そのものが、調査団の理念からすれば、もはや違法な、それゆえ処罰の対象となりうる行為であるということが明確に示されたのであった。そして、詐欺や強制をもちいて女性を売春に追いやる行為や、廃業を妨害する行為のみを取り締まればよいとしてきた日本の方針が覆される契機が登場したのである。これは、国際条約における年齢制限を撤廃し、詐欺や強制でない成人女性の合意に基づいた売春の勧誘であっても、婦女売買として取り締まるべきであるとする、連盟委員会内で形成されつつあった合意と日本の売春取締り政策との乖離の反映であった。

したがって、ここにきて内務省の役人は、「一等国」としての体面を保ち、国際的な婦女保護の理念と歩調をあわせようとするならば、公娼制度を存続することはきわめて困難であることを痛感したといえよう。日本の公娼制度における前借金契約そのものの合法・違法、芸娼妓周旋業という職業そのものの「不道徳性」について意見を求められた内務省が、きわめて曖昧に回答することしかできなかったのは、このことをよく表している。つまり、国内の状況を優先するなら、「一等国」としての体面を汚すことになり、調査団の意見に賛同するならば、国内の売春業者の恐慌を引き起こすことになるというジレンマに立たされたのであり、その結果弁解が不可能となったのである。

ところで調査団の婦女売買批判の論理は、日本の廃娼運動の論理と重なりつつも、微妙に異なっていたことに留意する必要がある。日本の廃娼運動は、娼妓の人身拘束、自由廃業の難しさについては強調していたが、この時期には未だ芸娼妓周旋業の「不道徳性」が主な強調点ではなかった。けれども、ここで調査団によって前借金や芸娼妓周旋業の違法性や「不道徳性」が強調されたことは、この後の廃娼運動に大きな意味をもったことが推察できる。おりからの昭和恐慌を背景とした身売りの多発のなかでの周旋業者の暗躍は、人身売買的売春になんら歯止めをかけようとしない公娼制度の非人間性を廃娼運動家をはじめとする人々に再認識させたのであり、調査団による前借金・周旋業

批判が、この認識を助けたのだといえよう。(41)

調査団は東洋調査をすべて終えた後、一九三二年七月に「東洋への婦人及児童売買拡張実地調査—日本に関する報告—」を作成した。(42) このなかでは、調査団につきつけられながら、内務省が弁解できなかった諸問題が、すべて婦女売買に関する日本の問題として提起された。国際連盟の場で公にされる前に、この報告書は日本政府に提示され、日本政府は報告書の内容に対して苦しい反論を繰り広げたが、結局、公娼制度廃止が提言されるに至るのである。この間の詳しい経緯と、連盟での公娼廃止の提言が、内務省による公娼廃止の表明、新たな売春対策構想に与えた影響については、次章で論じたい。

註

(1) 「国際連盟東洋婦人児童調査委員会報告書概要」『廓清』二三—四、一九三三年四月。

(2) アラン・コルバン『娼婦』藤原書店、一九九一年、藤目ゆき『性の歴史学』不二出版、一九九七年など。

(3) “Advisory Committee on the Traffic in Women and Children, Minutes of the Second Session, Held at Geneva from March 24th, to March 27th, 1923” などを参照のこと。

(4) “Advisory Commission for the Protection and Welfare of Children and Young People, Traffic in Women and Children Committee, Minutes of the Ninth Session, Held at Geneva from Wednesday, April 2nd, to Wednesday, April 9th, 1930”.

(5) 調査委員の履歴については、「東洋調査委員の来朝を歓迎す」『廓清』二一—六、一九三一年六月、三五頁。なお、調査団メンバーの名前の日本語表記については、外務省外交史料館所蔵史料中の表記に従った。

(6) 本書第二部第二章、“Traffic in Women and Children Committee, Minutes of the Seventh Session, Held at Geneva from March 12th to March 17th, 1928”.

(7) 「東洋婦人売買調査専門委員会報告書」一九三〇年八月二一〜二五日『東洋に於ける婦女売買実地調査の件』（外務省外交史料館所蔵）一巻。

(8) 「公娼制度と婦女売買との関係に関する帝国政府の意見」一九二三年『東洋に於ける婦女売買実地調査の件』二巻。

（9）第二部第二章参照。

（10）在新嘉坡総領事代理米垣興業「売笑婦の最近実情取調の件」一九三〇年六月七日『準備調査（売笑婦の実情取調の件）』一九三〇年、在マニラ総領事杉村恒造「売笑婦実情取調の件」一九二五年一月一五日『国際連盟婦人児童売買問題』（外務省外交史料館所蔵）五巻等を参照のこと。しかしシンガポール総領事代理は、減少したとはいえ、未だ廃娼を行っていない「半島方面」に一三二人の日本人公娼が残存していること、日本人の密娼となると、シンガポールに約七〇名、「半島方面」に約二五〇名存在していると伝えた。この他、バタビヤ・メダンなどでの日本人売春婦の減少が報告されている。もっとも現地での公娼廃止が売春する女性の解放をただちにもたらすものでなかったことはいうまでもない。

（11）前掲『準備調査（売笑婦の実情取調の件）』一九三〇年。

（12）「東洋に於ける婦人児童売買実地調査委員会質問集要訳」一九三〇年一〇月『東洋に於ける婦女売買実地調査の件』一巻。

（13）「東洋に於ける婦人児童売買実地調査委員会質問に対する回答（朝鮮の分）」一九三一年、同上、四巻

（14）「東洋に於ける婦人児童売買実地調査委員会質問及び之に対する回答」内務省、一九三一年、同上、三巻。なお、「東洋に於ける婦人児童売買実地委員会質問に対する回答（台湾の分）」一九三一年、同上、四巻もある。しかし、調査団は台湾へはおもむかなかったので、ここでは、朝鮮総督府・関東庁・内務省の回答書を中心に論じることにする。台湾に関する回答書も、他の回答書とほぼ同様に国際的婦女売買の存在を否定する内容であった。すなわち、①中国の厦門に渡航して売春を行う台湾人女性が多数存在していることは事実だが、彼女たちが当初から売春目的で渡航したのかどうかはわからない、②強制や詐欺により渡航したものは存在しない、③養子制度を悪用した児童への労働の強要は存在するが、売春目的ではない、④前借金が売春婦の人身を拘束することはないなどである。

（15）前掲「東洋に於ける婦人児童売買実地調査委員会質問に対する回答（朝鮮の分）」。

（16）「東洋に於ける婦人児童売買実地調査委員会質問に対する回答（関東庁の分）」一九三一年『東洋に於ける婦女売買実地調査の件』二巻。

（17）前掲「東洋に於ける婦人児童売買実地調査委員会質問及び之に対する回答」内務省。

（18）前掲「東洋婦人売買調査専門委員会報告書」。

（19）たとえば、在西貢領事代理黒木時太郎「国際連盟派遣の東洋婦人売買調査委員当方面調査振に関する件」一九三〇年一二

月九日『東洋に於ける婦女売買実地調査の件』一巻。

(20) 在奉天森重千夫↓生駒拓務省管理局長「国際連盟婦人児童売買実地調査委員に関する件」一九三一年五月二九日、同上、三巻。

(21) 在芝罘領事内田五郎↓幣原外務大臣、一九三一年四月二三日、同上、二巻。

(22) 在哈爾浜拓務次官森重千夫「国際連盟婦人児童売買調査委員に関する件」一九三一年五月二六日、同上、三巻。

(23) 在奉天総領事林久治郎↓幣原外務大臣「国際連盟婦人児童売買実地調査委員の各地に於ける動静に関する件」一九三一年六月五日、同上、三巻。

(24) 関東庁察務局長「国際連盟婦人児童売買調査委員動静に関する件」一九三一年六月六日、同上。

(25) 同上。

(26) 在奉天総領事林久治郎↓幣原外務大臣「国際連盟婦人児童売買実地調査委員の各地に於ける動静に関する件」一九三一年六月五日、同上。

(27) "Japan Advertizer", May 28th, 1931, 同上。

(28) 在哈爾浜拓務次官森重千夫「国際連盟婦人児童売買調査委員に関する件」一九三一年五月二六日、同上。

(29) 以下に述べる関東庁での調査会議の内容については「大連民政署における調査会議議事録要訳」一九三一年六月一、三日『東洋に於ける婦女売買実地調査の件』五巻。

(30) 前掲「東洋に於ける婦人児童売買実地調査委員会質問に対する回答（関東庁の分）」。

(31) 以下に述べる朝鮮総督府での調査会議の内容については、「東洋に於ける婦人児童売買実地調査委員一九三一年六月五日朝鮮総督府における調査会議」『東洋に於ける婦女売買実地調査の件』五巻。

(32) 「婦人児童売買実地調査会議議事録」内務省一九三一年六月一一〜一六日『東洋に於ける婦女売買実地調査の件』三巻。

(33) 兵庫県知事岡正雄↓内務・外務大臣他「婦女売買調査国際連盟派遣員来朝に関し外字新聞の論調に関する件」一九三一年六月一一日、同上。また、一九三一年六月二六日の『東京朝日新聞』は、日本政府はジョンソン調査団に対して人身売買の存在を隠蔽していると報道した（同上）。

(34) 「全国貸座敷連合会本部より印刷物郵送の件」一九三一年六月一五日、同上。

(35)『国民新聞』一九三一年六月一四日、同上。
(36)『廓清』二一―七、一九三一年七月。
(37)『廓清』二一―六、一九三一年六月。
(38)『廓清』二一―七。
(39)「国際連盟婦人児童売買実地調査委員一行京阪地方長崎に於ける日誌」一九三一年八月二七日『東洋に於ける婦女売買実地調査の件』五巻。
(40)廓清会婦人矯風会廃娼連盟、一九三二年。
(41)しかし新たな問題をはらみながらも公娼廃止の方向へ進みはじめたこの時期には、他方で軍隊による従軍慰安所の設置が展開しはじめたことも周知の事実である。本章で明らかにした趨勢と従軍慰安所の設置との間の連続と断絶を明らかにすることも今後の課題である。
(42)『東洋に於ける婦女売買実地調査の件（本邦関係調査報告書並帝国意見書）』（外務省外交史料館所蔵）。

第四章　公娼制度廃止方針樹立への道

一　国際連盟による公娼制度廃止の提言と日本政府の反論

1　満州事変と婦女売買問題

前章でみた東洋調査の終了の約三ヵ月後、周知のごとく満州事変が勃発した。そして、東洋調査によって日本人女性の国際的売買の実態が明らかにされた地域（奉天・ハルビンなど）が、まさしく満州事変の焦点となり、国際的注目を浴びることとなったのである。そして一九三二年三月には「満州国」が建国され、翌三三年三月に日本は国際連盟を脱退するが、ヨーロッパに戻った東洋調査団一行は、こうしたさなかに東洋調査の報告書を作成したわけである。「満州国」建国、国際連盟脱退という国際的孤立への道の途上にあったものの、日本政府はこの時期、労働問題・人権問題に関する国際連盟の活動との関係は未だ継続し、むしろそれらの問題を通じて国際連盟との関係を完全に断ち切らない方針を保っていた。たとえば、国際労働機関に関しては、「国際連盟脱退に拘らず国際労働機関とは依然協力を緊密にし其の崇高なる目的の達成に翼賛せんとす」との意見を発表している(1)。

本章の主題である国際的婦女売買問題に関しても、その方針は同様であった。日本の国際連盟脱退の数ヵ月後には、国際連盟婦人児童売買問題諮問委員会で「成年婦女売買禁止条約」が制定され、本人の同意があったとしても女性を売春に勧誘することが処罰の対象となる範囲が未成年から成年にまで拡大された。同条約への署名にあたって、朝鮮・台湾・樺太・関東州租借地・南洋群島に対しても同条約を適用することを拓務次官が認めるなど、一九三三年一一月から三四年三月の期間において、日本政府の少なくとも外務省と拓務省レベルにおいては国際連盟と協調し、植民地・委任統治領・租借地を含めて同条約へ署名する方針だったことがうかがわれる。(2)

また、東洋調査で、公娼廃止の論拠となった悪質な国際的婦女売買が広範に行われているハルビン・奉天などの地域がまさしく満州事変と「満州国」の焦点として日本人の言動が注視されることとなった地域であるということが、公娼廃止を日本が拒否できない理由として存在していたといえるだろう。こうしたさなかに東洋調査報告書の公表、公娼制度廃止の提言が日本政府に対してなされ、日本政府はたとえ形式的ではあれ、国際連盟に対して公娼制度廃止を受け入れざるをえなくなったのである。以上をふまえ、本章では内務省が一九三五年に樹立した新たな売春対策の樹立にいたる経緯と、その特徴を考察する。

2　国際連盟東洋婦女売買調査団の調査報告書の公表と日本の反論

「東洋への婦人及児童売買拡張実地調査―日本に関する報告―」(以下、「実地調査」と省略)は公表前の一九三二年七月にまず日本政府に示され、意見を求められた日本は、必死に弁解に努めたが、結局公表され、日本政府は公娼廃止を提言されることとなった。(3)そして、一九三三年には国際連盟の提言に沿って、公娼廃止問題を協議する委員会、売笑問題対策協議会を廃娼運動家を含めて組織するに至るのである。

この「実地調査」は、㈠一般報告、㈡婦人及児童売買に関する国内状況、㈢輸入取引、㈣輸出取引という構成になっていたが、概ね以下の四つの点が日本における婦女売買の特徴として指摘されていた。第一は、芸娼妓周旋業が日本では合法であり、公認されているということである。すなわち、「貸座敷営業、芸妓置屋営業其の他之に類する営業者は其の雇人補充の為何等かの施設なくしては経営不可能なるが故に、紹介業者又は周旋業者によるその補充を許可され」ているということである。しかも、紹介業者の取締規則は大体において全国共通であるものの、「内地に於ける一般紹介業者は芸娼妓たらんとする者に職業を紹介するを得ざるも台湾及関東州にはかかる制限なき事なり」という点が指摘された。つまり、植民地台湾や関東州では、一般職業紹介所においてさえ売淫が職業として合法的に紹介されているということが指摘されたのである。

第二は前借金についてである。「実際上は婦女又は其の父母が金銭を前借し、時にはかなりの高利を以て金銭を前借し、尚其の外婦女の雇傭期間中追借を受くるを以て、婦女は楼主に対し、一般的に債務を負ひつつあり」と指摘した。そして、法律上は楼主に対する債務は、彼女の娼妓稼ぎとは関係がないことになっているが、現実にはその前借金が娼妓の廃業の自由を奪い、意志に反した売淫生活の根拠となっていると説明したのである。すなわち、「此の法令の精神並に目的は常に必ずしも遵守せられざるものの如く」である。しかも、「警察当局が警察署に雇主を出頭せしめ、之を廃業希望者本人又は其の父母親族と協議せしめ、又は本人を圧迫する」ため、「屢、本人をして其の年期満了又は雇主に対する債務完済に至るまで貸座敷に止まらしむるの結果」になっていると指摘した。すなわち、本来婦女売買を取り締まるべき警察が、日本では娼妓の自由廃業の妨害者であると指摘したのである。

第三は芸妓の問題である。報告書は、芸妓を私娼の分類に入れ、日本の「中央政府も芸妓酌婦等が公の陳述に於て示さるる如く、〔芸妓が―引用者〕密売淫をなすの虞あるを認むるものの如し」であるとした。また、救世軍司令官の発言として次のように引用している。

芸妓屋業者は屢〻少女を養女として、之を芸妓たらしむべく養育することあり。〔中略〕少女は養親の下に訓練せられ従つて自然自ら養母の意に反して行動するを得ざる場合多し。所謂養母は其の養女に娼妓若は芸妓たるべきことを強制する権利を有せざるも、斯る道徳的影響は面白からざる事と謂はざるべからず。

すなわち、本来は売淫を公認されていない存在である芸妓も実は売淫の常習者であり、しかも芸妓置屋の養女という、家族的な関係を利用されて、きわめて幼いうちに客をとるようしむけられているとしたのである。

以上の内容は、調査団が調査中に日本政府に対して行った批判を大筋において踏襲していながらも、微妙に異なっていたことが注目される。調査団長のジョンソンは内務省に対して、前借金契約が娼妓の自由を奪っていることは明白であると指摘し、前借金契約そのものを違法行為として禁止すべきであると主張したわけであるが、この「実地調査」では、前借金契約の違法性までは指摘されていない。理由は定かではないが、この時点で「実地調査」の内容は、調査団の日本政府批判よりも若干寛容になっていた。

しかし、前借金そのものの違法性は指摘されなかったとはいえ、日本の売淫とこれを成り立たせている日本社会の特徴を明らかにしてしまった「実地調査」の内容について、日本政府は強い反論を繰り広げた。この日本政府の反論を受けて最終的に公表された調査報告書では、「実地調査」よりもさらに少し日本批判が緩和される結果となったのである。

日本政府が最も強く反論し、批判が緩和されたのは、①前借金と自由廃業、②芸妓の実態についてであった。その結果、前借金は娘が両親を財政援助するために使われるといった表現は残ったが、娼妓と貸座敷営業者との契約は、実際には娼妓ではなくその親と貸座敷との契約であるとする「実地調査」の記述は削除された。また、警察が自由廃業を妨害することがあるといった記述も削除された。さらに、養母―養女という家族関係を利用して置屋が芸妓に売春を強いることがあるといった「実地調査」の記述も削除された。

要するに日本政府は、「家」制度やこれを背景とした前借金が、女性に売春を強いているということを否定する努力をぎりぎりまで続け、わずかな「成功」をおさめたのであり、このわずかな「成功」は、日本政府のその後の対応に若干の有利な影響を与えてゆくことになる。

二　内務省の公娼制度廃止案（一九三五年）の特徴

こうして、一九三五年には内務省警保局によって公娼制度廃止案「公娼制度対策」（以下「対策」と省略）が作成されたが、その内容は以下の通りであった(4)。

「対策」では、各国売春対策の事例を検討したうえで、日本のとるべき制度として、次のような方針を打ち出した。まず第一に、「一、廃娼制度を採用すること」とし、現行「内務省令娼妓取締規則及各庁府県令貸座敷取締規則」の廃止、すなわち、娼家と売春婦の警察公許を撤廃するとした。しかし警察公許の撤廃後は、「黙認制度」を採用するとし、「売淫婦の存否を目的とする実体的転換に非ず、売淫婦の存在するの基礎に立ち、之に対する警察許可の存否を目的とする形式的転換に過ぎず、云はば看板の塗換へに過ぎず」とする、きわめて限界のあるものであった。

第二に、警察公許を撤廃した暁には、密売淫（公娼以外の売春）とその媒合容止を禁じた警察犯処罰令によって、「貸座敷行為及売淫行為は一は媒合或は容止行為、他は密売淫行為として共に非合法的存在となる」が、しばらくの間は、「寛厳宜しきを制する如き取締を行はんとするものなり」としたのである。すなわち、警察犯処罰令中の密売淫とその媒合容止に対する処罰規定を撤廃するのではなく、かといってこの法律を根拠に積極的に処罰をするのでもなく、法律的には処罰の対象である売淫とその媒合行為を実際には黙認し、「行為の実体に即し或は峻厳に或は寛容に取締を行ひつつ近き将来に於て必ず否認制度に到達する様努む」るというのであった。

第三に、貸座敷は料理屋に、娼妓は酌婦に転業させるとした。公娼廃止後は、貸座敷も娼妓も名実ともに非合法となり、警察との間に表面上直接の合法的関係が存在しなくなるため、常時監督・注意をあたえることができなくなる。しかし、料理屋・酌婦として許可すれば、料理屋・酌婦取締規則に基づいて合法的に取締りができるというのである。そして貸座敷・娼妓が転業した料理屋・酌婦については、密売淫やその媒合があっても、当分の間行政執行法第二条による臨検や警察犯処罰令による処罰を控えて黙認するが、料理屋・酌婦の取締規則に準じて、「必要あれば其の営業の禁停止を行なふことを得るを以て便宜なり」としたのであった。

第四に、集娼制度を採用し、貸座敷から転業した料理屋と娼妓から転業した酌婦は、従来の貸座敷指定地内でのみ営業を許可することとした。そして、第五に転業料理店・転業酌婦の発展の抑止、第六に転業酌婦の保護、第七に強制検診治療制度の採用が主張されたのである。

以上の内容から、内務省の意図は、単に公娼という看板を塗り替え、第一部第三章でみたように、この時期増えつつあった新しい売春に対する風紀衛生対策としての売春対策を転業後の貸座敷に適応させることをめざしていたにすぎないことが明らかである。すなわち、国際連盟からは人身売買禁止を指示されていたにもかかわらず、おそらくは家族関係に基づく売春の強要の事実が国際連盟の調査報告書で明記されなかったことに助けられ、前借金をはじめ人身売買禁止問題には取り組まずに単に国際連盟と表面上歩調をあわせることを意図していたということである。

それでは、日本の内務省が立案した以上の売淫対策は、ヨーロッパにおける廃娼国の売淫対策と比較した場合、どのような特徴をもっているだろうか。(5)

まず、人身売買の禁止という点においては、公娼廃止後の売春と娼家、周旋の取締りは、昔ながらの警察犯処罰令による密売淫取締り・風紀対策に依拠し、しかも事実上は処罰せずに黙認するという方針は、公娼廃止と並行して刑法の改正などによって、娼家・「ヒモ」周旋の禁止を人権擁護問題として規定した欧米廃娼国と比較した場合、異なっていることが明らかである。「黙認制度」を考案し、旧貸座敷指定地内での営業に限って、実際には処罰しない方針を選択したことは、長い間国際連盟で追求されてきた、娼家・売淫周旋・ヒモなど、売淫婦を搾取する第三者の処罰が、日本では放棄されたことを意味した。そして、なによりも重要なことは、前借金契約の禁止については一切考えられなかったことである。前借金契約の禁止を回避したことは、二重の意味で売淫婦に対する第三者の搾取の禁止を放棄したことを意味している。ただし一方で注目しておかなければならないことは、国家公認の取消しによって、少なくとも娼家や周旋人の正当性が失われ、場合によっては彼らの処罰化へ道を開く可能性をはらんでいたという点において、大きな前進ではあったということである。

第二は、公娼廃止後の売淫対策が、他の廃娼国のように刑法などの新たな改正によってなされるのではなく、昔ながらの警察犯処罰令に求められたことである。同令では、密売淫とその媒合・容止が禁じられているが、娼家の禁止やヒモの処罰など、売淫婦を搾取する人間についての細かな分類がまったくされていなかった点は、公娼廃止後に新たに、娼家の禁止、売淫の周旋の禁止、ヒモの処罰などを規定した他の廃娼国とは相当に異なっていたといえよう。

他方、風紀衛生対策という点においても、「対策」は売春婦の人権を著しく軽視していた。「対策」は、衛生・風紀対策としての売淫婦の取締り・処罰への指向性がきわめて強いということである。前述のように、たとえばイギリス・オランダ・チェコスロヴァキア・ドイツ・カナダ・デンマークなどの公娼廃止国では、売春婦に寄生して利益をあげる行為、すなわち、娼家・周旋人・「ヒモ」などに対しては厳しく処罰することが規定されていたが、客を誘引する行為が公序良俗に反する場合などを除いては、売淫行為と売春婦自身は処罰しない方針をもっていた。つまり、売春行為それ自体は犯罪とみなさず、売春婦と、彼女の労働を搾取する第三者を区別して取り締まるという方針であった。しかし日本の内務省の「対策」では、事実上の処罰は当分見送るものの、売春婦（密売淫）と、売春婦から利益をあげるその周旋行為とを、区別せずに両方とも処罰する警察犯処罰令に依拠して取り締まるとされている点が注目される。

また、転業後の芸娼妓に対しても集娼制度を採り、その上で性病検査を強要するという点においても、売春婦管理への強い執着とその特徴が明らかである。廃娼国の一部の都市で、未だに売春婦への性病検査を残しながらも、国際連盟においては、戦間期にすでに、売春婦に対する強制的性病検査は人権問題であるとの認識が形成されており、また、性病予防という見地からも、売春婦に限定した性病検査・治療は有効ではないとの見解がコンセンサスを得つつあった。かわって、国民全体を対象とした強制的、ないしは任意の性病予防策が各国で樹立されつつあったのである。こうした措置には、多分に優生思想との接点がはらまれていたことにも注意をはらう必要がある。売春婦への性病検査を続けている都市においても、やがて廃止して国民全体を対象とした性病予防策へ転換していくことが望ましいとされていた。しかし日本政府の「対策」をみるかぎりでは、日本の内務省の方針はそうではなく、公娼廃止後も売淫婦への性病検査の強制を持続することが選択されていたのである(6)。

要するに、売淫婦に対しては、人身売買からの保護といった対策がまったく顧みられなかっただけではなく、衛生・風紀対策の論理の優越した売淫婦管理・処罰の志向性が一貫して強く、強制的な性病検査や集娼制度に基づく居住地域の限定といった点が持続的に追求されていたことが注目される。

しかしながら、人身売買・風紀衛生の両側面において売春婦の人権を著しく軽視したこのような公娼廃止案ですら、戦前日本では達成されることがなかった。内務省が公娼廃止方針であると報道されると（一九三四年）、貸座敷業者は猛烈な反対運動を繰り広げた。貸座敷業者と内務官僚、廃娼運動派の帝国議会議員によって組織された売笑問題対策協議会での業者側の主張は、やむをえず公認されなくなった場合にも、とにかく娼家営業が禁止・処罰されないという、明確な法律の制定を要求するものであった。(7) すなわち、上述のような限界のある内務省案ですら、国家公認の廃止後に売春業者処罰化へ道が開かれるかもしれないという点においては貸座敷業者にとっては脅威だったのである。その意味で、国家公認制度がいかに業者にとって重要な意味をもっていたかということを、ここであらためて確認できるのである。

註

（1）『日本外交文書　昭和期Ⅱ第二部第二巻　昭和八年対欧米・国際関係』外務省、一九九六年、三〇六頁。
（2）河田烈拓務次官→重光葵外務次官「成年婦女売買禁止に関する国際条約に関する件」一九三四年九月、同上、三三五頁。
（3）以下の内容は「東洋への婦人及児童売買拡張実地調査―日本に関する報告」一九三二年七月三一日『国際連盟婦人児童問題一件　東洋に於ける婦女売買実地調査の件（本邦関係調査報告書並帝国意見書）』（外務省外交史料館所蔵）、「国際連盟東洋婦人児童調査委員会報告書概要」『廓清』二三―四、一九三三年四月、League of Nations, C.89.M26.1934.IV., Commission of Enquiry into Traffic in Women and Children in the East, Summary of the Report to the Council, Series of League of Nations Publications IV. Social. 1934. IV.3.
（4）内務省警保局「公娼制度対策」一九三五年『日本女性運動資料集成』第九巻、不二出版、一九九八年。
（5）以下、欧米廃娼国の売春・性病対策については、油谷治郎七「欧米列国風紀及性病法制概観」一九三二年『買売春問題資料集成〔戦前編〕』五巻、不二出版、一九九七年、Leagu of Nations,C.221.M.88.1934.IV.,Committee on Traffic in Women and Children, Abolition of Licensed Houses, Series of League of Nations Publications IV. Social. 1934.IV.7.
（6）性病予防については、藤野豊『性の国家管理』不二出版、二〇〇一年も参照のこと。なお、ドイツの性病予防については、川越修『性に病む社会』山川出版社、一九九五年など。また、公娼制度を持続していたフランスにあっても、この時期公認娼家はほとんど消えうせていた。娼婦の「脱監禁化」があたりまえのこととなり、隔離されることなく売春する娼婦が自ら健康管理を行うようになったとされる。こうした事態は娼婦の自由化というより、保健衛生管理の新戦略と位置づけられる。他方、日本では娼婦の集娼管理に基づく強制的性病予防が根強く追求されたことが注目される。

（7）「売笑問題対策協議会議事要録」一九三四年三月、前掲『買売春問題資料集成〔戦前編〕』五巻。

第三部　戦時体制下の「花柳界」と純潔運動

第一章　戦時体制下の「花柳界」

――企業整備から「慰安所」へ――

はじめに

本章は、日中戦争以降の時期における①貸座敷・芸妓置屋・待合・料亭・カフェー・私娼などの動向とそれらの営業への規制・縮小、②従業員女性の動向について明らかにすることを通じて、買春に関連する接客業からみた場合の戦時日本社会の一端を明らかにすることを目的とする。なお、ここでは便宜上、これらの諸営業を総称して「花柳界」と呼ぶことにする。(1)

日中戦争期には軍需景気の下、高賃金を支払う軍需工場へ多くの青少年が就業し、青少年工の犯罪・「不良化」が深刻視された。また、太平洋戦争勃発以降は、激しい労働力動員が行われた結果、不本意な労働に携わらずをえなかった徴用工たちの怠業・欠勤などが問題化し、労働力の希釈化がすすんだことが指摘されている。(2)こうしたなかで、労働者たちの勤労意欲を高めるために、厚生省・産業報国会・大政翼賛会などでは、労働者に対する福利厚生、「健全な」娯楽・文化・余暇の必要性が指摘され、関心もたかまった。近年、軍需工場労働者に対する福利厚生、勤労文化についての研究もすすみつつある。(3)

一方、日中戦争勃発以降の時期には総力戦遂行のために物資の合理的計画的生産と配分がめざされ、企業整備がすすんだ。企業整備は「不要不急」とされた分野や中小商工業にも及び、娯楽にかかわる諸営業においてもすすんだ。しかしながら、企業整備については重要部門の大企業中心に研究がすすめられており、中小商工業に関してはいまだ研究蓄積が浅く、とりわけ、接客業については研究がほとんど及んでいないといえよう。(4)

すなわち、日中戦争以降の時期には、娯楽にかかわる諸営業が企業整備・縮小を強制されながらも、一方で、「産業戦士」の「慰安」という点からの需要も相当にあり、それらの諸営業は縮小されながらも、生産力増進のために再編されていったことが考えられる。

ところで、本稿が対象とする貸座敷・芸妓置屋・待合・料亭・銘酒屋・カフェーなど、買春にかかわる諸営業は、平時における男性の代表的な「娯楽」であった。このように考えてみると、これらの諸営業は、労働者の激増と生産力増強、一方での企業整備という至上課題と関係しながら、どのように繁栄し、規制・縮小・再編されていったのかということが問題となる。本章はまず第一に、軍需工場地帯を中心にこのことを明らかにする。

第二に、本章は戦時における前述の買春関連接客業に従事した女性の動向について可能なかぎり言及する。平時から買春を「娯楽」としていた男性労働者の急増、「不良化」は、彼らの相手となる女性の動員を必要としたことが想定され、実際、「産業戦士」用の「慰安所」が存在したことも指摘されている。(5)しかし他方で、総力戦には、前借金に拘束されたこれらの職種の女性たちを「産業戦士」化することで、彼女たちを接客業から「解放」するという側面もあった。接客業の女性に対して総力戦がもたらしたであろうこうした二つの傾向について、できるかぎり明らかにしたい。(6)

一　軍需景気下の「花柳界」——一九三七～一九四一年

1　京浜工業地帯

ここでは、京浜工業地帯において、日中戦争開始から太平洋戦争開始直前の時期に、急増した労働者の「花柳界」での遊興状況を、京浜産業調査会調査部「工場地帯花柳界を中心とする一般労務者娯楽慰安施設状況」(7)という資料をもとに考察してみよう。これは、工場地帯の職工激増にともない、その「不良化」が問題となっていたおりから、実態解明の必要性を感じた同調査会が、芸妓置屋・待合・カフェー・公娼・私娼・興業・普通飲食店などについて行った調査である。

この資料から引用した表6から注目されることは、第一に、日中戦争勃発以降、ほぼいずれの遊興施設においても、消費金額が増加していることである。

第二に同資料から注目されることは、各遊興施設における顧客の相違が指摘されていることである。たとえば、芸者待合遊びは工場労働者ではなく、工場主や工場幹部が主たる顧客であることが強調されている。もちろん、「蒲田大森方面の同業界〔芸者待合界—引用者〕で遊ぶ職工が一時全体の約一五％位に激増したことが想像される」と同調査は述べる。しかし、それは職工自らが行ったことではないと強調した。すなわち、「主として一部下請け工場の雇主及びその幹部級職員が工員の移動防止、引抜き手段、作業能率向上等の政策から、工員の親方、中堅等の地位にある職工に対する接待の意味から（なかにはそれを口実に）彼等を同伴して遊興する者が相当あった」のである。同調査

表6　京浜工業地帯工場従業員総体的増加率と工場地帯花柳界を中心とする一般労務者娯楽慰安施設状況

〔工場従業員総体的増加率〕昭和12年を100とし，15年は予想

昭和13年度	14年度	15年度
143.1	185.9	208.8

〔工場地帯芸者待合界状況〕

年度	遊興人員数	消費金額合計(円)	1人当り消費額（円）	芸妓平均在籍人員
12年	65,430（100.0）	399,790	6.11	62
13年	75,204（113.4）	528,820	7.01	66
14年	86,290（131.9）	825,110	9.58	63

〔川崎中心地の公娼界の状況〕

年度	遊興人員数	消費金額合計(円)	1人当り消費額（円）	芸妓平均在籍人員
12年	140,081（100.0）	378,999	2.71	195
13年	180,033（128.5）	506,754	2.81	198
14年	195,281（139.4）	592,017	3.03	180

〔川崎市を中心とした2ヵ所の私娼界の状況〕

年度	工場地帯遊興合計人員数	市街地帯遊興合計人員数	私娼平均在籍人員
12年	38,000（100.0）	34,272（100.0）	234
13年	29,160　（76.7）	26,622　（77.7）	195
14年	54,165（142.5）	34,105　（99.5）	193

〔工場地帯普通飲食店界
（そば屋，すし屋，弁当屋，食堂，居酒屋等）の状況〕

年度	遊興人員数	消費金額合計(円)	1人当り消費額（円）
12年	133,886（100.0）	83,979	0.63
13年	191,235（142.8）	122,035	0.63
14年	309,923（231.5）	199,274	0.65

（京浜産業調査会調査部「工場地帯花柳界を中心とする一般労務者娯楽慰安施設状況」『京浜工業時報』1940年7月号，7巻6号より抜粋）

は「此種方面を利用する階級が余り自粛が行はれて居ないとの非難があるとすればそれは職工諸君に与へられる非難では絶対ないのである」とした。

第三に、これに対して工場労働者の遊興先は、公娼・私娼・普通飲食店・興業が主であったことが同調査では指摘されている。そのうち、川崎を中心とした工場地帯の公娼では、「遊客は大体蒲田、川崎、鶴見方面の工場関係労務者が八割五分」をしめており、「其他が一割五分である」とされた。客数も「十二年度一〇〇に対し十四年度三九・四の増加」を示している。しかし「同地方工場従業員全体の増加率八五・九%に比し、（公娼での遊興人員は）余り増加して居ない」とされ、「それは同業界の設備方法等旧態依然の為めと、娼妓数の減少とに依るものである」と解釈されていた。

以上のように、遊興人員の増加が伸び悩んでいる公娼とは違い、むしろ私娼を相手とした遊興が激増していることが強調された。川崎市を中心とした、二ヵ所の私娼窟について、顧客の九割が工場労働者であり、客数は、一九三七年から一九三九年にかけて四二・五%増加したことが指摘されている。しかも、実際は「何れも以上の数字より三割以上の増加にて、最近は益々激増の傾向にある」とされた。そして、こうした私娼は、「約二十余年前から」「たいてい工場の職工等が内職的に、二、三人の女を置き純然たる居酒屋又は小飲食店を開業して居たものが、工場都市としての発展と共に独身労務者の増加に伴つて性的方面に対して要求する客の増加となり、女たちもそれに抗し得ず応ずる様になつたのである」とされ、今後も「単身労働者激増」にともない、私娼の急増していくことが予想されていた。

第四に、工場地帯全体にわたり、普通飲食店（すし屋・蕎麦屋・弁当屋・食堂・居酒屋など）での遊興人員と消費金額が非常な激増を示しており、その客のほとんどが工場従業員とその家族であることが指摘されている。その背景には、家庭で入手する酒類の不足があった。「川崎を中心とするもののみでも十二年六月二二三二戸あったものが、十五年二月は六〇五戸となり、特に最近普通酒屋から此の方面に転向するものが増加し」「現在の実際戸数は恐らく十二年度の三倍になつているると思はれる」という。店数とそこでの遊興人員の激増の背景としては、「所謂労務者が慰労の為め家庭で飲んで居たビール、酒等は今日入手は全く困難となつた」こと、しかし「それでもまだ、カフエーや料理屋に行けばのめる」こと、しかも、「例へばビールの公定価格は普通酒屋四十五銭、普通飲食店六十銭、カフエー、料理屋七十銭になつている関係上、酒屋で一般家庭に安値で販売するよりも、より高値の方面で販売する方が利益であると云ふ理由から、ビールも酒もそうした方面にのみ集中されつつあり、それを又求めて客が集中すると云ふ様な状態で斯る方面の激増となつている」ことがあげられていた。そしてその結果、普通飲食店で働いている女性に対して客が買春を持ち掛け、これらの女性が私娼化していくことが懸念されていたのである。

第五に、客が増加している他方で、接客業に従事する女性が減少していることが指摘された。たとえば、芸妓に関しては、「遊客の増加に対し芸妓が少ない為め彼女等は激労に堪えず他の場所に移つた者もあり、それ等の補充が今日ではなかなか困難な状態にある」と伝えられ、また、酌婦に関しても、「十三年度以後酌婦の減少せる」と伝えられ、その理由は「生産力拡充により一般婦人の職業戦線へ参加の結果」であるとされている。そして、その結果、「一人当たり消費額の増加は客の激増に対して反対に酌婦が減少して居る為め自然の値上りに依る結果」になっているとされた。

一方、こうした接客業の女性従業員の減少と軌を一にして、本来は芸を売り物にしているはずの芸妓や、普通飲食店の女性従業員が私娼化していく傾向が指摘されていた。たとえば、芸妓に関しては、「遊客の質的低下」の結果、「芸妓の質も又低下(芸が出来ると云はれる者は全芸妓の二四%位である)」したことが強調されている。普通飲食店についても、単身労働者の激増にともない従業員女性が私娼化していく傾向が指摘されていたのである。そのなかで、花柳病蔓延の懸念と、自由主義的検診方法を見直す必要性が提起されていた。

ところで、こうした接客業の女性従業員の減少は、一九三九年の青少年雇入制限令によって加速化したことが考えられる。同令では、一二歳以上二〇歳未満の従業員は、一九三九年一二月三一日現在の数の三割の人数が減少したときにのみ補充できるということであり、芸妓酌婦の補充に大きな影響を与えたことが考えられる(8)。

2　日中戦争期における「花柳界」取締り

(1)　営業時間・ネオン制限

このように、軍需景気下で繁栄を極めていた「花柳界」に対して、一九三九～四一年には、営業時間制限、ネオン制限などの取締りが行われていた。取締りは当初、カフェーに力が入れられていたが、待合に対する取締りも重視された。営業時間はだいたい午後一一時か一二時までと制限された。

たとえば、警視庁では、一九三九年六月から待合・遊廓・私娼窟に時間制限を実施することになった。「奔騰する軍需景気に乗つて遊興方面、特に待合景気はものすごいものがあ」るにもかかわらず、待合にはこれまで時間制限がなかったことに鑑み、待合・芸妓屋・料理屋・貸座敷・銘酒屋に対しても営業時間制限を加えることにしたというのである(9)。その後、全国各地で歓楽街の営業時間制限が行われている(10)。しかし、東京では、時間制限を行っても、結局花街盛り上がりの時間が繰り上がっただけで、自粛というにはほど遠い状況であることが指摘された(11)。

そして、一九四〇年秋には、内務省による画一的営業時間制限方針が議論された。貸座敷・銘酒屋は午後一一時まで、料理屋・カフェー・バー・待合などは午後一〇時までとする方針に決定したことが伝えられた。しかしながら、結局のところこの方針は撤回されている(12)。『郭清』は「産業戦士の慰安を奪い取ることになる」という理由から撤回されたのではないかと推測している。

(2) 芸娼妓酌婦の待遇問題

一方、一九四一年頃には、上記の接客業に従事する女性の待遇問題に関する、各地の警察の介入がめだつ。たとえば警視庁では、「前借金と年限の合理化、住替え制度の廃止、成年者と云へども、親権者の承諾の必要性、契約内容へ当局の許可制採用等」「悪周旋屋の撲滅」「指定地外の花街(品川、板橋の遊廓)等の一代制(相続人のみには営業許可)、待合新設不許可」などが検討されていた。(13)

また、大阪府でも、「芸妓は自前を建前とし、抱芸妓には同一戸籍内の尊属親の承諾を要することとし、未成年者に対しては実父の承諾を要することなどの制限を加へ、保護を強化」し、「抱芸妓の別借を原則として禁じ、芸妓の素質の向上に最も意をはらひ」「意志に反する斡旋及び貰ひの禁止」などが方針となったことが伝えられた。(14)

広島県でも、公娼において、前借さえ返済すれば、廃業できるようにすること、稼業契約の年限を五年以内とし、五年以上の稼業は許さぬこととなり、従来転々と住替して容易に脱出できなかったものを救済することが決定された。(15)

こうした措置の目的や効果についてはよくわからないが、接客業に従事する女性たちの軍需工場方面への動員推進と、接客業女性従業員の減少にともなう彼女らの酷使の防止を企図していたのではないかと思われる。

このように、日中戦争勃発から四一年頃までの時期においては、「花柳界」が繁栄したが、工場幹部らによる待合景気と、職工による遊興との間には明確な格差が存在していた。一方、接客業の女性の減少にともなう彼女たちの「価格」の吊上げ、物資不足、とくに酒の不足が顕在化してきていたことが指摘できる。そして、こうした事態に対し、警察は待合などの遊興をはじめとして、奢侈的な遊興の抑制や営業時間制限をはかったが、それは買春そのものの抑制をめざしたものではなかった。また、「産業戦士」への動員などを背景に、接客業に従事する女性の待遇問題への警察の介入がみられたものの、人身売買の禁止などが取り組まれたわけではなかったのである。

二　企業整備と「花柳界」

1　「第一次企業整備」と「花柳界」（一九四二年）

一九四二年には、四月に「小売業整備に関する件」（第一次企業整備）により、整備の対象となる業種が決定し、五月に企業整備令が発令された。(16) このとき、従来内務省管轄であった営業では、麻雀クラブ・カフェー・バー・周旋屋が、正式に整備の対象とされたが、(17) しかし、この前後の時期から、芸妓置屋・待合などの内務省管轄の他の営業も企業整備の対象となっている。

一九四二年には、芸妓置屋および紹介営業の新規営業を許可しない方針がたてられた。譲渡も原則として許可しないということである。(18) さらに同年、「生産的建設的職域へ動員」するための一段階として、内務省が芸妓・娼妓・酌婦・女給などの数を、同年七月一六日現在の数より増加を認めない旨を各地方庁に通牒した。(19) その他の県でも同様の通牒が出されている。たとえば鹿児島県では、(20) 貸座敷・カフェー・バー・料理屋・飲食店の新規営業および拡張譲渡を許可しないことなどが取り決められ、岡山県でも花柳界における従業員の増加を認めない方針で、また芸妓・女給は労務調整令により、一四歳以上二五歳未満の者は当局の認可を要するなどが取り決められ、各署に指導が指示されたという。(21)

こうした状況下で、各地の「花柳界」の営業者数の減少や、転廃業が伝えられた。たとえば、大阪府では、カフェー・バーは八〇〇軒近く、特殊料理店は三五軒ほど、普通料理店は六三軒、女給は二五〇〇人以上、芸妓は九五〇人ほど減少したと伝えられている。一方、普通飲食店は一〇〇〇近く増加したという。[22]そのほか、宮崎県延岡の料理店・芸妓置屋・貸座敷が一部自発的転業を遂げたこと、兵庫県の芸妓共同事務所の男衆が産業戦士へ転換したこと、福岡でもこれら諸営業が激減の一途をたどっており、県保安課が、女給・仲居らに生産部門への転業を慫慂していることなどが伝えられている。[23]

2 「花柳界」の「殷賑」と「闇」

しかし、企業整備の進展の一方で、「花柳界」が依然として「殷賑」を極めていることも同時に伝えられた。しかも、一九四二年には生活物資の配給統制がすすみ、業務用物資も不足しはじめていたことからもわかるように、その「殷賑」は、闇経済との密接なつながりを意味していたのである。すなわち、「闇」から貴重な物資を手に入れ、公定価格を無視して高額な代金で提供している店があり、同時に希少価値となりつつあった女性従業員の「価格」やチップも吊り上げて利益をあげる業者が出現していたということである。そして、一般庶民ではなく、軍需景気下での受益者層が、そうした「花柳界」に押し寄せ、高額の遊興を享受しているということであった。京浜工業地帯の神奈川県では、買出し隊が農家から闇値で物資を購入し、料理屋へ高値で売却していることが伝えられており、[24]その他の地域でも闇経済と「花柳界」の関連が指摘されている。

たとえば、物資不足が深刻化した一九四二年に至っても、富山市・高岡市・宇奈月・小川温泉の享楽街の「殷賑ぶりは全く気狂いざた」と伝えられ、それは業者が価格を吊り上げているゆえの利益の増加であると伝えられた。[25]また、秋田県では「花街で消費される飲食物が総て不正な手段で流されるため、一般家庭用物資の不円滑な原因をつくつている」とされ、「全県一斉に臨検した結果、酒、鶏卵、食肉、鮮魚を初め花街で食膳に上るすべてが闇をつけて購入している不正行為が全部を占めていることが判明した」とされた。[26]また、北海道でも一斉取締りの結果、違反件数が三三一件にのぼったこと、不当利得の最高は三〇〇〇円にのぼり、「三流」カフェーが「一流」なみの料金をとっていたことなどが指摘されている。[27]

能代署でも花街（市内料理屋・カフェー・飲食店および食堂）一斉取締りの結果、「市内一流料理業者は一様に県の申し合わせ事項である夕食二円五〇銭のお膳ははるかに突破して四円五〇銭から五円と言ふ豪華版で然も酒一人二本は名ばかり、客の求めに依つては無制限にこれを提供して、一料亭一夜の消費実に二斗と言ふ豪勢さを示し、正当の配給量から行けば半月で売りつくさねばならぬ筈を、平然と営業を続け、又缶詰類、サイダー、あげ油或は砂糖、醤油等は全業者を通じて大量の買い溜めをなし、然も一流料亭では公価三二銭のサイダーを三五銭で売つているという有様」であったという。[28]

3　「戦力増強企業整備」と「花柳界」（一九四三年）

（1）「接客業の整備に関する件」

一九四三年に入ると、企業整備は一段階加速化し、「不要不急」産業の根こそぎ転廃業をめざす、いわゆる「戦力増強企業整備」が実施された。これにともない、接客業に関しても同年八月、「接客業の整備に関する件」が出された。[29]これは、料理飲食業・待合業・貸座敷業・麻雀業・玉突業・射的業を対象としたものであったが、一方で「本整備は適当の限度に於ける国民の慰安、娯楽をも抑制するの趣旨に非ざる」とされ、「地方の実情」に即した運用が呼びかけられていたことに注意しておきたい。

整備に当っての留意点は、主として下記の四点であった。①「転廃業の指導斡旋に当りては可及的現下の住宅対策、国民動員計画に寄与すること」、②「奢侈抑制の見地をも考慮し戦時生活の建設に協力すること」、③「転廃業者の選定に際しては施設の利用状況、営業内容の良否、転換の難易等を総合的に考慮し画一機械的なる措置に堕せざること」、④「特殊施設の所在地、新興地帯にして斯種業態の存在を特に必要とするものに付ては格別の考慮を払ふと共に管内の実情に照し要すれば地域的（隣接府県間の場合を含む）に接客業の配置転換を図ること」。

④の「特殊施設」「新興地帯」とは、要するに、軍隊駐屯地や軍需工場地帯等と思われるが、そうした地域に優先的に接客業を配備すると同時に、必要外とみなされた接客業の店舗を、「産業戦士」の住宅等に転用する方針であったことがうかがわれる。

（2）　転廃業の進展と工員宿舎などへの転換

これにやや先立って、東京では料飲食業組合が幹事会を開催し、都下四万六千軒におよぶ業者を半減することに決定しており、料理屋への芸妓の出入り禁止なども定められた。そして、同時に軍需産業地帯に対して、食堂・すし屋・料理飲食店の整備に考慮することが定められた[30]。「接客業の整備に関する件」の方針にのっとり、軍需工業地帯が優遇されていることがうかがわれる。

また、待合・料理店・御茶屋・芸妓置屋・カフェーは、「接客業の整備に関する件」の方針にのっとり、一九四三年以降続々と工員宿舎に、旅館に、修練道場に、アパートに転向していったが、たとえば京浜の料亭十数軒は、さっそく工場の工員宿舎へと買収された[31]。

また、遊廓の寄宿舎への転換も始まった。たとえば、川崎遊廓は、「過般来日本鋼管株式会社との間に、相談があつたが、今回同遊廓十九軒が、挙つて身売りすることになり、百四十名の娼妓及び、従業員の補償を含めて、坪百八十円で売り渡すことになつた。これで川崎遊廓は完全に消滅したわけである。尚日本鋼管会社では、三月末より同社工員の寄宿舎となつた」と伝えられた。(32) その他、高岡市羽衣遊廓が修練道場として、「身売り」をしており、(33) 工場による買収というかたちで転廃業を遂げていく特徴がうかがわれる。東京に関していうと、一九四三年末には、洲崎遊廓が警察の斡旋で「某造船所」に買収ないしは貸与された。(34) その他、新潟県新発田の遊廓も工場に買収された。(35)

しかしながら、転廃業がつづく四三年以降になっても、特殊飲食店業者が「闇」から物資を入手し、高値で売りさばいて暴利を得るという現象がやむことはなかった。たとえば、東京の特殊飲食店業者が、酒・ビールに高価な料理を抱き合わせて暴利を貪っていること、そのことに対して警視庁が粛正にのりだすことが伝えられたのである。(36)

（3）　芸娼妓の転売・住替

しかし、こうした芸妓置屋や遊廓の廃業は、必ずしも芸妓や娼妓の廃業をもたらさず、残存する他の遊廓への彼女たちの転売・鞍替えに終わるケースがあったことを強調しておきたい。純潔運動は、遊廓の転廃業の促進について当局へ要求を出すなど、この問題とかかわっていたが、遊廓の廃業が必ずしも芸娼妓の廃業・前借金棒引きにつながっていないことを批判している。

たとえば、川崎遊廓の廃業について、「全遊廓業者十九軒が、日本鋼管の工員寄宿舎として身売した」にもかかわらず、「その際、百四十余名の娼妓には前借のあると云ふ理由で、他へ転売されたものがあつた」ことを批判している。そして、「かう云ふ場合大抵警察当局が仲に這入つて、斡旋するのであるから、警察としては娼妓の前借金問題に就いて、一応考察する筈であるが、何かの関係で、前借金棒引きと云ふ処までは押し切れないものがあると見える」とした。そのうえで、「此の際かう云ふ問題に対して地方警察にのみ委せず内務省の方針として、遊廓身売の場合は、必ず前借金棒引を条件とするやうに、方針を明らかにせんことを希望する」と要求したのである。そして、娼妓の廃業方針としては、彼女たちを「白紙徴用」することを推奨し、「さうなれば楼主が鞍替させやうとしても、実際上できないのであるから、楼主が妙な策を弄することもなくなつて、相談は極めて順調に進んで行く」と主張したのであった。[37] こうした批判は、遊廓廃業にともなう娼妓転売の実態を逆説的に明らかにしているとみることができよう。

三 「高級享楽停止」と「慰安所」

1 「高級享楽停止に関する要綱」

「花柳界」に最終的な企業整備をもたらしたのは、一九四四年三月に出された「高級享楽停止に関する要綱」であった。ここで停止の対象となった料理店とは、「一〇坪以上の宴会用客席を有し」、「婦女が客席に侍して接待し飲食物を供するもの」とされている。そうでないものは飲食店として継続され、カフェーについても高級でないものは飲食店としての営業が認められた。[38]

買春にかかわる接客業に関して注目すべきことは、公娼制度下の貸座敷が停止の対象とならなかったこと、待合に関して「待合は全部一応休業せしめたる上高級待合は引続き之を休業せしめ下級待合に付ては待合の名称を廃し其の実質を慰安的なものたらしめて之が営業を継続せしむ」とし、芸妓置屋と芸妓についても「慰安的営業に必要なるものは其の名称を改めて営業せしむ」としている点である。[39]つまり、最終的な企業整備においても公娼制度が廃止されなかったばかりか、待合の一部が慰安施設として新たに準備されることとなったのである。

そして、同月二七日の「高級享楽停止に関する善後措置」[40]では、休業した料理店・飲食店・待合・芸妓置屋などのうちから部分的に、①「集会所」、②「飲食店」、③「慰安所」として復活させることが取り決められた。このうち、「集会所」とは、休業料理店・飲食店中適当なるものを転換させる予定であり、その数は社会上の要請を考慮して定め、「飲食を主とせず専ら諸会合等に充つる為席料を取りて営むを本位とし、簡単なる食事の提供は認むるも飲酒を認めず」とされている。また、「慰安所」については、「休業待合中下級のものに付ては其の所在地域、業態内容並びに社会的必要性を勘案し享楽的ならざる慰安施設として之が転換を認め社会生活に於ける現実の要求に沿わしむることと致し度い」とされた。

それでは、こうした方針に基づき、実際にはどのくらいの数の店と従業員が休業させられ、その後①、②、③のいずれとして復活したのだろうか。「高級享楽停止に伴ふ接客業の現況と輿論」（警保局警務課、一九四五年一月）[41]によると、表7の通りである。

すなわち、カフェー・待合・芸妓置屋・芸妓は、九〇％以上、一〇〇％近くが休業を命じられ、そのうち、それぞれ二〇％前後が転業もしくは廃業している。ただし芸妓に関しては転業廃業率が高く、四〇％近くにのぼった。一方、復活した業者は、料理屋・カフェー・飲食店・待合・芸妓置屋の順に多いが、そのうち、料理屋は飲食店、ついで「慰安施設」、カフェーは飲食店、待合は「慰安施設」、芸妓置屋は「慰安施設」として復活したものが多いことがわかる。「慰安施設」に注目してみると、「慰安施設」は計四八四二軒だが、うち、もと芸妓置屋だったものが一番

表７　接客業者総数・休業下命者数・転廃業者数およびその率・復活業者数およびその率

〔1944年２月末日における接客業者総数〕

料理屋	カフェー	飲食店	待合	芸妓置屋	計	芸妓
32,797	10,099	113,786	5,238	15,080	177,001	42,568

〔休業下命者数（総数に対する比：％)〕

料理屋	カフェー	飲食店	待合	芸妓置屋	計	芸妓
25,476	9,493	602	5,197	15,077	55,845	42,039
(77.7)	(94.0)	—	(99.4)	(100.0)	(31.6)	(98.8)

〔転廃業者数（休業下命者に対する比：％〕

料理屋	カフェー	飲食店	待合	芸妓置屋	計	芸妓
4,335	1,653	111	1,152	3,759	11,010	16,614
(17.0)	(17.4)	(18.4)	(22.2)	(24.9)	(19.7)	(39.5)

〔復活業者数（休業下命者に対する比：％)〕

	料理屋	カフェー	飲食店	待合	芸妓置屋	計	芸妓
飲食店へ	15,009	4,870	240	90	74	20,283	184
集会所へ	313	9	18	17	—	357	32
慰安施設へ	1,238	111	—	1,425	2,068	4,842	7,131
合　計	16,560	4,990	258	1,532	2,142	25,482	7,347
	(65.0)	(52.6)	(42.9)	(29.5)	(14.2)	(45.6)	(17.5)

（「高級享楽停止に伴ふ接客業の現況と輿論」より作成）

多く、ついでもと待合、もと料理屋となっている。そして、もと芸妓の七一三一人が「慰安施設」へ行かされたことがわかる。

　ところで、純潔運動側は、こうした「慰安施設」の設置について批判を繰り広げている。純潔運動幹部の高島米峰は、「最近都内の工場地帯には、大工場の付近十七ヶ所に一種の慰安所が設けられ、折角転身して、正業に挺身せんと意気込みつつあった数千の下級芸者をして、再び古巣に帰らせ、ここに集る有象無象の接待に就かしめて居ると聞く」と述べた。また、「慰安所」設置の理由として、世間では「工場に働く若い女性の性的危難を救ふ手段として、真に止むを得ず」とか「家族を地方に疎開せしめて、単身東都に留まつて居る男子のために、性の解決を確保する絶好の方法なり」等の意見が横行しているとして批判している。すなわち、「〔慰安所設置の理由は―引用者〕これを屁理屈とでも言ふのであらうが、かかる現象をみせつけられて、道義の頽廃を憤慨しないものがあるならば、そのものの身体の道義神経麻痺症が、既に膏盲に入つて居ることを憐まざるを得ない」と強く批判したのであった。(42)

2　「慰安所」の「殷賑」と「闇」

それでは、設置された「慰安施設」の実態はどのようなものであったのだろうか。(43)内務省によれば、高級享楽停止の措置とは、享楽の廃止ではなく、その簡素化の徹底を目的としていた。また、それらの業種が「国民飲食、意思疎通乃至性的慰安等」について従来果たしていた社会的機能は、「戦局の苛烈化と共に国民士気の昂揚、生活の安定等の為、むしろ一層の機能発揚を必要とせられる」と認識していた。国民士気の昂揚のため、性的慰安についても適確な数を残存させることが妥当と考えられていたのである。

しかしながら、高級享楽停止後に設置された飲食店・集会所・「性的慰安施設」では、「国民生活の簡素化」という目的が「達成しつつありとは云い難い」とされた。その理由は第一に、「業務用物資の逼迫、慰安婦の減少、雇入難等」が致命的であること、第二に、国民生活簡素化についての「国民の覚悟」が徹底されていない、第三に、集会所における飲食の制限など、再編された業態が社会の実情にあっていない、第四に業者が「旧態依然」たる利益追求を継続していることなどがあげられた。このことを、「性的慰安施設」についてより詳しくみると以下の通りである。

「性的慰安施設」については、「従来貸座敷（公娼）、銘酒店及転業料理屋（所謂私娼）」が存在していたが、「高級享楽停止要綱」はこれらに対しては休業を命ずることをせず、それどころか、前述のように「一部之等の需要を充足し居りたる下級待合をも斯種施設に転換せしむる措置を採った」。その結果、これらの「性的慰安施設」は「開店数刻を出でずして満員の状態にして極めて殷賑を加へつつある状況」とされた。しかし、「此の需要に対する従業婦の不足は洵に深刻」ということであった。そして、従業婦の不足の理由としては、「(イ)勤労動員の徹底による雇入婦女の給源枯渇、(ロ)軍需工場幹部等新興所得者層に於ける落籍の増加、(ハ)好況による前借金弁済廃業者の続出等に依り従業婦の離職と新規雇入難甚し」といった事柄があげられた。こうした事情のため、「業界の殷賑にも不拘漸次営業困難に陥りつつある状況」とされたのである。

そして、「慰安婦」や遊興への需要の拡大の一方での「慰安婦」・物資不足を背景とし、業者が「(イ)「泊り」の有無にかかはらず玉代を支払はしめ、(ロ)酒、料理代金の名目を以て不当の請求を為し、(ハ)或は娼酌婦をして過大なるチップを要求せしめる等遊興料金の不当吊上げを策する」場合のあることが指摘された。しかも、「殊に待合から転化せる業者にありては、従前の芸妓顧客の馴染み関係を利用し、婦女を独占せしめ、莫大なる報酬を収受して、ひそかに旧態依然たる営業を為す者あり」ということであった。

その結果、「性的慰安施設」に対する世論としては、「特権階級の独占の施設である」という批判や、「遊興費が大衆には高すぎて遊べぬ。いま少し料金を低廉にして従業婦を増してもらいたい」という意見が「多数を占むる状況」であった。

以上からわかるように、国民生活の簡素化を本来的目的とした「高級享楽の停止」は、簡素化や「平準化」を達成することができなかった。経済統制の破綻の結果として、接客業者が闇物資を利用し、高い需要と従業女性の不足を背景として、その価格を吊り上げたのであり、一部の高額所得者による独占的利用に陥ったという意図せざる結果をもたらしたのである。

最後に、芸妓をはじめ、接客業の女性の側からこの事態を照射してみたい。

3　芸妓の前借金

(1)　前借金の減額・返済と「産業戦士」化

前節でも述べたように、芸妓の産業戦士への転向、軍需成金による落籍、軍需景気を背景とした前借金返済による芸妓廃業などが相次いでいた。また、内務省警保局の観察によれば、高級享楽の停止にともなう芸妓置屋の休業は前借金の免除、減額、ないしは返済猶予をもたらしたとされている。すなわち、転廃業者の問題として、「最も問題となれるは芸妓等の前借の措置」としているものの、「業者抱芸妓間の恩義関係よりその額少額なるものは進んで債務を免除し、多額のものと雖も減額、月賦償還又は無利子弁済猶予等の協定を遂げ警察も亦その側面的指導を為して円満に解決を進め現在殆ど解決を終り問題となるものなき状況である」とされている。また、警保局は、芸妓に関する世論としても、「芸妓も此の際英断を以って転廃せしめ生産陣に編成すべきである」「現状に落着きたる芸妓を今更還元する必要はない」というように、芸妓の廃業を是とする世論の多いことを伝えている。

このように、軍需景気とその後の企業整備、そして「高級享楽停止」は、芸妓の前借金返済の促進や免除、「産業戦士」への転業をすすめた面があった。しかも、前節でみたように、四万人以上の芸妓がほとんどいったん休業を命じられ、そのうちの一万六千人以上が転廃業したということは、芸妓の世界、「花柳界」にとってきわめて大きな変化であったということができよう。

（2）　前借金による拘束力の持続

しかし、一方で、内務省警保局は以下のようにも指摘している点を見逃すことはできない。第一に、休業業者のなかには、享楽停止期間終了後に、再び営業を再開する希望的観測をもっている者がおり、それらは「殊に芸妓置屋、待合、芸妓等に強きものの如く」とされている点である。そして、その理由としては「多額の前借金返済は芸妓の女子挺身隊参加等による収入にては到底望み難き点より満期後の復活を期待し居るものと認めらる」とされた。すなわち、「産業戦士」に転業した芸妓らに対しても、前借金の返済を執拗に追い求める業者が確実に存在していたのである。前借金契約そのものが禁止されたわけではなかったので、前借金を残したまま転業した芸妓に対して、業者が前借金返済を要求することが可能だったのである。このことは、「性的慰安施設」に従事することになった芸妓の前借金問題とも関連する。一九四四年以降の時期に職業選択に関する自由意志というものがそもそもありえなかったことに加え、多額の前借金の存在が、業者をして、芸妓を「性的慰安施設」に従事させることにつながった可能性の高いことである。

（3）「性的慰安」の「平準化」要求と廃業芸妓

また、芸妓の廃業を支持する世論にしても、それはあくまでも、一部の成金層による高級享楽に対する反感にすぎないのであって、芸妓の人権を根拠としたものではなかった。世論は、「大衆的公設食堂設置の要望乃至は喫茶店式の簡易なる会合施設開設の要望並びに慰安婦の増員、安価なる慰安所設置の要望等がその主流を為しつつある現状」だったのである。すなわち、一部の成金向けの芸妓の廃業は支持するものの、他方で安価な「慰安婦」の増員を求めているのであり、あえていえば、性的慰安の「平準化」を要求しているにすぎなかったのである。

さらに、芸娼妓たちの立場から考えると、以下の点に留意する必要があるだろう。まず、性的慰安施設が「きわめて殷賑」という言葉のなかに、そこで働かされた女性たちの労働の過重さが容易にできるということである。また、廃業した芸妓や、その他の女性にしても、絶対的な物資不足と、その一方での横流し物資の取得者の存在や彼らによる「性的慰安」の需要拡大のなかで、慰安施設に従事しなくとも、性的「慰安」の提供者になることで生活の糧を得ることを余儀なくされる場合のあったことが想像できる。そして、こうした事態全体の背景として、破綻しつつあった日本の経済統制、主としてそのことに起因する社会秩序の崩壊の兆しをあげることができるだろう。社会秩序の崩壊と「パンパン」の登場という現象は、敗戦直後の現象として語られることが多いが、経済統制の破綻しつつあった戦時にその前提条件がすでに形づくられつつあったといえるのではないだろうか。

おわりに

最後に、①工場労働者の急増・「不良化」にともなう買春関連接客業の需要の増大、②企業整備と買春関連接客業の再編、③買春関連接客業に従事する女性の動向、という三点から本章をまとめておきたい。

①日中戦争期には、軍需景気により、軍需工場幹部などの「新興所得者」による待合遊びなどの遊興が拡大した。そして、彼らに連れられた職工たちの待合遊びなども促進されたものの、基本的には依然として遊興の内容には階層間格差が存在していた。職工たちの遊興先は待合や料亭ではなく、公娼・カフェー・私娼（銘酒屋）などであったが、このうち、私娼の増大と普通飲食店における買春の増加が著しかった。

②こうしたなかで、接客業の営業時間制限・従業員人数制限などがなされ、さらに一九四二年以降には企業整備が

すすみ、待合や遊廓は工場寄宿舎などへ転換させられていった。しかし、これらの営業に関して、奢侈の抑制ははかられたものの、「性的慰安」そのものの禁止がめざされたわけではなかった。公娼制度は廃止されることなく持続させられ、また、軍需工場地帯を中心に、必要とみなされた数の買春関連接客業の継続的営業がはかられたのである。戦争末期に至り、「高級享楽停止」による奢侈的接客業の停止後に、「性的慰安施設」を設立するということで決着がつけられたが、その趣旨は、奢侈の抑制と国民生活の簡素化であり、下級待合などをも性的慰安の提供場所として準備することであった。しかしながら、この時点でも遊興の「平準化」が達成されることはなく、「花柳界」と闇経済との密接な関係がみられ、物資不足と「慰安婦」不足のなかで、「新興所得者」を対象とした、公定価格を無視した高額の遊興・「慰安婦」の提供、一部の「新興所得者」による「慰安婦」や遊興の独占、落籍などが続いたのであった。

③軍需景気による「花柳界」の繁栄の一方での企業整備、「高級享楽停止」の政策は、確かに芸妓たちの前借金返済を促進したり、接客業女性の「産業戦士」化をもたらした。しかし、重要なことは前借金そのものの廃止はなされず、前借金の残額によっては残存業者へ転売されたり、「慰安所」へむかわされた女性たちが存在したこと、「産業戦士」へ転業後も前借ゆえに拘束され続けた芸妓たちが存在したことである。また、一般世論では、軍需関連高額所得者相手の芸妓に対する反発が強まる一方で、安価な「慰安婦」の増加を望むものが大半を占めていたのであり、芸妓らの人権といった観点からの反発ではなかったのである。

最後に、このような軍需関連成金むけの高額の遊興の持続、それとは別の大衆的買春需要の存在、それらの背景としての統制経済の破綻が、「慰安婦」の女性の労働過重、「慰安婦」以外の女性たちの性的苦難を幅広くひきおこしたことが想定されることを指摘しておきたい。

註

（1）花柳界とは、本来、芸者や待合・料亭・遊郭を指すものであるが、ここでは、便宜上、それ以外の諸営業、すなわちカフェー・銘酒屋・私娼等をもまとめて「花柳界」と称することとした。

（2）北河賢三「戦時下の世相・風俗と文化」藤原彰・今井清一編『十五年戦争史2　日中戦争』青木書店、一九八八年。赤澤史朗「太平洋戦争期の青少年不良化問題」『立命館法学』第二〇一・二〇二号、一九八八年。佐々木啓「戦時期日本の青少年『不良』化対策」『年報日本現代史13　戦後体制の形成』現代史料出版、二〇〇八年。

（3）高岡裕之「大日本産業報国会と『勤労文化』」『年報日本現代史7　戦時下の宣伝と文化』現代史料出版、二〇〇一年など。

（4）原朗・山崎志郎「序　戦時経済の再編成と企業整備」同編『戦時日本の経済再編成』日本経済評論社、二〇〇六年。

（5）吉見義明・林博史編著『日本軍慰安婦』大月書店、一九九五年、藤野豊『性の国家管理』不二出版、二〇〇一年など。

（6）なお、本章では公娼制度廃止を目的とした純潔運動の機関誌『廓清』に掲載された「花柳界」関係資料を随所で使用する。その理由は、戦時における買春の実態に関する資料が乏しいなか、同誌がほぼ毎号にわたって「享楽街取締」「風紀粛正通信」などの戦時の買春についての資料を掲載していたためである。また、戦時純潔運動は国策と一体化していたわけではなく、国策の禁欲的たてまえと裏腹に、戦時社会において買春行為が蔓延していたことについて厳しい批判を展開していたことから、同資料の資料的価値に注目するからである。戦時の純潔運動の先行研究では、同運動が性病予防策に尽力した点などにおいて、戦時国策と一体化したことを強調している。しかし本書は次章でみるように、同運動が国策と一体化したという指摘は一面的であり、むしろ軍需工場職工「不良化」対策、風俗取締り、公娼制度政策、人口政策などの点において、国策を批判していた面があると考える。

（7）『京浜工業時報』七巻六号、一九四〇年七月。

（8）『廓清』三〇―三、一九四〇年三月。

（9）同上、二九―六、一九三九年六月。

（10）同上、二九―七、一九三九年七月、三〇―四、一九四〇年四月。

（11）同上、三〇―五、一九四〇年五月。

（12）同上、三〇―一一、一九四〇年一一月、三一―一、一九四一年一月。

(13) 同上、三一—四、一九四一年四月。
(14) 同上。
(15) 同上、三一—一〇、一九四一年一〇月。
(16) 山崎志郎「統制機構の再編成と企業整備」前掲『戦時日本の経済再編成』。
(17) 原朗・山崎志郎編『戦時中小企業整備資料』第一巻、現代史料出版、二〇〇四年、二三頁。
(18) 『廓清』三二—三、一九四二年三月。
(19) 同上、三二—九、一九四二年九月。
(20) 同上、三二—八、一九四二年八月。
(21) 同上、三二—九、一九四二年九月。
(22) 同上、三二—七、一九四二年七月。
(23) 同上、三二—四、九、一〇、一九四二年四、九、一〇月。
(24) 『横浜市史Ⅱ　第一巻（下）』横浜市、一九九六年、八〇五〜八〇六頁。
(25) 『廓清』三二—一二、一九四二年一二月。
(26) 同上、三二—一〇、一九四二年一〇月。
(27) 同上、三二—七、一九四二年七月。
(28) 同上、三二—一〇、一九四二年一〇月。
(29) 「接客業の整備に関する件」（昭和一八年八月三日付内務省発警第五四号内務次官より庁府県長官（除樺太庁長官）警視総監宛通牒）前掲『戦時中小企業整備資料』第一巻。
(30) 『廓清』三三—四、一九四三年四月。
(31) 同上。
(32) 同上、三三—二、一九四三年二月。
(33) 同上、三三—五、一九四三年五月。
(34) 同上、三三—一一、一九四三年一一月。洲崎遊廓の建物は石川島重工業の工員宿舎となったという。そしてその後、洲崎遊廓の業者たちは、陸軍航空工廠長らにより、立川市羽衣町に強制移転を命じられ、立川飛行機・航空工廠・昭和飛行機などの工員の慰安施設として営業をさせられたという。このことからは、慰安施設は航空機産業に対して優先的に配置させられた可能性が考えられる（岡崎柾男『洲崎遊廓物語』青蛙房、一九八八年）。

(35)『廓清』三四―二、一九四四年二月。

(36) 同上、三三―一〇、一九四三年一〇月。

(37) 村上雄策「遊廓身売と前借金」『廓清』三三―五、一九四三年五月。

(38)「高級享楽停止に関する具体策要綱の実施上留意すべき事項（一九四四年二月二九日閣議諒解）」（「種村氏警察参考資料」九〇、国立公文書館所蔵「警察庁文書」）。なお、「高級享楽停止」に関する国立公文書館所蔵資料については、藤野・前掲『性の国家管理』においても取り上げられている。

(39) 前掲「高級享楽停止に関する具体策要綱の実施上留意すべき事項」。

(40)「高級享楽停止に関する善後措置」一九四四年三月二七日（前掲「種村氏警察参考資料」九〇）。

(41) 内務省警保局警務課「高級享楽停止に伴ふ接客業の現況と輿論（一九四五年一月）」（「警務課長会議資料」「種村氏警察参考資料」一一三、国立公文書館所蔵「内務省警保局文書」）。

(42) 高島米峰「戦時の国民道義の問題」『廓清』三四―八、一九四四年八月。

(43) 以下の引用はすべて、前掲「高級享楽停止に伴ふ接客業の現況と輿論（一九四五年一月）」による。

第二章　軍需工場地帯における純潔運動

――群馬県を中心に――

はじめに

本章はある民間団体が戦時に行った道徳向上運動を分析することを課題とする。キリスト教社会事業家を中心とし、戦前から戦時にかけて公娼制度廃止・男女平等の性道徳の確立、禁酒などを唱えた純潔同盟の活動（純潔運動）である。(1)

前章でもみたように、日中戦争勃発以降の時期には、国民精神総動員運動の一方で、軍需景気により花柳界が繁昌し、高賃金の軍需工場職工たちが遊興にのめりこんだことが指摘されている。(2)また、太平洋戦争期には、激しい労働力動員の下、軍需工場での不本意な労働に携わらざるをえなかった徴用工の怠業・欠勤・遊興、家庭を遠く離れた劣悪な住環境・娯楽施設の貧困のなかでの青少年工の「不良化」(3)といった矛盾が生じていた。さらには、闇経済の蔓延と統制経済のほころびがすすんだ。統制団体自体が役得を享受したり、軍需会社が従業員の食料確保のために工場外の統制経済の破綻に拍車をかけたことが指摘されている。(4)

こうした戦時の社会矛盾に対しては、様々な対策も試みられた。たとえば、青少年工の勤労意欲向上のために、企業内（青年学校内）熟練工養成や、工員に対する食料増配・住宅確保などが行われていた。[5]また、産業報国会などによって青少年工に対する娯楽の整備や勤労文化の提供がめざされた一方で、[6]厳しい精神主義的「練成」による解決方法がめざされた。[7]しかし、総じてそれらの対策は目覚しい効果を発揮せず、太平洋戦争期には、社会的荒廃とモラルダウンが広がってゆき、戦時体制に対する人々の不満が鬱積していったことが指摘されている。戦時社会における道徳の再建が、国家や軍需工場によってのみならず、社会の各方面から求められる必然性が生じていたのである。

いうまでもなく、戦時の団体は国策との接点なしにはその存続を許されなかった。しかし、太平洋戦争期といえども、戦前から存続した諸組織のすべてが、必ずしもその独自性や自主性を完全に失ってしまったわけではない。「国策協力のタテマエを認めたうえで」発揮された独自の活動のなかには、ときには潜在的抵抗の契機もはらまれていた。[8]本章でとりあげる純潔同盟の活動も同様であった。本章は、同同盟の活動の諸国策との接点をふまえたうえで、戦時の社会的荒廃の実態と、国策の道徳的建前との間の乖離に対する同同盟の批判的活動を明らかにする。

戦時の純潔運動は近年注目を呼び、いくつかの先行研究がある。それらの研究は概ね、純潔運動の言説をとりあげ、純潔同盟が、私娼への差別的性病検査の強化や、性病患者の結婚禁止や治療義務に賛意を表したのであり、その主張は戦時国家による身体・性の管理方策と一体化したと主張している。[9]しかし本章は前述のように、太平洋戦争期においても、「国策協力のタテマエ」の一方で、運動の独自性が存在したことに留意する。そして、純潔運動の言説のみをとりあげるのではなく、戦時地域社会の具体的な激変・荒廃状況のなかに同運動を位置付けて分析するならば、その主張・活動は必ずしも国策と一致していたわけではなく、国策への根強い批判を展開していたことを明らかにする。

なお、本章は群馬県純潔同盟の活動を対象とする。同県を対象とする理由は第一に、同県が日中戦争以降、養蚕製糸業地帯から軍需工場地帯へと、その産業上の位置を大きく転換したからである。その結果、同県には青少年を含む多数の職工が当初は自発的に、のちには徴用により流入し、これにともなう戦時の社会矛盾が極端にあらわれたからである。

第二の理由は、群馬県がプロテスタントによる社会事業や廃娼運動の活発な地域であり、明治期に公娼制度を廃止した(10)（しかし、同県では、公娼廃止後も、事実上売春を目的とした飲食店を乙種料理店として黙認し続けている。なお、料理・酒提供を主目的とする料理店は甲種料理店とされた）ばかりでなく、大正期には県や市の社会政策の担い手となったプロテスタント社会事業家も多く存在したからである。彼らは、公娼廃止の先進県として、廃娼運動の全国組織廓清会や廃娼連盟と強いつながりをもっており、一九三一年に群馬県純潔同盟を結成している。廓清会機関誌『廓清』をみるかぎりでは、群馬県は戦時において純潔運動が最も活発に行われた地域であり、地元において、裁縫女学校・女子青年団・製糸工場などでのひんぱんな講演会活動、雑誌『純潔』の刊行・配布（一九三八〜四二年）を行っていた。

一　日中戦争期の純潔運動

1　軍需景気と花柳界の繁栄

群馬県では、昭和恐慌により蚕糸業が打撃をうけたのち、軍需工場が急速な発展を遂げた。一九三四年には中島飛行機太田工場の建設が始まり、規模拡大が行われたのち三八年には陸海軍管理工場となった。また四一年には邑楽郡小泉町に建設された小泉製作所で本格的に操業が開始され、最終的に、中島飛行機は太田・呑竜・小泉・前橋・伊勢崎・尾島の各製作所で生産を行っていた。四一年八月には徴用者入所式が行われ、同年九月には小泉産業報国会が結成されている。

一九三八年一二月には理研が前橋に進出し、四一年には理研工業株式会社となり、製糸工場群馬社と隣接して新前橋駅近くに工場地区を形成した。このほかにも、浅野カーリット群馬工場・関東電気精錬会社・関東電化工業株式会社などが、いずれも日中戦争開始前後に設立されており、高崎駅北口周辺にも、理研製機・理研電磁器・理研水力器械・高崎航空器械などの軍需産業が積極的に誘致された。その結果、一九三五年には群馬県下の工場生産額全体の一〇%にすぎなかった重化学工業生産額は、一九四〇年になると四〇%にのぼった。重化学工業部門職工数も同年には全体の五〇・一%にのぼり、生産額・職工数とも、軍需産業がすでに大きな比重を占めていた。(11)

こうして建設された軍需工場には、軍需景気の下、多数の青少年工が流入することとなった。日中戦争勃発以降、「軍需工業方面の好況に伴い此の方面の求人殺到等から従来の繊維工業に働く職工乃至は徒弟中其方面〔軍需工場方面─引用者〕に走るもの続出しさなきだに職工払底の繊維工業界及び中小商店の徒弟に脅威を投かけて居る」とされた。とくに、「直接顕著なる之れが影響を受けて居るものは前橋市内の製糸業者並に撚糸業者であつて撚糸界の職工の異動等殊に目立ち其大部分は軍需工業方面へ逃避転向し又製糸工場の従業女工の如きも人造繊維会社其他へ走るものがあつて目下これが食い止め策に大わらはの状態」であり、一方中小商店の徒弟を希望するものも少なくなり、「理研工場及軍需工場の少年工を希望して行く向も頗る多く此点大中小商人の頭痛の種となつて居る」とされた。(12)

このような軍需景気は、緊縮を唱える国民精神総動員運動の展開にもかかわらず、各地花柳界に稀にみる繁栄をもたらした。一九三九年の前橋では、「普通ならば二月は霜枯れ月」であるにもかかわらず、「花柳界の黄金時代を現出して居る」とされた。「数日前から予約を申込んで置かぬと〔芸者を─引用者〕御座敷へさへ呼べぬという殷賑さ」であり、「二月に於ける芸妓の総売上高は大小あはせてなんと四万一千七百七十四本」、昨年と比べて「一万一千二百十

表8　諸営業店数と女性従業員数

	1936	1937	1938	1939	1940	1941	1942
甲種料理店	588	587	587	—	—	624	432
乙種料理店	305	300	293	—	—	247	242
芸妓置屋	552	534	576	600	628	627	583
料理屋	—	—	—	794	800	—	—
飲食店	2,075	2,212	2,139	1,590	1,790	1,631	2,025
カフェー・バー	—	—	—	522	260	402	255
酌婦	733	728	679	591	618	605	533
芸妓	1,319	1,353	1,383	—	—	—	—
飲食店雇婦	2,735	2,582	2,207	—	—	1,683	1,335
宿屋雇婦	1,600	1,755	1,867	—	—	1,778	1,307
女給	—	—	—	1,011	498	459	408

出所：『群馬県統計書』より作成。—は統計なし。

九本」増加しており、まさしく「国民精神総動員が目をまわそうといふ有様」であると報道された。そして、「とりも直さずこれは軍需産業のインフレ景気の捌け口の一つ」であるとされたのである。(13) 表8の芸妓置屋数をみてみても、一九三七年から三八年にかけて四〇軒以上、三八年から四〇年の時期には、毎年二〇軒以上ずつ増加していることがわかる。芸妓数に関しても、三七年から三八年にかけて三〇人の増加がみられる。

そして、新しく採用された「殷賑産業」従事者の青少年工たちが、高額の収入を得て花柳界での遊興や娯楽へ耽溺し、犯罪へと傾斜していったことも人々の関心をひいていた。(14) たとえば、「紅燈の街に出没する不良青年職工又は一般人にあって、匕首、仕込杖、刀剣、ナイフ等々の兇器を所持して押し歩き些さいのことから血の乱闘を演じたり、又恐迫を働いたりする悪質なる犯罪発生も少なくな」いことが報道され、(15)「最近前橋市内の花柳街や喫茶店街に巣食うヨタ者の群は頓に激増し通行人に無理難題を吹き掛ける等動もすれば非常時局を全く無視する悪の華の跳梁にこの程前橋署では断乎鉄槌を下して彼等の一掃に乗り出し、親分格の数名を検挙した」(16) と伝えられている。

さらに、花柳界の繁栄は、軍需工業地帯に花柳病の蔓延をもたらしたことも伝えられた。「軍需景気でホクホクの太田町に『青年の花柳病』と云ふ一つの大きな悩みが新に生れ関係各方面に頭痛の種を蒔いている」ことが指摘され、「最近中島飛行機製作場の独身青年職工間の花柳病患者は頓に激増し非常時航空日本を担当する仕事の能率上或は祖国を双肩に荷なつて起つ青年にとつても由々しき問題」となっているとされたのである。(17)

2　純潔運動の本格化

(1)　機関誌『純潔』の発行（一九三八年〜）とその主張

このように、「非常時」にもかかわらず軍需景気下で花柳界やカフェーが繁栄をきわめ、職工による犯罪が社会問題となる状況を憂慮して、群馬県内では純潔運動が活発化した。群馬県純潔同盟は、昭和恐慌下の一九三一年に発会式を行っており、カフェーなどの営業制限、禁酒、「淪落婦人」の救済などをめざしつつ、県内各地で頻繁な出張講演会を展開していた。一九三二年末現在の会員数は八四四人、三二年三月時点の職業別会員内訳をみると、多いものから農業一一〇、製糸業一〇〇、商業六〇であり、農業・製糸業の比重が大きい。なお、地域別内訳をみると前橋が最も多く二二八だが、次いで群馬郡が多く一六二であり、内一〇一人が製糸会社群馬社であることが注目される。(18)同同盟の理事は、概ねキリスト教徒だが、ごくわずかながら仏教徒も含んでおり、養老事業、孤児院、子守り学校、戦後の戦争未亡人施設、製糸会社群馬社の教育係、盲学校校長、日本キリスト教婦人矯風会支部長などに携わった社会事業家たちであった。(19)とりわけ中心となったのが、理事長の森川抱次(20)と主事の戸谷清一郎、(21)日本キリスト教婦人矯風会員小泉たね(22)であった。

一九三八年には機関誌『純潔』を創刊した。機関誌創刊に関しては、「多年の希望懸案が時局という推進力によって達成実現した」(23)とされ、国民精神総動員運動を意識していることがうかがわれる。純潔同盟は、「最初から県の方にも渡をつけて社会教育課あたりと協力し、社会教育主事が県の代表的意味で、又他方県下各方面の有力者もそれぞれ加わつて、ともに組織相談会毎に出席し、純潔同盟成立後は、社会教育主事始め県下有力者も理事の一人になつて色々と尽力している」のであり、廃娼連盟の松宮弥平はこうしたあり方を「一方から見れば実に県に於ける小さい純潔総動員」と称した(24)。

要するに群馬県純潔同盟は、国民精神総動員運動における享楽禁止・勤勉精神の強調に呼応しつつ、県の社会教育主事などと協力して運動を展開したのであった。しかし、勤勉精神の強調、享楽反対という点では国民精神総動員運動と呼応したものの、後述するように、全面的に一致していたわけではないことに注意しておく必要がある。

機関誌『純潔』創刊号での森川抱次「吾等の主張」は、社会の現状を「中流以上にありては、芸妓という高等売笑婦の為に禍せられ、下級にありては、娼妓、酌婦、女給の為に深毒され」ているととらえ、「全国到る所思い切った淫蕩の場所が日に蔓延しつつあ」るとした。そして、女子には貞操を強いながら、男子には事実上の一夫多妻を許容し、ひいては公娼制度を存置し続けていることが、「今日の如き淫蕩の社会」をもたらすことになったのだと批判し、男女双方の貞操道徳の向上を実現するために『純潔』を創刊したのだという(25)。

「今日の如き淫蕩の社会」とは、「非常時」にもかかわらず、軍需景気の下で軍需工場職工たちにより、花柳界が繁栄をきわめていることをさしていた。「〔群馬県下では―引用者〕時局の進展に伴ひ直接或は間接なる必要により各地に各種の工業頓に勃興し、都市と言はず、農村と言はず、子弟の多くは其の家業を離れ、工場へと押し寄する有様は、実に驚くべきもの」ととらえ、これら青少年が工場で得た収入を自由に消費する機会が与えられたため、「誘惑の魔手に触る」結果となり、「救ふべからざる悲境に沈淪する」と指摘した(26)。具体的には、県内で「かの燈火管制下、人々異常の緊張裏の夜、芸者を揚げて、底抜け騒ぎを演じて、世の非難を浴びた某殷賑工業従事者の大一座があつた」ことなどに警鐘を鳴らした[27]。また、一九四〇年には、下記の新聞記事を紹介して人々の注意を喚起した。すなわち、「太田、桐生、館林、大間々の四署から」「送られて来る青少年の犯罪を見るとその大部分が工業会社の職工として働いている」こと、「更に航空工業の中心地たる太田町は特に青少年の犯罪が多く本年に入って百三十件百九十人で毎日必ず一件は起つて」いることなどである[28]。そして、こうした工業地帯の青少年の「不良化」が「遂に山村淳朴の青年を蝕ばむに至つたに外ならない」とし[29]、「本同盟は一面地方の男女青年団或は各種の工場主と一層大に連絡を蜜邇にして講演講話の機会を多からしめ、他面『純潔』の内容を豊富にする」ことがめざされた[30]。

軍需景気下での青少年教育の必要性の指摘という点では、従来からの青年団での教育に対する批判も意図されていた。小学校卒業後の青少年の多くは青年団に入るが、そこでは「団体的に茫漠たる概念的教育を受けて居る」にすぎず、ましてや「都会に集中せる、多くの徒弟青年にありては、殆んど、放飼同様に、纏まつた教育を受けていない」と指摘した。しかも、青年団教育は「国家に対する奉仕的教育に偏し、其青年個人完成の教育に対しては、頗る不充分」であり、「国家奉仕に対する一員としては、身命を捧げる尽忠の誠を致す」にもかかわらず、「個人としての道徳観念は殆んど別人であるかの様に、低級である」と批判したのであった。つまり、「自己の生命を捧げて、尽忠の誠を致した功何級と云ふやうな勇士が、犯罪者に為つたり、背徳漢になつたりする様の奇現象を往々暴露するのは、個人たる人としての人格が完成していないからに外ならない」と強調した[31]。

このように、群馬純潔同盟は、国民精神総動員運動の享楽禁止・勤倹と接点をもちつつも、その主張内容は、個人の貞操道徳の養成を欠落させ、国家主義的教育に偏した青年団教育への批判、軍需景気下での青少年工の「不良化」を阻むための人格教育の主張などの点において、国民精神総動員運動の論理とは異なっていた。その相違点は、この時期警察によって行われていた、各地の享楽街における「不良学生狩り」に対する同誌の主張からも明らかである。

（２）「不良学生狩り」と禁酒・廃娼

各地の享楽街における「不良学生狩り」に対して、『純潔』は一面で賛同しつつも、他面では次のような異議をとなえた。「所謂狩らるるやうな不良不埒なる学生若くは学生と自称詐称する遊蕩児が、——此の国家未曾有の非常時局も知らず顔に——少なからずあるといふこと」を問題としながらも、「その〔学生狩りの—引用者〕方法と程度とに於て、必ずしも全然共鳴する限りではない」としたのである。すなわち、「学生狩り」などの強制的・暴力的方法では問題の根本解決ができず、根本的な解決のためには、「人間道徳の基調は『出生の原因たる性の純潔、即ち男女共に貞操を確守するに在る』といふ信念を涵養すること」、すなわち貞操教育しかないと強調した。そして、貞操に関する信念が確立すれば、ひいては「社会は正しく国家民族は永へにその繁栄を期し得る」としたのであった[32]。

また、ダンスホール・カフェー・バーなどを厳しく取り締まり、それらの営業への学生の出入りを暴力的に弾圧する一方で、公娼制度を相変わらず持続していることの矛盾を突いた。すなわち、政府当局は「帝都を始め全国に渉り、淫風煽揚の機関たるダンスホール、カフエー、バー等苟くも、その虞れある業態に対し、強圧的取締を敢行し、鋭意、風紀の改善向上に努力せらるる」にもかかわらず、「隔靴掻痒の感に堪えない」のは、その一方で政府が、「何故に此の逸すべからざる大機に於て竿頭一歩を進めて、全国の公娼廃止を断行せざる乎である」としたのである[33]。

要するに、純潔同盟の活動は国民精神総動員運動における娯楽の締め出し、風俗営業の弾圧と呼応する部分があったことは事実である。しかし「学生狩り」のやり方が、暴力的であり、一夫一婦の内面的教育に基づいていないことを批判し、同時にカフェーなどを弾圧する一方で、遊廓の公認を廃止しないことの矛盾点を鋭く突くという点では、純潔運動が国民精神総動員運動の精神とは異なっていたことに留意する必要がある。

（3）　陳情活動と各地での講演会活動

こうした主張のもとに群馬県純潔同盟は、県や警察などに対して頻繁に陳情・要請を行った。たとえば、一九三七年一二月には、前橋修養会・高崎修養会・前橋婦人会・基督教婦人矯風会上毛部会・上毛基督教婦人会・両毛基督教青年連盟・群馬興国禁酒会・廓清会群馬支部などとともに、県・県会議長・警察・学務部長に対して、非常時に際して「最も緊要なる堅忍持久勤倹力行精神」を喚起することを要請し、具体的には、①花柳病に対する根本策の樹立、②売笑風紀取締りの励行、③競馬の取締り励行、④未成年者禁酒法の励行、⑤すべての公的会合に酒類を用いないこと、などの要求を出した(34)。

陳情活動以外に、群馬県純潔同盟は頻繁に県内各地で講演会活動を行った。一九三七・三八年の一〜三月には連日のように各地で講演を行っており、講師としては、群馬県純潔同盟主事の戸谷清一郎が赴く場合が圧倒的に多かった。講演先は、①佐波裁縫女学校・立華裁縫女学校・文化裁縫女学校（以上、伊勢崎）・高崎和洋裁縫女学校・前橋裁縫女学校・大胡町北爪裁縫学院などの裁縫女学校、ついで②女子青年団が多かった。伊勢崎の裁縫女学校での講演が多かったのは、主事の戸谷がかつて同町の助役を勤めるほどであったことと関係があろう。女子青年団については、三七年に勢多郡桂萱村女子青年団、邑楽群伊奈良村・館林町・小泉町などの女子青年団、勢多郡女子青年団幹部講習会などに対して講演が行われたが(35)、三八年の二〜三月にかけては、勢多郡一七ヵ町村の女子青年団（処女会）に対して集中的に純潔問題講演会が行われた(36)。勢多郡の女子青年団に対して集中的に講演会が開催されたのは、群馬県純潔同盟理事である小峰茂樹が勢多郡連合女子青年団会長だったためと思われる。その結果、一九三七年四月から三八年三月までの講演回数は六七回にのぼった。四一年二・三月にも、小峰茂樹の斡旋により、勢多郡内の各小学校で講演会が開催されている。[37]

他の講演先としては、頻度が低いが、③キリスト教系女学校、共愛女学校（前橋）・堺町実科女学校（佐波郡）・沼田高等女学校などの女学校、④伊勢崎製糸会社・碓氷社高崎工場などの製糸会社があげられる。とりわけ、一九三九年一一月には、東京から安部磯雄・久布白落実を招き、碓氷社高崎工場で講演会が開催されており、五〇〇人の女工員と五〇名の男工員の前で、安部による時間励行・約束厳守・公衆道徳に関する講演が行われた。その後、高崎市公会堂で、婦人矯風会上毛支部ほか二婦人団体の主催により、久布白落実「時局と婦人の使命」、安部磯雄「新東亜建設と婦人の覚悟」という講演会が行われ、さらに、群馬興国禁酒会・群馬県教化事業連合会などによっても安部・久布白の講演が行われた。[38] 碓氷社など群馬県内の製糸工場で講演が開催されたのは、同県製糸業が元来キリスト教徒とのつながりが強く、純潔同盟の会員も多かったことのあらわれと考えられよう。

さらにここで注目しておきたいことは、県の学務部長が純潔同盟の講演会を各中学校などへ宣伝する場合もあったことである。[39] また、群馬県純潔同盟は、三八年五月九日にも県教化事業連合会・群馬興国禁酒会と共同主催で「国民生活合理化問題講習会」を開催し、学校長・町村長・男女青年団幹部・社会教育教化者などの約三五〇人の出席がみられたように、教化事業連合会や禁酒会などと密接な共同関係にあった。[40]

二　花柳病予防・国民優生法・人口問題研究所の設置と純潔運動

1　花柳病予防・国民優生法と純潔運動

こうした状況下で、群馬県内では軍需工業の「殷賑」にともなう職工の遊興の増加がもたらす弊害として、花柳病の蔓延が問題視された。群馬県純潔同盟は、花柳病患者が著しく増加したのは、殷賑工業地太田町をもつ新田郡およびそれに隣接する地域であることを指摘し、山村にも花柳病が拡大しているのは、純朴の青年が殷賑産業に従事するなかで花柳界に通い、花柳病に罹患しているからだと強調したのである。(41)

一九三八年に厚生省が設置され、性病対策が予防局予防課の管轄になると、「人的資源」確保のための重要課題の一つとなり、より効果的な花柳病の予防法樹立が模索された。一九二七年に成立した日本の花柳病予防法は、花柳病予防の対象を、「業態上花柳病伝播の虞ある者」すなわち、芸妓・酌婦やその他の私娼などの娼婦とその斡旋人などに限定したうえで、花柳病を感染させる危険性を知っていながら売春したものを処罰することを定めた法である。「伝染の虞ある花柳病に罹れることを知り又は知るべくして売淫を為したる者は三月以下の懲役に処す」「伝染の虞ある花柳病に罹れることを知り又は知るべくして売淫の媒合又は容止を為したる者は六月以下の懲役又は五百円以下の罰金に処す」とするものであった。また、市町村などが「業態上花柳病伝播の虞ある者」のための診察所を設置し、その経費の一部を国庫から補助することを規定した二条・三条をのぞいて花柳病予防法は施行された。(42)

一九三九年になると、留保されていた花柳病予防法第二条・三条が施行され、同時に同法は一部改正されたが、その改正内容は、娼婦を対象とした診療所で、娼婦以外の「伝染の虞ある花柳病に罹れる者」も診療できるようにするというものであった。その後も、さらにすすんで「人的資源」の確保のための性病検診、とりわけ妊産婦に対する健康診断がめざされた。また、公娼制度はもはや性病予防の方法としては役割を果たしていないので、廃娼すべきであるとの議論も相次いだが、花柳病予防法自体はそれ以上改正されることがなく、公娼制度も廃止されることがなかった。すなわち日本の性病予防は、日中戦争以後も、国民全体ではなく娼婦のみを対象とした方法に限定されがちだったといえる。

日中戦争期における花柳病予防法の改正問題と、一九四〇年に制定された国民優生法に対して、群馬県純潔同盟は次のような主張を繰り広げた。殷賑産業従事者の花柳界での遊興と、その結果と思われる花柳病の拡大を、「新東亜建設」のための「人的資源」の育成にあたって重大な阻害であると関連付け[43]、花柳病予防に関する対策の樹立の必要を主張したのである[44]。

こうした主張をよく表しているのが、戸谷清一郎「『人的資源の保護育成』について」[45]であった。この文章では、「国民の心身の健康を保護し、増進せしむる事」と「心身優秀なる子女を多く生ましめ、之を保護し育成する」ことの必要性を認めつつ、その方策として、①母性の保護、②結核・花柳病ないし精神病患者の無料相談所および低額診療所を国費・公費または社会事業団体の施設をもって設置し、早期発見と治療に努めること、③国民体力法・国民優生法の重要性を指摘した。そして、③の国民優生法については、「悪種の遺伝を絶ち之に依て種の淘汰を為し、惹いて国民の素質即ち人的資源を永遠に優化する上に於て吾等は大に其の効果を期待するものである」と述べた。

しかし、ここで注目すべきことは、戸谷をはじめ群馬県純潔同盟の主張では、「人的資源の保護育成」という点において、上記に述べた三点以上に、「更に根本的にして最も重要を信ずる三事項」が強調されたことである。その三事項とは、第一に「純潔精神の徹底即ち貞操道徳の確守」「正しき一夫一婦の実行」であった。しかし軍需産業の殷賑が、酒や売笑婦に代表される「淫蕩享楽」を助長しており、「正しき一夫一婦」が阻害され、極端な場合「情死」事件などに至り、「大切なる人的資源」を損なっているという観点から、人格教育の重要性を強調したのである。第二に禁酒の断行である。酒は「保健衛生上の上からも、能率増進の上からも、将た食料政策の上からも、更に淫蕩享楽を誘導し助長し、家庭を破り風教を紊る点からも」排斥しなければならないとした。そして第三が、公娼制度の廃止と私娼の禁遏であった。娼婦の問題は公娼私娼を問わず人道問題であるうえに、公娼は国家が公認する「淫蕩享楽の主要機関」であり、純潔精神を損なうと同時に、花柳病の感染源として、「人的資源」を蝕んでいると主張した。

要するに、国民優生法に支持を表明しながらも、群馬県純潔同盟の主張の主眼は、「優生手術」などによる「種の淘汰」の追求にあるのではなく、一貫して男女平等な性道徳、相互の人格を重視した結婚を基礎とする家族の確立と、そのことを阻害している飲酒と公娼制度の禁止ということにあったのである。

このことを、性病対策についての同同盟の具体的な意見を通して確認してみよう。一九四〇年一〇月開催予定の全国社会事業大会へ、群馬県社会事業協会が提出すべき協議案として、群馬県純潔同盟は非常時禁酒令、全国公娼制度廃止、全国風教運動の件に加えて、花柳病予防撲滅を掲げ、下記の要求を出した。(1)「花柳病に関する相談所竝に低額診療所を要地に設置すること」、(2)「任意的健康証明書の交換より、更に進んで花柳病の無病又は治療の確実なる証明あるに非ざれば結婚することを得ざること」[46]。

その一方で、理事の森川抱次は、公娼制度が「花柳病感染場の常設」であって、娼妓への性病検査・治療は効果があがっていないこと、同じ理由で私娼窟の設置も性病蔓延をもたらすことを強調し、予防のためには「娼婦絶滅政策」をとると同時に、「性欲自制の途を講」じ、「男子の貞操観念」を養成するしかないと主張したのであった[47]。また戸谷清一郎をはじめ、群馬県純潔同盟の理事たちがその有力なメンバーであったため、同同盟の意向が強く反映しているものと考えられる群馬県社会事業協会の「花柳病防遏に関する対策」をみてみると、そこでは、国民一般を対象とした予防策の提唱と同時に、「売淫のみならず買淫をも犯罪と認め且つ黙認主義を排し警察的取締を厳にすること」「売淫並びに買淫の勧誘周旋を為したる者は勿論其の為に家屋を供与したる者をも厳に処罰すること」「売淫の虞ある業態者を無制限に増加せしめざること」「売笑婦紹介業の取締を厳にし且つ新規開業不許可の方針を採ること」「県警察部直属の風紀監察官を設置すること」「各警察に風紀係専任を置き若くは増員し風紀警察の機能を充分に発揮せしめんこと」などが提案されていた。

さらに、婦人相談所・婦人ホームの設置、婦人の授産・紹介機関の設置、婦人方面委員による女子の淪落防止・保護の要求などがなされていた(48)。

以上の内容からは、群馬県純潔同盟が、売春婦に限定した性病検査・治療ではなく、国民一般を対象とし、花柳病患者の結婚禁止など、強制力をもった花柳病予防や低所得者むけの予防策を希望していたことがわかる。ただし、ここでも同同盟の主張の主眼はなによりも娼婦を買うという行為への道徳的批判であり、「男子の貞操観念」の必要性の強調であった。だからこそ、男子の性的放縦を肯定しているに等しい性病検査付き公娼制度廃止を求め、さらには買淫の犯罪化をも要求したのであり、その意味で人的資源の確保のみを目的とする国民優生法や花柳病予防法の論理とは異なっていたといえよう。

2　人口問題研究所の設立と純潔運動

群馬県純潔同盟の主張の主眼が男女相互の人格を尊重した結婚の重視という点にあったことは、同同盟が、人口問題研究所の設立に対して異議を表明したことからも明らかである。「時勢急変の致すところ、実際問題としては〔人口問題研究所の設立は―引用者〕已むを得ない事であらう！」と認めながらも、「今あわただしく『人口問題研究所』を設置して、之から本格的に研究にとりかかるなどは余り感服しかねる」と疑義を呈し、「人口問題は『人の数』の問題であると同時に『人の質』の問題でなければならぬ」と主張した(49)。すなわち、多産に基づく人口増加さえ行えばよいのではなく、増加した人口の「人の質」が優良でなければならないとする見地から人口問題研究所を批判したのであった。

そして、「人の質」の向上のための根本策として、男女双方がお互いの人格と貞操を尊重した結婚を最重視することを第一にあげた。すなわち、『結婚』とは、『心身の結合』である」として、結婚における精神的側面を強調した(50)。そして「淫蕩享楽の結果は、一方には家庭乃至社会の紊乱となつて悲劇醜劇を随所に展開し、他方には酒毒、梅毒に冒され、惹て恐るべき諸種の疾患を誘発し助長し、その極遂には羸弱為すなきに至り、甚しきは低脳となり精神病となり廃疾となるものさへ少からず」とし、淫蕩享楽に溺れることのないような人格教育がまず重要であると繰り返し強調したのである(51)。

三　太平洋戦争期の純潔運動

1　人口政策・企業整備・労働力動員の進展

（1）人口政策の進展

四一年の人口政策確立要綱の発布、太平洋戦争の勃発以降、群馬県内でも人口政策が具体的に実施されていった。四二年には、県衛生課が医師会と協力して四市に優生結婚相談所を設置することになり、四月には群馬県母性保護会を結成することが決定し、「妊婦の診療奉仕、戦時下母性保護の強化、妊婦の栄養指導、母性知識の普及徹底、乳幼児の育成指導」などがめざされた[52]。また、七月からは妊産婦届出制が実施と決定され、妊娠三〜四ヵ月の間に市町村村役場へ届け出るべきこととなった[53]。八月二七日には高崎市が結婚相談所の設立懇談会を開き、結婚の積極的勧奨、結婚適齢者登録、身元調査等が行われる予定となった[54]。

一〇月二六日には、伊勢崎方面事業助成会が、市役所内に伊勢崎結婚相談所を開設した。方面委員と婦人方面委員が連絡、結婚の斡旋を行うことになっていたが、次のような結婚十訓も作成された。「心身共に健康なる人を選べ」「お互に健康証明書を交換せよ」「悪い遺伝のない人を選べ」「成るべく早く結婚せよ」「迷信や因習に捉われるな」「父母長上の意見を尊重せよ」「式は質素に届は当日」「生めよ育てよ国の為」[55]。さらに群馬県初の試みである保健婦の養成講習会が産業組合県支部主催の下に、群馬社において一〇月二六日から開催された[56]。

以上のような人口増加策は四三年になると一層露骨となり、「優生的結婚と認められ且つ」「結婚費の支弁に困難する者」に対して社会事業協会や県が結婚資金を貸し付け、その後出産した子供の数によって、貸付金の棒引きを行う制度も導入された[57]。また、結婚に際しては「あり合わせ」の服や標準服を用いることなどを決めた「結婚新様式標準」の設定[58]、不妊婦の検診[59]なども導入され、県の保健婦協会も設立された[60]。

また、四二年二月一二日には群馬県国防婦人会が解散し、大日本婦人会への統合が決まった[61]。さらに、四三年四月には、大政翼賛会県支部役員改選にあたって、初の婦人協力会議員として、日本キリスト教婦人矯風会群馬支部会長であり、群馬県純潔同盟の理事でもある小泉たねが選ばれている[62]。

（2）　企業整備の進展と乙種料理店・芸妓置屋・飲食店・酒

一方、一九四〇年には奢侈品等製造販売制限規則が制定され、これをきっかけとして風俗営業の取締りが次のように強化された。(63)①甲種料理店、乙種料理店、婦女を使用し、または酒類を販売する飲食店、遊技場の新設・拡張・移転・譲渡は認めない、②酒類の提供は五時以降に限り、酒二合、ビール一本にとどめること、③飲食店営業は一一時までとし、乙種料理店に限り開業時間中軍衛戍地におけるものを多少斟酌する、④芸妓酌婦の服装は質素とし、パーマを避けること、⑤未成年者・学生への酒類提供は禁止し、飲食店・興業・競馬場への乗り込み自動車は自粛すること（以下略）。

四二年以降は小売業整備がすすみ、中小企業の整理統合が行われた。こうした過程で、カフェー・バー・周旋屋も整理の対象となった。(64)また、四二年秋には、酒の配給に関して、軍需方面・生産方面を優先すること、すなわち、部隊・官公署・工場労働者・鉱山労働者を優先することが確認された。たとえば、鉱山労働者にとって、酒が唯一の活力であること、理研工場でも産業戦士に酒は不可欠であることが強調された。(65)さらに、これらの産業戦士が料亭に特配酒をもちこんで宴会を開いていることに対して批判の声があがっていた。(66)

表8をみると、一九四一～四二年にかけて、甲種料理店は六二四軒から四三二軒へ二〇〇軒近く減少し、カフェーも四〇二軒から二五五軒へ一五〇軒近く減少している。しかし、身売りにもとづく旧来型の遊興であるところの乙種料理店・芸妓置屋に関してみると、四一年から四二年にかけて乙種料理店は二四七軒から二四二軒へわずかに五軒減少したにとどまり、芸妓置屋も六二七軒から五八三軒へ四四軒の減少にとどまった。一方、四一年から四二年にかけては、諸営業のなかで飲食店のみが逆に増加していることが注目される。表9より、飲食店数を地域別にみてみると、

一九三九年から四二年にかけて増加が著しいのは、高崎・太田・桐生などの工場地帯であることがわかる。さらに表10より、地域別飲食店雇婦数をみてみると、一九四一年の太田町が突出した数を示しており、四一年に開始された徴用工の導入が影響しているのではないかと推察される。ただし四一年から四二年にかけての以上の各営業における女性従業員数をみてみると、飲食店雇婦が三〇〇人以上の減少を示していることをはじめ、その他のいずれの営業も四一年から四二年にかけて数十人の減少を示しており、労働力動員の影響がうかがわれる。要するに、四二年には料理店やカフェーは急減しながらも、旧来型の遊興はさほど減少せず、一方で軍需工場地帯の徴用工むけと思われる飲食店が急増するという変化がみられたのである。

表9　地域別飲食店数

	1936	1937	1938	1939	1940	1941	1942
前橋	399	454	459	359	351	344	267
大胡	8	8	9	6	6	5	9
高崎	352	426	425	245	305	305	413
渋川	108	109	104	102	67	69	91
安中	27	31	30	21	23	25	44
松井田	38	45	38	18	23	24	39
富岡	79	76	74	51	54	20	59
下仁田	16	22	19	16	15	19	32
藤岡	123	117	115	106	102	98	105
万場	16	12	15	14	14	16	15
伊勢崎	181	171	154	96	93	88	98
境	32	27	26	25	21	18	17
太田	141	149	140	143	211	211	240
館林	115	115	123	127	124	122	124
桐生	194	205	169	54	132	60	170
大間々	35	39	40	27	28	28	40
沼田	139	134	129	125	119	131	172
原町	39	37	39	43	40	14	39
長野原	33	35	31	12	12	38	51

出所：『群馬県統計書』より作成。

つづく四三年になると、県内の「紅燈街」の大部分が自粛廃業すること、芸妓・酌婦・女給らが「産業戦士」として採用されることも報道された(67)。群馬県における料理店・飲食店・芸妓屋等の「自発的転廃業」は、従来業者の約半分にのぼり、「日本一の好成績」であると指摘された(68)。そして、四四年二月二九日には「高級享楽停止に関する具体的要綱」によって高級料理店・待合・芸妓置屋・カフェー・バーの休業が決定されている(69)。

表 10　地域別飲食店雇婦数

	1936	1937	1938	1939	1940	1941	1942
前橋	410	423	298	—	—	297	304
大胡	6	10	7	—	—	11	2
高崎	732	530	523	—	—	235	227
渋川	98	102	107	—	—	43	31
安中	19	24	25	—	—	4	12
松井田	24	26	14	—	—	4	2
富岡	61	63	57	—	—	20	37
下仁田	—	5	4	—	—	1	11
藤岡	103	102	138	—	—	213	183
万場	8	5	5	—	—	7	4
伊勢崎	185	156	158	—	—	54	42
境	15	14	9	—	—	4	1
太田	167	194	189	—	—	558	230
館林	112	127	—	—	—	65	68
桐生	289	255	226	—	—	65	82
大間々	33	24	24	—	—	9	12
沼田	363	316	355	—	—	58	64
原町	110	128	27	—	—	4	15
長野原	—	78	41	—	—	31	8

出所：『群馬県統計書』より作成。

（3）労働力動員と「不良職工」対策の進展

また、一九四二年以降は、軍需工場に流入する徴用工による享楽・「不良」行為や闇取引・経済犯罪への対処を企図して、産業報国会などによる「不良職工」対策が本格化したが、そこでは精神主義的・軍隊的な規律をたたきこむ「錬成主義」がめざされた。

群馬県内の中島飛行機工場では全国に先がけて徴用工が導入され、近隣の旅館を寮に転用し、その住居がまかなわれた。徴用工の人数は、一九四三年八月時点で太田製作所二万五〇一五人、小泉製作所一万七六一六人にのぼった(70)。四三年六月には学徒戦時動員体制確立要綱が策定され、北海道・東北の学生や群馬師範学校などの中学校・高等女学校の生徒が動員されており、四五年七月時点の中島飛行機工場の従業員総数は太田六万七九一〇人、小泉八万八四三〇人にのぼっている(71)。このうち、女性の動員についてとくにみてみると、中島飛行機工場での女性労働者数とその比率が急増するのは、一九四四年で、一九四三年に、群馬県各地域の高等女学校卒業生・女子青年団員を組織化した女子挺身隊が結成され、工場へ送りこまれはじめてからであった。一九四五年時点で、太田製作所では約一万七四九〇人、小泉製作所では約二万一〇〇〇人の女性労働者が働いており、それぞれの工場において女性労働者の割合は、二五・八％、二三・七％にまであがっていた(72)。

一般に、太平洋戦争期には徴用工の勤労意欲の低下、少年工の「不良化」が指摘されており、その原因としては、労働条件の劣悪さ、国民動員計画による本人の意向を無視した軍需工場への振り分け、住環境の劣悪さと文化・娯楽施設の貧困、戦時の動員や買出しなどによる家庭の機能の減退などが指摘されている(73)。群馬県内でも「不良化」防止対策が、警察・県産業報国会・各工場・県の保健課などによって実施された。たとえば、伊勢崎署では不良化防止のために青少年保護係を新設、青少年の飲酒・喫煙の取締りをめざし(74)、五月には、少年産業戦士補導週間も設けられている(75)。四二年一月には少年工不良防止座談会が高崎署の演武場で、管内工場労務主任四〇名を集めて行われており、他の警察署でも、各署単位に各工場側と不良青少年防止座談会を開催していた(76)。「県産報では青少年の不良化が数字的に見て大半が産業戦士を対象とされている事実に鑑み協議した結果」、家庭における青少年保護、工場・家庭・警察の連係、職業教育の強化、職場外の監督、賃金支払方法改善などについて案が作成された(77)。

青少年工の犯罪激増の理由としては、年齢のわりに高賃金であり、過激な労働のあとに不健全な娯楽しか用意されていないことも議論されており、「健全娯楽」の提供も模索されていた(78)。たとえば、中島飛行機前橋工場産業報国会では、音楽大会を催し、二葉あき子・霧島昇、漫才のリーガル千太・万吉などの大衆的な歌手・芸人を呼んでいる(79)。県下産報慰安会でも、浪曲・漫才・歌謡曲を含む大規模な松竹国民座を招聘していた(80)。さらに、健民ハイキングなどの健全娯楽も模索されていた(81)。

しかし、これら様々な試みにはほとんど効果がなく、「依然として不良群漸減の傾向すら現れない」ことが伝えられた(82)。また、四三年以降開始された女学生の動員や女子挺身隊の「風紀」に対する懸念も、その父兄や学校関係者によって取りざたされるようになっていた。つまり、若い女性と男性工員がともに夜業に従事することによって「不道徳な関係」が生じるのではないかという懸念であった(83)。

こうしたなかで四三年以降新たに登場した対策が、県産報本部の「錬成」と、大日本婦人会による「母心の奉仕」であった。これまで各工場の単位産報の対応にゆだねていたところへ、四月には県産報本部が青少年工不良化防止の「錬成」に乗り出すこと、錬成費二〇〇〇円が支出されることとなったのである。[84]そして五月一三～一九日にかけては、少年産業戦士補導週間が設けられ、「各人の職務の国家的重要性」を自覚奮起させるための指導訓練施設の講究が行われるとされた。そして、その際、県の翼壮団も「一役買つて出て各級団員をして出身の少年産業戦士のため激励慰問の通信を行わせることとなつた」[85]。この少年産業戦士補導週間には、「母心の奉仕」と称して、大日本婦人会前橋支部・伊勢崎支部などの産業戦士慰問も行われた。一三日には前橋理研工場に日婦前橋支部会員四九名が訪れ、蒲団の修繕や衣類のつくろいに「聖なる母の奉仕」を行ったとされる。[86]また、一四・一六日には「産業戦士」寄宿舎を日婦伊勢崎支部が訪れている。[87]

しかしこうした「母心」の奉仕の他方で、きわめて軍隊的かつ精神主義的な「錬成」が行われていたことがわかる。たとえば中島飛行機前橋工場の岩神町第二工場では、工場の軍隊化をめざして「一糸乱れぬ出発を始めた」。「工員中には転業者もあれば国民学校高等科出身の見習工もあるが之ら工員を先づ同一の魂の中にとけ込ましむべく指導者以下全部が海軍帽に範をとつた純白の帽子を被り同じパンツをはいて一挙手一投足凡てラッパの音によつて行動を行つて居る」ということであった。しかも毎週一回この白い帽子を被り、「工場歌を高唱し乍ら二キロの馳足行進を行い厳重なる戒律の下に同じ職場で同じ仕事を同じ目標の下にやつて行かうといふ工場の軍律化」であった。[88]また、中島飛行機太田・小泉両工場では、修錬道場を設立し、道場から工場へ通わせており、「大きな成果を挙げて」いるとされた。こうした修錬道場は、関東製綱・前橋理研でも検討中ということであった。[89]

以上にみてきたように、一九四二年以降には、露骨な人口増加策として、早婚奨励、結婚資金の貸付、保健婦養成、妊婦検診などが行われる一方で、企業整備により、カフェー・バー・料理店・周旋屋・飲食店などの転業が進んだ。しかし、ここで注目しておきたいことは、第一に、純潔運動が禁止を要求した酒に関しては、軍需部門への特配が優先的に行われており、またカフェー・バー・甲種料理店などの転業がすすみながらも、四一年から四二年にかけての乙種料理店や芸妓置屋の減少はさほどではなく、四三年五月時点においても、花柳界の転廃業率「日本一」とされながらも半数以上のこれらの営業が存続していたことである。第二は、軍需工場における青少年工の「不良化」問題の解決策として、「健全娯楽」による慰問や、大日本婦人会による奉仕などが行われながらも、基本的には、精神主義的・軍隊的規律の押し付けにすぎない「錬成」がすすめられていたことである。

こうした太平洋戦争勃発以降の状況に対して純潔運動は、①人口増加策における貞操観・結婚観への反発、②企業整備における酒や料理店・風俗産業の取扱いにみる「不平等」「不道徳」、③青少年「不良化」問題に関する指導者責任の追及、といった点から時局批判を強めていくこととなる。

2　モラルダウンと純潔運動

（1）　人口政策批判

①「一夫多妻」的人口政策論への批判　太平洋戦争期における群馬県純潔同盟の主張と活動の第一は、人口政策に関してであった。人口増加策のなかに、日本主義的・「家」制度的「一夫多妻」の志向性があるととらえ、そのことに対して強い批判を行ったのである。

一九四一年一〇月に開催された中央社会事業協会主催第一回社会事業研究発表会において、人口増加のためには、場合によっては一夫多妻もやむをえないと受け取れかねない発言が高橋東山という人物によってなされたとして、純潔同盟は強く反論した。群馬純潔同盟主事戸谷清一郎によれば、その後、厚生省嘱託を交えた会談のなかで、高橋は一夫一婦制を西洋自由主義の思想としてこれを否定し、一夫多妻を日本の古来の道徳ととらえ、一夫多妻によって「只一途に多産を促し、人口の増殖を計る」べきであると主張したという。

これに反対して純潔同盟の戸谷は、「洋の東西を問はず、人類は始め乱婚近親婚から一妻多夫、一夫多妻の時代を経て、今漸く一夫一婦制にまで到達したもので、此の一夫一婦制の精神こそ、実に吾等文明人として最高の性道徳であらねばならぬ」と強く主張した(90)。そして、一夫多妻（や一妻多夫）は「青少年の堕落」「劣性の子女の出生」を招くことが必至であること、すなわち、「肉体は動物的に強堅たり得るとするも、霊性は人としての知徳を具え得ざる低劣なものたるは論ずるまでもあるまい」としたのである。さらに「一夫一婦制を西洋思想自由主義の産物なりとして否認し、一夫多妻即ち畜妾制を日本古来の道徳として之に代へんとするが如きは、それこそ、放縦不埒なる男子の便乗的詭弁にしか過ぎない」と総括した。要するに、従来からの主張に基づき、人口増加策のなかに見え隠れする男性本位の発想を批判したのである(91)。

②早婚奨励批判　また、人口政策については、その早婚奨励策がきわめて性急であることも批判した。前項（1）でみたように、一九四一年以降人口増加の目的で露骨に行われた早婚奨励に対して、結婚は本来男女の人格の尊重、自由意志に基づいて行われなければならないという従来からの主張に基づいて批判したのである。すなわち、結婚式の簡素化自体は歓迎できるとしても、「結婚そのものの重要性を忘れて了ってはならぬ」と主張し、「〔結婚の―引用者〕精神的、信念的な大切な方面を深く考えずに、只経済的方面からのみ頻りに簡素化を叫ぶ結果として、外形も内容も混淆圧縮して、いとど貧弱空疎なる実質を、更に一層貧弱空疎なものにして了ってはならぬ」と強調したのであ

る。(92)

一夫一婦を軽視しかねない人口増加策や早婚奨励策に対する批判は繰り返し行われた。そこでは、心身共に健康な子供を増加させるための家庭環境の整備を重視するという点も見受けられるが、批判の主眼は、男女の人格の尊重、一夫一婦重視という主張であったことがわかる。むしろ一夫一婦重視の立場からの人口政策批判が強まりをみせているということが指摘できよう。

（2）青少年「不良化」問題対策批判

批判の第二点目は、軍需工場での青少年工の「不良化」、「淫蕩享楽者」の数の増加、闇経済の拡大を批判して、新たな青少年教育の必要性を説き、さらに、青少年工「不良化」問題の遠因を、指導者の綱紀弛緩・役得に求め、これに対する批判を強めたことである。

青少年の「不良化」問題に対しては、群馬県内における少年犯罪の増加率がとくに著しいこと、しかも犯罪者は「時局産業従業員」が最も多数を占めていることを指摘し、さらに青少年「不良化」の原因として、当局のあげる三つの原因、すなわち「時局が一般青少年の心理を荒ましむる事」「青少年即ち年若き軍需工場従業者が過分の給与を受くる事」「家庭の弱化」を紹介した。そのうえで、戸谷は、家庭の弱化を最も重大な問題としてかかげ、人間形成には家庭がその基礎をなすとし、家庭の基礎としての結婚の重要性を強調した。結婚相手としては、「美はしき人格性情の持主」、とりわけ「品行方正、操守堅固」が不可欠であるとし、男女双方の貞操道徳の重視、人格の尊重に基づく一夫一婦の重要性を再度強調した。なぜならば「将来精神的に亀裂の虞があると共に、肉体的に恐るべき性病を迎え入るる事になる」からというのであった。(93)

そして、これまでの青少年工教育に「人格陶冶」の視点が欠けていると指摘し、そのうえで、森川抱次「青少年指導監督の具体的施策について」(94)では、具体的方策についての提言を行った。まず、青少年の指導が事実上、国民学校の教職員のみに任されていることを問題とし、しかも国民学校卒業後の青少年の大多数が大小の軍需工場へ就職していること、工場では「型式ばかりの訓陶教養」を受けるにすぎないことを指摘した。そして、戦時における具体的な青少年指導監督方法として、翼壮青年隊をして青少年工の監督にあたらせることを提言した。すなわち、「適宜に担任区域並びに人員を定め自己の担任区域内若干の青少年に対し、朝に夕に接触し交渉する事に依て、彼らの心理的趨向から一挙一動まで知悉する事が出来、随て其の家庭の人々と協心同力して適切なる対応施策を為し、以て此の大事業を完遂し得る」としたのである。

青少年工教育に関する群馬県純潔同盟の以上の主張は、家庭の重視という点において、この時期日婦前橋支部や伊勢崎支部が行っていた「母心の奉仕」と若干共通点があるようにも思われる。しかし、群馬県純潔同盟の主張の基礎には、男女の人格の尊重、双方の貞操道徳の重視に基づく家庭の必要性という認識があり、その点において、「婦徳」のみを説く大日本婦人会とは大きく異なっていたといえる。また、翼壮青年隊をして青少年の監督にあたらせるべきとの提言のなかにおける「監督」の意味内容も、これまで述べてきたように人格教育を重視しているという点において、前項（3）で述べたようなこの時期の体罰的「錬成」とは大きく異なるものであった。

（3）　配給・企業整備・戦時体制指導者に対する批判

第三に、純潔運動は享楽主義批判という独自の立場から、配給・企業整備の方法に対しても批判を展開した。たとえば一九三九年の米穀等配給統制法に対しては、主食である精白米を、強制力をもって胚芽ないしは半搗にしなければならなくなったにもかかわらず、酒の原料として米が消費されてしまっていることを批判している。酒は「労働者の慰安のために用いらるるよりも、或階層の遊興の為」に用いられることが多いとの認識に立ち、アルコール中毒をもたらすだけでなく、享楽の温床となることから花柳病の遠因にもなり、国民の体位の低下をもたらすので、米を酒に用いることを禁止して、主食として国民に配給することを主張したのである。そして、公的会合で酒を飲まないこと、さらには非常時禁酒令の公布を要求した。[95]

また、一般に先行研究では一九四二年以降の配給統制の進展、物資不足のなかで、闇取引や経済犯罪が頻発しており、しかも闇取引や経済犯罪がほかならぬ統制団体の役員や官吏・町内会長などの経済統制の直接の担い手や、軍需工場によって大規模に行われていたことが指摘されている。[96]

一九四二年以降の群馬県純潔同盟は、そうした経済統制の直接の担い手、いわば戦時体制の指導層に対する道徳的な批判を強化していったということができる。青少年職工の「不良化」問題や経済犯罪が一向に減る気配がないことについても、指導者の不道徳性・頽廃にその遠因をもとめ、「官吏公吏を始め、苟くも指導層に在る人々の、総ての方面に於て、率先垂範を要望」した。彼ら指導者自身に「綱紀の弛緩あり、世の指弾を受くるに足る事象少なからずとあつては、実に遺憾千万である」と述べ、そのような指導者層の綱紀弛緩が青少年工の「不良化」を加速させているのだとしたのである。

すなわち、「今では病人すら容易に得難きハイヤーを駆つて、暮夜料亭に親しむ者を指導層中に発見する」こと、「一般には無い物、乏しき物が、指導層には甚だ豊かなりといふ噂が我等の耳朶を打つ」[97]ことなどを強く批判した。食糧配給の点においても、また第一節でみたように、その不道徳・不健康な面において、純潔同盟が禁止を要求した酒についても、官公吏や軍需工場関係に優先的に配給されているのであり、こうしたことを純潔同盟の立場からみたならば、それはまさしく、指導者の綱紀弛緩・頽廃なのであった。このことから、「物資は不足ではあるが、絶無ではないのである。只その配給が公平適正であるか、どうかが問題なのである」と追及したのである。(98)

戦時体制の指導者責任の追及は、転廃業政策に対しても及んだ。前項（2）でみたように、四〇年から四二年までの乙種料理店や芸妓置屋の減少は甲種料理店などと較べるとさほどでもなかった。群馬県純潔同盟は、他業種の転廃業の進展にもかかわらず、このように乙種料理店や芸妓置屋、「人身売買」の仲介者たる周旋業者が営業の継続を許容されていることを強く批判したのである。

すなわち、「時局は斯くの如く緊迫深刻を極めている」にもかかわらず、「『芸妓、娼妓酌婦等の周旋業』の大きな看板が、アチコチに臆面もなく、れいれいと掲出されて」おり、「乙種料理店の前を通ると、かの酌婦なるものが、嬌態奇声、誰れ彼れの差別なく客を引入れんとして喧しき事」を指摘した。そして、「緊迫深刻を極むる今日の時局に於て『芸妓、娼妓、酌婦の周旋』が、公然の営業として許可され堂々大看板を掲げて存在しているといふ事の如何に不合理であるかは多くの架説を要さないであらう」と述べ、「今は有用乃至必要の業態でさへ、所謂整備令に依て、最小限度に整理統合されているのではない乎そうして其の余力を戦力増強の為に転用しつつある秋ではない乎。（中略）今は逸すべからざる、逸すれば、再び得難き最好機会なのである。方法に於ても、他の営業転廃に対する仕方を参考として準用すれば、何の面倒もないではない乎」と提案した。営業転換の方法についても、その家屋を戦時利用することを提案しつつ、この機をのがさずこの種の営業を廃業させることを主張しているのである。(99)

（4）　太平洋戦争期の活動と『純潔』の廃刊

このように、太平洋戦争期にも群馬県純潔同盟はその主張を概ね貫いたばかりか、指導者責任の追及を強化させたといえるが、機関誌『純潔』は、「都合により」四二年六月をもって廃刊となった。

しかしその活動自体は四四年に至るまで継続したことが確認できる。太平洋戦争期の講演活動としては、青年学校での女子青年団員に対する講演会が行われたことが指摘できる。四二年二月下旬から三月中旬にかけては、勢多郡連合青少年団主催の修養講演会に出張し、その後、同郡内各地の青年学校、たとえば桂萱村青年学校・東村呆青年学校・北橘村橘青年学校・木瀬村瀬年学校・勢多郡新里村青年学校などにおいて女子青年団員・女子生徒にむけた講演を行っている。講演題目は、「青少年問題と健全家庭の建設」「結婚と性病問題」などであった[100]。社会的荒廃がすすむなかで、一夫一婦に基づく健全な結婚・家庭生活の重要性を女子生徒や女子青年団員に強調したのである。しかし、『廓清』をみるかぎり、四三年以降、各地での女子青年団向け講演会活動は掲載されなくなる。

また、四二年三月二九日には、群馬県教化事業連合会・群馬県青少年団・廓清会群馬支部・群馬興国禁酒会との共催で「青少年団幹部戦時生活刷新講習会」を男女青年団幹部二〇〇人参加の下に開催しており、国民純潔同盟の高島米峰の「大東亜建設と青少年の自覚」と、国民禁酒同盟の小塩完次の「民族力強化と青少年禁酒運動」という講演が行われた[101]。また、四二年五月には、「健民運動の趣旨に沿」った講演会も開催している[102]。

四三年以降は、婦人矯風会上毛支部や群馬興国禁酒会・群馬県社会事業同志会との連携に基づく活動が行われている。四三年一月の運動方針では、大政翼賛会に対して教化方面に努力するよう進言すること、できれば県主催の大会開催をめざし、その情勢如何によっては新たに群馬県社会教化連盟（仮称）を結成することが検討されている[103]。そして、三月八日には、群馬県純潔同盟・群馬興国禁酒会・婦人矯風会上毛支部・廓清会群馬支部の代表者が知事を訪問し、知事が不在であったために警察部長に面会、公的会合における禁酒、乙種料理店整備問題について進言書を提出、長時間にわたり意見を開陳した。その後、県教学課・厚生課、翼賛会支部も訪問し、青少年不良化防止問題について懇談を行っている。[104]

このような活動のなかで、森川抱次が一一月、中央教化団体連合会より、教化功労者として選奨されており、こうした経緯からも群馬県純潔同盟と教化事業連合会との密接な関係がうかがわれる。[105]その後も四三年一一月には教化事業連合会・廓清会群馬支部・群馬興国禁酒会・婦人矯風会上毛支部との共催による銃後社会生活教化懇談会を開催し、「青少年不良化防止に関する件」「公的会合に於ける廃酒に関する件」「需給の明朗化に関する件」について問題提起し、四四年一月一九〜二五日にも、静岡県掛川町報徳社において文部省および中央教化団体連合会共同主催の教化団体幹部思想錬成会に参加している。[106]

おわりに

以上にみてきたように、群馬県純潔運動は国策協力の建前の一方で、太平洋戦争期に至るまで独自の立場からの国策批判を継続したといえる。その一貫した立場とは、男女平等の貞操道徳教育を基礎とする人格教育の必要性の主張、飲酒・公娼制度批判であった。

群馬県純潔同盟会員は農業・製糸業関係者が多く、中心人物はキリスト教徒をはじめとする社会事業家であった。彼らは日中戦争期には、軍需景気の下で学生や青少年工が享楽し、「不良化」していることに対して、工場などでの人格教育の重要性を主張した。享楽排除・風紀の統制という点では国民精神総動員運動と接点をもちつつも、「学生狩り」などの警察による強圧的取締り、カフェーやダンスホールを弾圧しながら他方では公娼制度を温存し続けることの矛盾、青年団教育の国家主義的偏重などを批判、男女平等の貞操道徳の重要性を主張したのである。

また、太田町をはじめ、工場地帯の性病蔓延を背景とし、一九三九年以降の花柳病予防法改正、国民優生法の制定に際しては賛意を表した。公娼制度や私娼への性病検査の義務付けは、性病予防上も、道徳上も有効ではないとして、国民一般を対象とした予防法の確立、性病患者の結婚禁止などを要求した。ただし、ここでも性病予防の根本策として最も重視したのは、医学的措置ではなく、「男子の貞操観念」の養成、公娼廃止、買淫の犯罪化であり、男女平等の貞操道徳の確立という従来からの主張だったのである。そして、その点において結婚生活の精神的側面を軽視しがちな人口問題研究所にも疑問を呈したのであり、国策批判の論理を内包していた。

群馬県純潔同盟は、連日にわたる県内各地での講演会活動を行った。講演先は、同同盟会員の小峰茂樹が会長を務める勢多郡連合女子青年団をはじめとする各地の処女会を中心とし、その他、裁縫女学校・キリスト教系女学校などであり、県の学務課の推薦などを経て行われることもあった。また、製糸工場の女工に対する講演も行われている。要するに、日中戦争以降も、純潔同盟の活動は以前同様、その理事や役員の性格上、女子青年団など社会教育の分野や、従来からキリスト教社会事業家と関係の深い製糸工場にその影響力をもっていたのであり、未成年女子に対する道徳教育を重視したのであった。一方、軍需工場などでの講演会活動はほとんど行われなかった。

太平洋戦争期になると、群馬県純潔同盟は経済統制の指導者への厳しい批判を展開した。多数の徴用工が流入した軍需工場地帯における職工の「不良化」が著しかったのみならず、ほかならぬ軍需工場や統制団体役員そのものによる闇取引の横行や経済犯罪の頻発を背景として、国策の禁欲的建前と実際のモラルダウンの間の著しい乖離を批判したのである。

具体的には、太平洋戦争勃発以降の日本主義の高揚を背景として、人口増加策のなかに一夫多妻主義的発想が潜んでいること、拙速な早婚奨励において結婚軽視や女性の人権軽視の風潮が存在することに対して批判を展開した。第二に、多数流入した徴用工の「不良化」に対して行われている警察的取締りと、「錬成」を主とした青少年工対策とは異なり、人格教育とりわけ、男女平等の貞操教育の重要性の提言を続けた。そして第三に、国民生活に緊縮を強いながら、配給統制・企業整備全般に存在する指導者の「不道徳性」「不平等性」を厳しく批判した。すなわち、企業整備がすすんでおり、カフェーや料理屋が急減しているにもかかわらず、人身売買に基づく旧来型の遊興である乙種料理店や周旋屋の転廃業が遅れていること、米不足にもかかわらず飲酒が禁止されずに、産業戦士への特配が行われていること、軍需工場や統制団体役員のからんだ闇取引や経済犯罪、享楽行為の頻発などに対する批判であった。

太平洋戦争期の群馬県純潔同盟は、従来からの県や警察に対する陳情・要請活動以外に、青少年工の教育問題や、公的会合で禁酒すべきことなどの件について、大政翼賛会への陳情・要請活動も行った。また、小泉たねが県内初の大政翼賛会婦人協力議員となったこと、青少年工対策における翼壮青年隊の機能への期待があったことなどから、大政翼賛会とのかかわりが皆無ではないことがうかがえる。さらに、四二年には青年学校を通じた講演活動が行われており、健民運動との連動もみられることなども、日中戦争期とは異なった特徴の一つとしてあげることができる。しかし、群馬県純潔同盟が密接な連携を維持したのは、四三・四四年に至っても依然旧来からの教化団体である教化事業連合会や社会事業協会などだったのであり、軍部や軍需工場・産業報国会との関係は一貫して希薄であったといえる。

以上のように、戦時地域社会の具体的な激変・荒廃状況のなかに、純潔運動の主張を位置づけてみるならば、そこには戦時社会とその指導層のモラルダウンに対する根強い批判が存在していたことが明らかである。そしてこの批判は、地域の女子青年団などの人々ともある程度共振していたことが推察されるのであり、敗戦後へどう継承されてゆくのかが、問われている。

註

（1）戦前の公娼制度廃止運動は、公娼制度廃止の可能性が高まると、一九三五年、公娼廃止後の性道徳向上を主たる目的とした国民純潔同盟を樹立し、純潔運動と名のった。

（2）北河賢三「戦時下の世相・風俗と文化」藤原彰・今井清一編『十五年戦争史2　日中戦争』青木書店、一九八八年。

（3）赤澤史郎「太平洋戦争期の青少年不良化問題」『立命館法学』第二〇一・二〇二号、一九八八年、東条由紀彦「労務動員」原朗編『日本の戦時経済』東京大学出版会、一九九五年など。

（4）西田美昭「戦時下の国民生活条件―戦時闇経済の性格をめぐって―」大石嘉一郎編『日本帝国主義史3　第二次世界大戦期』東京大学出版会、一九九四年など。

（5）東条・前掲「労務動員」、山崎志郎「太平洋戦争後半期の航空機関連工業増産政策」『福島大学商学論集』五九―二、一九九〇年一二月、大門正克・柳沢遊「戦時労働力動員の給源と動員」『土地制度史学』一五一号、一九九六年四月など。

（6）高岡裕之「大日本産業報国会と『勤労文化』」『年報日本現代史7　戦時下の宣伝と文化』現代史料出版、二〇〇一年。

（7）赤澤・前掲「太平洋戦争期の青少年不良化問題」。

（8）赤澤史郎「太平洋戦争下の社会」『十五年戦争史3　太平洋戦争』青木書店、一九八九年。

（9）藤目ゆき『性の歴史学』不二出版、一九九七年、藤野豊『性の国家管理』不二出版、二〇〇一年、田代美江子「十五年戦争期における廃娼運動と教育」松浦勉ほか編『差別と戦争』明石書店、一九九九年。

（10）この点に関しては、拙稿「帝国議会開設期の廃娼運動―群馬県を中心として―」『歴史学研究』六三七号、一九九二年一〇月を参照のこと。

（11）『群馬県史　通史編8　近代現代2　産業経済』一九八九年、五四～五七頁。一九四〇年における群馬県下の職工総数八万六九六三人中、機械器具部門の職工数は三万八六二六人を占めており、紡織部門職工数三万七〇一三人を超えていた。また、紡織部門職工数三万七〇一三人のうち、三万五六四人が女性であったのに対し、機械器具部門職工数三万八六二六人中三万六二六二人が男性であり、そのうち三万四八五九人が「其ノ他」の機械器具工業に分類されており、軍需工場における男性職工の急増がうかがえる（同上書、五五頁の表11を参照）。

（12）「軍需工場に吸収され繊維職工が払底」『上毛新聞』一九三八年三月一五日。

(13)「皮肉！　自粛に逆行　花柳街我世の春」同上、一九三九年三月一〇日。
(14)『昭和一四年中少年工犯罪統計』によれば、殷賑産業従事者の犯罪理由の第一位は「遊興の為に」であった（北河・前掲「戦時下の世相・風俗と文化」）。
(15)「ドスを呑む　紅灯街の不良狩り」『上毛新聞』一九四〇年一〇月二九日。
(16)「街の匪賊狩り」同上、一九三八年一〇月三一日。
(17)「新興都市の悩み　花柳病蔓延　太田町中心に撲滅対策」同上、一九三八年一〇月二〇日。
(18)『廓清』二三―三、一九三三年三月。
(19)『純潔』一九三九年七月。なお、一九三九年一月現在の会員数は五〇〇人、賛助員は六五人であった（同上、一九三九年一一月）。
(20)一八六九年（明治二）佐波郡名和村生まれ。八八年（明治二一）から名和村青年会での活動を通じて廃娼運動に参加し、以後禁酒・廃娼の青少年教育を重視した。九九年（明治三二）には救世軍に入隊し、一時期は社会主義へ傾倒した。廓清会群馬支部幹事長、孤児院にも携わり、名和村村長、県会議員もつとめた。家業は蚕糸業であり、一九二六年（昭和元）、製糸会社群馬社を設立した（森川抱次『敢闘七十五年』紫波館、一九四三年）。
(21)一八七六年（明治九）伊勢崎町生まれ。商人。一九一五年（大正四）、伊勢崎市助役。伊勢崎職業紹介所、方面委員制度などを導入。一九二六年廃娼連盟理事となった際キリスト教に入信。群馬県禁酒連盟理事長などもつとめた（戸谷清一郎「感謝を語る」一九四四年）。
(22)一八七二年（明治五）岐阜県生まれ。明治女学校を卒業し、群馬県多野郡小野村のキリスト教徒・製糸会社経営・県会議員の小泉信太郎と結婚。キリスト教婦人矯風会会員として活動し、婦人参政権運動に参加した。一九三〇年設立の藤岡幼稚園初代園長（『群馬県人名大事典』上毛新聞社、一九八二年）。
(23)「群馬県純潔同盟一〇年の回顧と前進」『純潔』一九四〇年四月。なお、『純潔』の発行部数は約一〇〇〇部であったという（森川・前掲『敢闘七十五年』）。
(24)「純潔運動と地方団体結成」『純潔』一九三九年一二月。
(25)同上、一号、一九三八年七月。

(26) 小峰茂樹「本同盟に対する希望」同上、一九三九年二月。
(27) 同上、一九三九年四月。
(28)『読売新聞』一九四〇年四月一九日。『純潔』一九四〇年六月に転載。
(29)『純潔』一九三九年九月。
(30) 同上、一九三九年二月。
(31) 森川抱次「男女青年に精神教育を徹底せしめよ」同上、一九三九年三月。
(32) 戸谷清一郎「何故の純潔運動乎」同上、一九三八年七月。
(33) 同「大機逸するなかれ　全国公娼廃止の断行」同上、一九三八年九月。
(34)『廓清』二八―一、一九三八年一月。
(35) 同上、二七―七、一九三七年七月。
(36) 同上、二八―四、一九三八年四月。
(37)『純潔』一九四一年四月。
(38)「安部先生の群馬講演随伴記」『廓清』二九―一二、一九三九年一二月。
(39) 同上、二七―一〇、一九三七年一〇月。
(40) 同上、二八―六、一九三八年六月。
(41)「群馬県徴兵検査の成績に就いて」『純潔』一九三九年九月。
(42) 藤野・前掲『性の国家管理』六三〜六四頁。花柳病予防に対しては、当初から、予防対象を娼婦に限定するのではなく、国民全体を対象とした性病予防策の樹立が必要であるとの批判が、性病予防協会・廃娼運動団体などから出されていた。こうした批判の論理をつきつめるならば、性病予防をその存在根拠としている公娼制度は存在理由を失うため、公娼廃止の是非も議論にのぼっていた（同上書）。なお、国際連盟などではすでに戦間期において、公娼制度が性病予防策としては時代遅れであるとの認識が常識化しており、各国で廃娼と国民一般を対象とした任意あるいは強制的な性病予防治療法の確立がすすんでいた。
(43) 前掲「群馬県徴兵検査の成績に就いて」。

(44) 武内兵衛「花柳病予防に対する一考察」『純潔』一九四〇年八月。
(45) 『純潔』一九四一年九月。
(46) 同上、一九四〇年八月。
(47) 同上、一九三九年一二月。
(48) 同上、一九三九年六月。
(49) 戸谷清一郎「人口問題と純潔」同上、一九三九年七月。
(50) 同「国策と結婚問題」『廓清』三一―一、一九四一年一月。
(51) 戸谷・前掲「人口問題と純潔」。
(52) 『上毛新聞』一九四二年三月二八日。
(53) 同上、一九四二年五月五日。
(54) 同上、一九四二年八月二六日。
(55) 同上、一九四二年一〇月二八日。
(56) 同上、一九四二年一〇月二九日。
(57) 同上、一九四三年五月一三日、九月四日。
(58) 同上、一九四三年九月一日。
(59) 同上、一九四三年一〇月一五日。
(60) 同上、一九四三年七月二一日。
(61) 同上、一九四二年二月一三日。
(62) 同上、一九四三年四月二日。
(63) 『群馬県警察史　第二巻』一九八一年、一〇〇八頁。
(64) 「昭和十七年十一月群馬県小売業整備要綱」『群馬県史　資料編24　近現代8　産業2』一九八六年、五九一頁。
(65) 『上毛新聞』一九四二年一一月二五日。
(66) 同上、一九四三年二月一一日。

(67) 同上、一九四三年二月二〇日。
(68) 同上、一九四三年五月二六日。
(69)『群馬県警察史　第二巻』一〇一〇頁。
(70)『群馬県史通史編8　近代現代2　産業・経済』六一八頁。高橋泰隆『中島飛行機の研究』日本経済評論社、一九八八年、一五四頁。
(71) 佐藤千登勢『軍需産業と女性労働―第二次世界大戦下の日米比較―』彩流社、二〇〇三年、一二一頁。
(72) 同上、一二三〜一二三頁。
(73) 前掲「太平洋戦争期の青少年不良化問題」。
(74)『上毛新聞』一九四二年二月五日。
(75) 同上、一九四二年五月二九日。
(76) 同上、一九四二年一月一八日、一九四三年八月二五日。
(77) 同上、一九四二年九月一〇日。
(78) 同上、一九四二年一〇月三一日。
(79) 同上、一九四二年三月二九日。
(80) 同上、一九四二年一〇月二九日。
(81) 同上、一九四二年九月二九日。
(82) 同上、一九四二年八月二五日。
(83) 佐藤・前掲『軍需産業と女性労働』一二二〜一二三頁。
(84)『上毛新聞』一九四三年四月八日。
(85) 同上、一九四三年五月六日。
(86) 同上、一九四三年五月一四日。
(87) 同上、一九四三年五月一九日。
(88) 同上、一九四三年八月一六日。

(89)「錬成と増産へ　工場の道場計画」同上、一九四三年九月一七日。なお、中島飛行機では、一九四三年八月時点で四万六〇〇〇人の徴用工中三八〇〇人が欠勤しており、九月には国民徴用令違反による検挙が行われた（高橋・前掲『中島飛行機の研究』）。
(90) 戸谷清一郎「純潔運動の使命愈々重し」『純潔』一九四一年一一月。
(91) 同「誤れる人口論を排す」同上、一九四二年一月。
(92) 同「結婚の簡素化と厳粛性」『廓清』三四―一、一九四四年一月。
(93) 同「青少年問題と健全家庭の建設」『純潔』一九四二年三月。
(94) 同上、一九四二年五月。
(95) 戸谷清一郎「『非常時禁酒令』は食料問題及体位問題解決の鍵」同上、一九三九年一〇月。
(96) 西田・前掲「戦時下の国民生活条件」三八五～三九三頁。
(97) 戸谷清一郎「明朗社会の建設」『廓清』三三―三、一九四三年三月。
(98) 同「憂ふべき闇の問題」同上、三三―六、一九四三年六月。
(99) 同「時局に相応せぬ二事象」同上、三三―七、一九四三年七月。
(100) 同上、三二―四、一九四二年四月。
(101) 同上、三二―五、一九四二年五月。
(102)『純潔』一九四二年五月。
(103)『廓清』三三―二、一九四三年二月。
(104) 同上、三三―四、一九四三年四月。
(105) 同上、三三―一二、一九四三年一二月。
(106) 同上、三四―四、一九四四年四月。

終章　近代日本社会と公娼制度

最後に、本書の一～三部の構成にそくし、⑴戦間期における公娼制度批判、⑵国際関係史からみた戦間期日本の公娼制度政策とその帰結、⑶戦時期公娼制度政策・公娼制度批判、という三点に関して本書のエッセンスを提示し、あわせて研究史的意義・第二次世界大戦後への展望について言及したい。

一　戦間期における公娼制度批判

1　一九二〇年代

第一次世界大戦後の戦後ブームによる空前の好況は、貸座敷などの遊興にかつてない繁栄をもたらし、従来はその身分とは不釣合いとされた娯楽や奢侈・遊興に興じる者が農村においても現れた。その結果、一九二〇年の戦後恐慌の影響で繭価などが急落すると、好況期に身についた享楽・消費のために生活破綻に陥る人々が問題となった。一方、一九二〇年代半ばになると、地方都市でも「文化生活」が出現するようになった。

こうしたなかで、戦間期における地方廃娼運動の拡大は、概ね次の三層の人々によって支えられていた。①地方都市のキリスト教会、②キリスト教婦人矯風会地方支部、③禁酒会・婦人会・青年会などの修養団体であり、これらの三層はこの時期、接点をもちつつも基本的には一つの方向にまとめられるものではなく、別々の性格をもっていた。①は第一次世界大戦後の享楽・消費の繁栄に対する道徳的批判との関係で公娼廃止を主張し、②は地方都市の新中間層・知識人の妻を中心とした女性たちであり、キリスト教や女子高等教育の影響で子供の健全な育成と合理的家事運営を使命とする母親意識、すなわちいわゆる「近代家族」的意識に基づき人身売買の公認制度を批判した。彼女たちの公娼廃止の主張が署名を獲得していった背景には、戦後ブーム・戦後恐慌のなかでの享楽・消費の身分をこえた進展とその後の生活破綻、破綻から「家」や農村を立て直すための勤倹貯蓄的修養活動の広範な展開や、それと関係をもちつつ展開されていた諸自由主義運動が存在していた。②の女性たちは、人々の勤倹貯蓄精神の実感に訴えかける形で支持を広げ、署名を獲得していったのである。

①や②の人々に働きかけられて形成された③の青年会の人々は、都会の青年への劣等感を除去し、農村青年のアイデンティティを確立することの必要性から、農村生活を文化的なものにする自主的努力と、享楽的な都市にはない農村生活の経済的・文化的優位性を見直すことを強調し、そうした立場から遊廓・公娼制度は「農村文化生活」にとってふさわしくない存在と認識することになった。農村女性は都会に背をむけて家族の精神的枢軸となるべきであり、生命にもかえがたい貞操を売買するなどという野蛮な制度は公許されてはならないというものであった。「無産階級の解放」によってのみ娼妓は解放されるといった意見も散見した。

一方、③の禁酒会・婦人会の人々の公娼制度への批判意識は、「家」のために忍耐を重ねて勤倹貯蓄・親孝行を実践してきたなかで培われた自負心を底流にもっていたという点で、都会的教養への強い志向性をもっていた青年団の志向とは若干異なっていたように思われる。勤倹貯蓄に矛盾し「家」の没落を招き、ひいては梅毒の蔓延などの点で国家的被害ももたらし、同時に、女性に大きな悲しみをもたらす女遊びや飲酒を、それがたとえ家長や夫の行為であるとしても批判する意識であり、公娼制度は女遊びを助長するものとして批判されたのである。ただしこの時期の勤倹貯蓄・親孝行のなかには、都市での文化生活の登場や教育熱・向都熱と関係しつつ、同時に官製運動とも接点をもちながら、文化的価値や家計簿を通じた計算観念、科学的合理的な家事・育児観をともなう母親役割の重要性への認識がはらまれていたのであり、そうした観念が自負心を支え、身分的秩序への批判意識を支えていたところに一九二〇年代の特徴がみられる。以上からわかるように、こうした意識は未だ明白な人身売買批判ではなかった。ただし人身売買批判の前提となりうる、「家」内部の身分的秩序への批判の芽生えではあったのである。

2　昭和恐慌期〜一九三〇年代前半

(1)　公娼制度廃止決議の特徴

この時期の公娼制度廃止問題は、①普選と婦選に代表される政治的大衆化、②カフェーにみられる大衆文化とモダニズムの進展、③昭和恐慌からの脱却を目的とした「家」秩序改変の動きなどと深く関連していた。

県議会では、①普選と婦選への既成政党の対応の過程で、公娼廃止建議案を提出する議員が登場し、一方で、②公娼の枠を外れ、モダンな私娼を使用した営業への転業を希望する業者、私娼を対象とした性病検査の要請などの出現のなかで、公娼制度廃止は決議された。注目されることは、公娼制度の廃止決議後も、廃娼運動の側はひき続き前借金契約の禁止を求め続けたものの、その後の売春政策ではむしろ私娼を使用した営業の黙認を強く要望する業者の意向が強く反映されたことである。また、女給らに対する性病検査の義務付けにみられるように、売春しているとみなされた女性への強制的性病検査に固執する売春政策であった。

(2) 公娼制度批判の特徴

一九三〇年代の長野県における日本キリスト教婦人矯風会支部は、公娼廃止とともに、「エログロナンセンス」への対抗を目的として、性教育の普及やカフェーの営業制限を重視する一方、昭和恐慌と農村の凶作を背景とした身売り問題の深刻化に対して婦人ホームの設立などをめざした。その性教育は、夫婦の愛情に基づく生殖の神聖さと、母性を根拠とした、女子がもつべき自尊心を子供たちに教育しようとするものだった。

他方では農家経営破綻の危機に対する、農村経済更生運動をはじめとする官製運動が展開し、そのなかでは農家経営の維持のための女性の役割が重視された。こうした状況下で、矯風会とも官製運動とも同一でない底流をもつ、禁酒会・青年会・女子青年団・婦人会などからの公娼廃止請願署名が、一九二〇年代より多数寄せられた。これらの諸団体の公娼制度批判の底流は次のようなものであった。

青年団の人々は、「エログロナンセンス」や都会の華やかさを、「資本主義の矛盾」として批判しながらも、それに惹かれてしまう自己矛盾を抱えていた。青年団の主な担い手は、都会の魅力を断ち切って農村自力更生へ向かうためにも、ともに勤倹貯蓄・質実剛健に働いてくれる「新しい」農村女性の出現と「新しい」結婚のあり方を強く希求した。その延長線上に農村更生や質実剛健な結婚と矛盾する公娼制度に対しての批判があったと考えられる。そこでは、「恋愛」に対する憧憬もみられたが、「恋愛」と「エログロ」を同様にとらえて排斥しようとする傾向もみられ、なによりも、恐慌下では「恋愛」などをしている余裕はないといった意識に貫かれていた。ある青年団員の言葉を借りれば、「恋愛結婚」ではなく、「合理的見合い結婚」こそが農村に必要とされているのであった。そこでは、なによりも共に質実剛健に働いてくれる女性、合理的精神をもちあわせている女性への強い希求があり、女子青年団への強い呼びかけが行われた。一方、女子青年団においても、官製運動に従うだけでない、自主的生活改善運動への取り組みがみられ、冠婚葬祭における冗費の節減などが独自にめざされていた。

昭和恐慌下から一九三〇年代前半には、長野県内では禁酒会活動が飛躍的に進展し、公娼廃止請願署名はその禁酒会のものが最も多かった。この時期の禁酒会活動の明確な特徴の一つは、女性を飲酒の最大の犠牲者であると同時に、禁酒を実現するための最重要なキーパーソンとしてもとらえ、とくに女子青年の運動への参加を強く促したという点である。その結果、女子青年団主体の禁酒会の設立、禁酒結婚や、飲酒者・放蕩者との結婚を拒否する拒婚同盟などの実践が生まれた。同時に、一九三四年にひときわ注目を浴びた東北農村における身売りの問題は、飲酒などの放蕩に起因する場合が多いといった論理が主張され、身売り防止と禁酒の重要性が同時に唱えられた。禁酒結婚・拒婚同盟は、勤倹貯蓄の民衆倫理の延長線上に位置付くと同時に、男としての既得権であった飲酒・「女郎買い」などの放蕩を拒否するという点で、「家」の身分的秩序の改変をめざす実践的な行動であった。つまり「家」を破綻から守ると同時に、「家」を支える重要な担い手としての女性の苦難を軽減させ、彼女たちを身売りから救うための実践的行為であった。この時期には、農家の娘の身売りに対する反対や、公娼制度の廃止を要求事項にかかげる農民組合婦人部も登場したのである。

このように、昭和恐慌による経済状態の悪化の下で、恐慌からの脱出を求めて「家」のあり方を打開しようとする動きが各方面からめざされた。都会の享楽を排して一家総働きすることが求められていたのであり、そのなかで女性の役割がとくに重視されたのである。こうした状況のなかで、男の放蕩と女性の身売りを国家公認しているに等しい公娼制度に対する廃止請願署名が増加したのであった。また、こうした意識は、母性の重要性を論拠とした日本キリスト教婦人矯風会の公娼制度批判とは必ずしも同様ではなかった。つまり、青年会・女子青年団・禁酒会などでは労働力・農村振興の重要な立役者としての女性の重要性が論拠となっていたからである。

ところで、本書で明らかにした、公娼制度批判の底流、つまり「家」維持のための勤倹貯蓄的実践に基づく自負心を底流として芽生えた身分的秩序への批判意識は、近代日本において繰り返し展開された、民力涵養運動・公私経済緊縮運動・農村経済更生運動などの官製運動と常に密接な関係をもって展開されながらも、異なっていたことにあらためて注意を喚起したい(1)。官製運動にうたわれている勤倹貯蓄を正面から受け止め、それをまじめに実践するなら、たとえ家長の行為であれ放蕩が勤倹貯蓄に背反することは明らかであり、しかもそうした飲酒・遊郭での放蕩を国家公認している公娼制度は大きな矛盾であった。公娼制度批判はそうした矛盾をついて展開されたのである。しかし、近年の国民国家論はもちろんのこと、従来の女性史研究でもこうした逆説的動き、つまり「家」の秩序や官製運動に一見よりそいながらも、異なった要求をつきつけている運動にみられる主体形成のありように対してはあまり関心が払われてこなかったように思われる。けれども、高度経済成長以前の女性の大半はむしろ「家」に包摂されていたことを考えるならば、「家」を支える日常的努力の積み重ねの延長線上に、「家」の秩序への批判が生れてくるという主体形成のありように、もっと注意を向ける必要があるのではないだろうか。本書が注目したのはこの点であった。その人々の身売りや性の商品化に対する批判意識が、キリスト教的な「近代家族」意識などからも影響をうけながら、戦後改革・高度経済成長期にどのように発展・変貌をとげていくのかをみることが、近現代日本における身売りや性の商品化に反対する意識の発達史を社会の深みから考察するうえで重要なのではないかと思われる。さらにいうと、「家」の維持やそこでの女性労働の重要性が失われてゆき、一方で消費社会化がすすむ高度成長後、身売りや性の商品化に対する民衆的批判意識の立脚点とはどうありえたのかが問題となる。そのことを検証していく過程で、現代における「売春=労働」論の歴史的位置と陥穽も浮き彫りとなってこよう。

二　国際関係史からみた戦間期日本の公娼制度政策の特徴とその帰結

戦間期日本の公娼制度政策を国際関係史的方法で考察した結果、得られた知見は、まず第一に、この時期の婦女売買禁止の国際的潮流が、日本の公娼制度廃止問題に大きな影響をもたらし、日本の内務省が公娼廃止方針を確立する決定打となったということである。

当初、内務省と外務省では見解が分かれていたが、日本は「帝国」の体裁という側面から、国際連盟という場を通じて、国際的趨勢に歩調をあわせようとした。しかしその際、日本が行ったのは、公娼制度が廃止された欧米植民地から日本人売春婦を一斉に帰国させることで体面の向上をはかり、他方で、公娼制度を保持していたフランスの手法に学びつつ、同時に廃娼国の売春政策の不備をつくなどの方法で、日本の公娼制度と国際条約との間の矛盾を隠蔽し、公娼制度を廃止せずに国際条約を批准するという道の選択であった。しかし、国際連盟東洋婦女売買調査団による調査後の提言により、日本は「帝国」の体裁保持のためにも公娼廃止の道を選択せざるをえなくなったのである。

そして第二に重要なことは、東アジアにおける日本の勢力圏都市での国際的婦女売買問題の特異性が、日本の内務省が公娼制度廃止方針をいったん樹立することになる決定打となったということである。一九三一年に来訪した国際連盟東洋婦女売買調査団の来訪によって、日本の勢力圏都市における国際的婦女売買の固有の事情が明確に浮かびあがった。一九一〇～二〇年代にかけて、フランスを除く東南アジアの欧米植民地で公娼制度が廃止されたことにともない、日本政府は日本人売春婦を本国に帰国させた。しかし、こうした動向とは逆に、日露戦争後の東アジアにおける日本の植民地・勢力圏下の諸都市では、内地や他の諸都市から売られてきた日本人・朝鮮人・中国人女性たちが急増し、むしろ公娼制度ないしは公娼制度に準ずる制度が整備された。しかも一見同じように公娼制度を保持しているフランスなどとも異なり、日本では、多くの場合親が受け取る多額の前借金に基づく女性の人身売買と、芸娼妓酌婦周旋業が国家公認されていたのであり、人身売買の慣行が本国だけでなく、国境を越えて合法的に、とりわけその植民地と勢力圏下の諸都市で広く行われていたということである。これは、国際連盟の婦女売買問題諮問委員会の基準でいえば、国際的婦女売買が国家公認されているのに等しいということが、東洋婦女売買調査団と日本政府（朝鮮総督府・関東庁・内務省など）とのやりとりのなかで明らかにされていったのである。

そのやりとりのなかで、調査団はとくに、①前借金契約と②芸娼妓酌婦周旋業について問題にした。前借金契約は当事者の女性自身の「自由意志」に基づくものだとする日本政府に対し、調査団は親による強制なのであり、違法化すべきだと主張した。また、道徳的人物にのみ芸娼妓酌婦周旋業を許可しているとした日本政府に対して、調査団はこの種の職業自体が不道徳ではないのかと反論したのである。

このようにみてくると、この時期の日本の公娼制度政策の歴史的特徴は、「家」を背景とした人身売買業の幅広い存在とその国家公認といった制度をもちながら、アジアのなかで唯一植民地保有国となり、かつ満鉄周辺の中国諸都市を勢力圏下においたという日本の国際的位置と、それゆえの日本人居留民社会の特徴を如実に反映したものだということがわかる。つまり、日本は植民地や勢力圏都市において、婦女売買という点ではとうてい宗主国の体面を保てないジレンマにあり、そのことをなんとか表面的にではあれ「改善」しようとする営みが、内地の公娼制度政策にインパクトを与え、まがりなりにも公娼制度廃止方針の樹立へと内務省が舵を切った大きな原因となったということである。

日本政府は東洋婦女売買調査団が暫定的に日本政府に示した調査報告書に対して、強い反論を展開した。日本が反論し、その結果削除された調査報告書の内容は、①前借金、②芸妓の実態に関する部分であった。つまり、①前借金契約は実際には娼妓本人ではなく、その親と貸座敷主との間の契約であるという記述が削除された。また、②養母—養女関係という家族的関係性を利用して、置屋が芸妓に売春を強いることがあるという記述も削除された。なぜ日本側の反論が受け入れられて削除されたのかはわからないが、日本政府は、家族的関係性の下で人身売買が行われているという、日本の事情が報告書に掲載されるのを阻止することに成功したのであった。

そのうえで選択された公娼廃止方針は、本文でみたように、人身売買禁止、すなわち前借金契約や芸娼妓酌婦周旋を違法化せず、あくまでも「看板の架け替え」にとどまるものであった。しかも、娼妓にとどまらず、他の接客業の従業女性に対しても場所を限定した集娼政策をとり、かつ性病検査を強制するという、接客業女性のみに風紀・衛生上の責任を負わせて管理するというものであった。多くの国が、周旋業を禁止し、集娼制度と娼婦への強制的性病検査を放棄しつつあったなかでは、日本のこのような対応はかなり特徴的であった(2)。

以上にみてきたように、公娼制度廃止方針の内容に関しては、戦間期の達成度はきわめて低いものであったといわざるをえない。このことはたとえば、同時期の労農問題に関して、労資の権利義務関係を規定した内務省社会局の労働組合法案が作成され、戦間期には制定されなかったものの戦後改革期に即座に実現することなどと比較すると歴然としている。しかし、一九三五年時点で内務省がまがりなりにも国家公認をやめようとしたことは重要であった。序章でみたように、国家公認が前借金の合法性を担保していたとするなら、国家公認の廃止は前借金契約の違法化へと道を開くかもしれなかったからである。それゆえ、一九三五年には、貸座敷業者の公娼廃止反対運動が帝国議会に対して猛烈になされたのである(3)。

本文でも随所で述べたように、ヨーロッパにおける婦女売買禁止のための国際的運動のなかには、「良家の子女」

の処女性の保護を目的とした潮流も存在していたことが指摘されている。無垢な処女が騙されて売買されるといった、実態とは必ずしも合致しないイメージが強調されたこと、同時に、婦女売買の担い手としてユダヤ人が強調され、反ユダヤ主義の風潮とも関連したことが指摘されている。東南アジアにおける欧米植民地における公娼廃止もこうしたイメージの影響下で行われたのであり、しかもその主目的は宗主国の体面の向上や、娼婦を遠ざけることによって軍人の性病を予防することであったと指摘されている。つまり、今日的視点からみた場合の、娼婦の人権や保護を目的としていたわけではなかった。しかし、いずれにせよ、宗主国の体面向上や軍隊の性病予防などのいかなる理由においてすら、芸娼妓周旋業・前借金の禁止、ひいては公娼制度の廃止や植民地からの日本人女性の本国帰国などを行わず、集娼制度と娼婦への強制的性病検査に強く固執し続けた日本の対応が、上記の廃娼国の対応と大きく異なっていたことは明らかである。

このように、近代日本の公娼制度政策は、家族的関係に基づく人身売買という点、性病予防という点においても必ずしも欧米のそれと同一視できないのであり、そのことは、なぜほかならぬ日本軍が日中戦争以降、その占領地一帯に、稀にみる大きな規模で「慰安所」を設置することになるのか、その歴史的前提とは何か、という問いへも回答の一端を示唆するものではないかと思われる。この問題についてはもちろん、戦場における日本軍のあり方に着目することが重要だが、それだけでなく、日中戦争以前にまで遡って、近代日本社会のあり方そのもの、なかでも公娼制度との関係を考えることが重要との指摘が近年相次いでいる(4)。ヨーロッパ廃娼国とは異なって、芸娼妓酌婦周旋業と前借金の合法性が保たれたことが、日本内地と植民地・勢力圏で婦女売買や女性の徴集を公然と行うことのできた背景としてあったこと、かつまた、娼婦の排除ではなく、娼婦の強制的性病検査への強い固執が存在したことなどについて、今後検討してみる必要があると考える。

三　戦時期公娼制度政策・公娼制度批判

1　公娼制度政策から「性的慰安施設」へ

戦時体制下の日本社会においても、公娼制度、そしていわゆる「性的慰安」は、なくしてしまうわけにはいかない存在として内務省からみなされており、存続し続けた。日中戦争期の買春関連諸営業は、多くの職工の「不良化」問題などの一因とされながらも、「産業戦士」に人気の娯楽として空前の繁栄を誇っていたからである。企業整備の過程では、他業種同様縮小させられたものの、決して消滅させられることはなく、常に一定数の確保がめざされていた。しかも、物資不足の顕著となった敗戦間近には、性的慰安の簡素化・平準化をめざして、公娼制度を含む買春関連諸営業は、多くが廃業・転業に追いこまれながらも、「慰安施設」として再編・持続させられたのである。しかし、現実には平準化は成功せず、軍需関連高額所得者たちによる、闇物資と慰安婦の独占に陥ったのであり、そのことの背景としては、統制経済の破綻と、それにともなう社会秩序の崩壊現象、そしてそうしたほころびをとりつくろうために精神主義的錬成に走ったという、日本の戦時体制固有の問題が存在していた。このことは、近年研究が進展している戦地での日本軍の「慰安婦」政策との共通点を想起させる。「慰安婦」研究では、圧倒的な軍備の劣位、物量の不足を精神主義や人命軽視で補おうとした日本軍の傾向が、兵士を精神的に追いこみ、そのことが戦時性暴力の多発や慰安婦への強い需用を招いたのではないかと指摘されている。

他方、「花柳界」の女性の側から戦時体制をみるならば、そこには、「産業戦士」化にともなう稼業からの「解放」

という方向と、性的慰安施設での「慰安婦」へといった、二方向の変化がもたらされたのである。しかし、総動員下でも、前借金は禁止されずに残存して、彼女たちを拘束し続けた。

戦時体制を現代化の基点として、平準化・国民化の過程としてとらえ、そういった点における戦時・戦後の連続を主張する総動員体制論(5)は、したがって、本書の実証からみた場合は一面的といわざるをえない。総動員体制下においても花柳界の平準化は達成されず、女性たちは前借金に拘束され続けたからである。

2　戦時期公娼制度批判の歴史的位置

一方、戦時においても純潔運動(廃娼運動)は、国策と一体化したわけではなかった。国策の禁欲的建前を正面から受け止めつつ、しかし実際には、禁欲とは裏腹に、産業戦士が「不良化」し、花柳界やカフェー・私娼街が空前の繁栄を示しており、それを軍や工場関係者が享受していることに対して、強い批判を展開し続けた。従来からの主張である、男女平等の貞操道徳の重視といった立場からの、純潔教育を主張し続けたのである。そして、各地の女子青年団・女学校・製糸工場などでの講演活動を継続した。しかも、太平洋戦争下においてその主張は、配給政策や、企業整備そのものへの批判へと発展していった。すなわち、一般庶民には物資が不足しているのに、軍需関連の一部の人々には実は物資が潤沢にあること、ほとんどの業種が企業整備で縮小させられていくなかで、買春関連諸営業が存続していることを強く批判し続けた。戦時において、国策の建前と純潔運動の矛盾がきわまったともいえる状況の下での批判であった。そして、群馬県純潔運動のこうした批判は、工場労働者や女子青年団などを相手に、戦時下でも頻繁に展開されたのであった。

また、純潔運動は、人口政策や優生思想との関係という点でも、必ずしも国策と一致していたわけではなかった。

花柳病予防などの観点から、国民優生法に支持を表明しながらも、その主眼は、「優生手術」による「種の淘汰」にあるのではなく、人格の尊重に基づく結婚を基礎とする家族の確立にあった。そのことは、人口政策・早婚奨励批判に明確に現れた。人口増加よりも「人の質」が重要であるとの主張は、相互の人格と貞操の尊重に基づく結婚においてはじめて「人の質」が向上するという意味であった。そのような意味での優生思想との接点だったのである(6)。

このように、戦時においても一貫して公娼制度は廃止されることがなかった。一方で、公娼制度批判のかたちも、戦前・戦時の連続性が注目される。戦時の諸官製運動で宣伝される勤倹貯蓄や純潔精神を正面から受け止め真面目に実践しようとするならば、物資不足のなかでの公娼制度や性的慰安施設の持続や整備と、それらを独占して利用している軍部や軍需工場関係者の遊興はひときわ大きな矛盾なのであり、その矛盾を強く指摘するという批判のかたちが持続したのである。

四　戦後への展望

最後に、不十分ながら戦後への展望を示しておきたい。

近年、占領経験をジェンダーの視点で読み解く目的の研究が活況を呈しつつあり、占領期の性病対策や性暴力・売買春に関する研究、RAAや赤線に関する研究がすすんでいる(7)。一方で、占領期の女性運動に対する評価は、近年大きく変わった。たとえば、GHQの行ったいわゆる「パンパン」の「刈り込み」などに対して、戦後の女性運動家たちが反対しなかったばかりか、同調したのだと批判されている。また、序章でも述べたように、売春防止法に対する評価も一変した。本書は、現時点からみた場合、売春防止法とその運用に問題点があることを認めつつも、この法律の制定まで前借金契約・売春の周旋・場所の提供・第三者による搾取などの違法が明記されなかったことを考えるならば、同法の制定がなぜ一九五六年だったのかを明らかにする必要があると思われる。また、何が売春防止法の質を規定したのか、同法の制定過程における議論をもう一度整理する必要があるように思う。その際、占領と独立、「戦後民主主義」の定着といった問題とともに、戦後についても、本書が行ったような国際関係史的手法を用いて、婦女売買禁止に関する戦後の国際的取組み(8)と日本の売春防止法との関係を論ずる必要もあるのではないか。

同時にまた、戦後に関しても、売買春の民衆生活への影響をふまえ、身売りや風俗営業に関する民衆的な批判意識がどのように存在していたのかに注意を払う必要があると思われる。そしてその際、民衆の戦時・敗戦後体験からみた売買春問題の位置を検証する必要があると思われる。戦時についての本書の分析にみられるように、敗戦間際の時期には、戦場における「慰安婦」問題の展開のみならず、「銃後」においても軍部や軍需関連の成金による性的慰安の独占とモラルの崩壊が幅広くみられ、戦時国策の道徳的建前と大きく矛盾する実態との間の落差に対して民衆の不満が深く沈殿していた。こうした戦時体験をもつ人々が、敗戦直後の復員や引揚げによる社会の不安定化と一層のモラルの崩壊、占領軍や旧日本軍人・闇取引の受益者たちによる性暴力の蔓延、「戦争未亡人」の苦難などのなかで、どのような未来を志向したのかが問われなければならない。

なお、その際、近年活況を呈しつつある戦後民衆史・民衆思想史研究の研究成果をふまえつつ立論することが重要と思われる。戦後の青年団運動研究では、戦時体験と敗戦直後の地域社会状況のなかでの人々の心情やその関係性を検証しており、たとえば、敗戦直後の女子青年団や婦人会活動の一つに純潔運動があったことが指摘されている(9)。こうした動向は、彼らのどのような戦時・敗戦後体験と関係があり、また、売春防止法の制定という時代状況とどのような位置関係にあるのだろうか。占領期は一部の女性だけでなく、大半の女性にとって性的危険がつきまとった時代であった。このようにみてくると、一見GHQの売春政策や官製の純潔運動に同調しているようにみえる女性たちも、実は苦難にみちた経験から導き出した独自の方向性を志向していたことが浮かびあがってくるのではないだろうか。

註

（1）第一次世界大戦以前には、公娼制度批判は地方改良運動とも関連していた。たとえば、群馬県廃娼運動の担い手の一人であった森川抱次は、その後地方改良運動とも関連をもちつつ、基本的には異なった思想のもとで、禁酒・廃娼を盛り込んだ青少年教育を行っている（森川抱次『敢闘七十五年』紫波館、一九四三年『買売春問題資料集成〔戦前編〕』第六巻、不二出版、一九九七年）。

（2）フランスにおける売春の「自由化」については二三三頁の註（6）で言及したが、ドイツにおいても、ワイマール期に性病撲滅法によって売春婦管理は風紀警察による取締りから保健局による健康管理へと変化し、売春の「自由化」が実現した（原田一美「ドイツにおける廃娼運動」『産研叢書16』大阪産業大学産業研究所、二〇〇〇年）。なお、総じてヨーロッパの廃娼運動は、風紀警察による娼婦の強制的な性病検査に対する反対に力点があった。これに対し、日本の廃娼運動は、家族的関係の下での人身売買に対する批判に力点があったように思われる。

（3）「昭和一〇年二月　全国貸座敷連合会臨時大会記録」『買売春問題資料集成〔戦前編〕』第八巻、不二出版、一九九七年。

（4）「小特集『従軍慰安婦』問題」『歴史学研究』八四九号、二〇〇九年一月などを参照のこと。

（5）たとえば山之内靖他編『総力戦と現代化』柏書房、一九九五年。なお、ナチズム下のドイツでは、一部で強制売春が行われた一方で、売春婦は「反社会的分子」として断種手術を強制された（原田一美「ナチズムと売春」『産研叢書8』大阪産業大学産業研究所、一九九八年）。

（6）優生思想との接点については、その他の人物についても丹念に検証する必要がある。近年の研究では、たとえば安部磯雄の優生思想について、必ずしも国策と一致していなかった側面が指摘されている（林葉子「廃娼論と産児制限論の融合―安部磯雄の優生思想について―」『女性学』一三号、二〇〇六年などを参照のこと）。

（7）恵泉女学園大学平和文化研究所編『占領と性―政策・実体・表象―』インパクト出版、二〇〇七年など。

（8）一九四九年に、国際連合で「人身売買及び他人の売春からの搾取の禁止に関する条約」（Convention for the Suppression of the Traffic in Persons and of the Exploitation of the Prostitution of Others）が制定されている。

（9）大串潤児「『逆コース』初期の村政と民主主義―長野県下伊那郡松尾村の分析―」同時代史学会編『占領とデモクラシーの同時代史』日本経済評論社、二〇〇四年。

あとがき

近現代日本女性史、特に公娼制度や身売り・売買春にかかわる研究をはじめて志したのは一九八〇年代の半ば、大学三年の頃だった。学部と大学院時代を過ごした津田塾大学では、八〇年代半ばにもウーマンリブの流れを汲むと思われる女性問題研究会が存在していた。また、「アジアのなかの日本」を考える学生主体の授業やサークルも存在し、そのなかで女性問題を考えるきっかけを与えられた。「アジアの女たちの会」の講演なども時々聞きにゆき、特に戦後の日本人男性のアジアへの買春ツアーについて問題意識を掻きたてられた。ちょうど「男女雇用機会均等法」の制定間際だったとはいえ、経済大国といわれた日本における女性の「自立度」の低さと、他方での戦前・戦中・戦後を通じた日本人男性のアジア人女性に対する性的侵害との連関について考えさせられた。こうした経緯が本書のような研究テーマを選ぶ主なきっかけとなった。

津田塾大学時代には林哲先生、百瀬宏先生、高崎宗司先生をはじめとする先生方にお世話になった。林哲先生からは、自分自身にとって抜きさしならない問題から研究テーマと学問方法を選択することの妥当性を教えていただき、研究者としての第一歩を踏み出す勇気をいただいた。また、同先生、百瀬先生、それから津田塾大学大学院でともに過ごした今泉裕美子、小林知子、長谷川直子の諸氏との交流からは、国際関係について触発を受けた。本書の第二部の構想は、そうした交流の成果に負うところが大きい。

自分の問題意識を歴史研究として発展させていくにあたってはさらに多くの方々のお世話になった。

一橋大学の田崎宣義先生の大学院のゼミでは、同先生とゼミ生の方々（大岡聡、湯川郁子、李ヒョンナン、加藤千香子、大串潤児、八田恵子の諸氏）から、史料の扱い方、歴史の論文としての論理展開のしかた、社会運動史研究の方法などについて多くを教えていただいた。本書の第一部の構想は、主として同ゼミで学んでいた頃に構想したものである。早稲田大学大学院の鹿野政直先生の授業に一時期参加させていただいたことも得がたい経験であった。同先生の女性史に関する一連の著作は、私が最も敬愛する著作となった。先生のお仕事からは、「女性史」としての問題関心の重要性を教えていただいた。東京大学社会科学研究所の大沢真理さんのゼミでは、クリスティーヌ・デルフィ、ジョーン・スコットなどの著作を読むことを通じて、フェミニズムや労働とジェンダーについて学んだ。『ジェンダーと歴史学』（平凡社、一九九二年）を訳された荻野美穂さん自身のお仕事や、沢山美果子さんらのお仕事からは、一九八〇年代末以降の新たな女性史・ジェンダー史研究の意義と、そのなかでの自分の研究の立ち位置を考えさせられた。

歴史学研究会関係の活動では、研究スタイルの異なった様々な研究者との交流のなかで、歴史学界の動向について視野を広げることができた。大門正克、安田浩、安田常雄、牧原憲夫、黒川みどり、粟屋利江、沼尻晃伸、源川真希、阿部安成、戸邉秀明などの方々に感謝申し上げたい。また、北河賢三、赤澤史朗、高岡裕之の諸氏が主催、参加されている現代日本思想史研究会では、戦時社会研究と民衆思想史研究の方法について学び、本書の第三部の着想を得ることができた。同研究会でもたびたびご一緒する倉敷伸子さんからは、本書の序章などについてきめ細かなアドバイスをいただいた。なお、常に誠実なアドバイスをくれるつれあいの柳沢遊にも感謝したい。

専任のスタッフとしての初めての職場であった琉球大学法文学部では、すばらしい研究環境の下で、戦後沖縄女性史にとって風俗営業とは何であったのかという、次なる大きな研究課題をすすめるきっかけを与えていただいた。高良倉吉先生、宮城晴美さん、沖縄市の市史編集担当の方々に感謝を申し上げたい。二〇〇六年から勤めている立教大学文学部史学科でも、荒野泰典、蔵持重裕両先生をはじめとする同僚から多くの刺激をいただいている。

本書は、以上のような研究経歴のなかで発表してきた論文に新稿を加えて一書としたものであるが、ここで各論文の初出を記しておきたい。

序　章　書下ろし

第一部　公娼制度批判の展開

第一章「第一次世界大戦後における廃娼運動の拡大――日本キリスト教婦人矯風会の活動を中心として」（『国際関係学研究』二六、津田塾大学、一九九九年三月）

第二章「大正デモクラシー期の廃娼運動の論理――長野県を中心として」（『歴史学研究』六六八、一九九五年二月）

第三章「一九三〇年代の廃娼運動――公娼廃止から性教育へ」（『史学雑誌』一〇六―七、一九九七年七月）を大幅に加筆・修正

第二部　公娼制度をめぐる国際関係

第一章　書下ろし

第二章「国際連盟における婦人及び児童売買禁止問題と日本の売春問題」（『総合研究』三、津田塾大学国際関係研究所、一九九五年一〇月）

第三章「『国際的婦女売買』論争（一九三一年）の衝撃――日本政府の公娼制度擁護論破綻の国際的契機」（『国際関係学研究』二四、津田塾大学、一九九八年三月）

第四章　書下ろし

第三部　戦時体制下の「花柳界」と純潔運動

第一章　「戦時体制下の『花柳界』――企業整備から『慰安所』へ」（『日本史研究』五三六、二〇〇七年四月）
第二章　「軍需工場地帯における純潔運動」（原朗・山崎志郎編『戦時日本の経済再編成』日本経済評論社、二〇〇六年）
終　章　書下ろし

最後に、本書の出版を薦め、作業の遅い私を辛抱強く待ってくださった吉川弘文館の岡庭由佳さんと、製作の労を担ってくださった編集工房トモリーオの高橋朋彦氏にもお礼を申し上げたい。

なお、本書の校正作業中、母が心筋梗塞で急逝した。一九三二年生れの母は戦争末期に父と姉を失い、敗戦直後の混乱期に、「未亡人」の家庭の長女として兄弟の勉学を支えるため、貧しく困難な青春時代を送った。そのためか、非常に倹約家かつ心配性で子ども思いの専業主婦だった母の人柄は、私の女性史研究の原点でもある。私に様々なことを考えさせてくれ、結果的に研究者への道を選びとるきっかけを与えてくれた母の人生に敬愛の意を表し、その霊前に本書を捧げたい。

二〇一〇年三月

小野沢あかね

著者略歴

一九六三年　東京都に生まれる

一九九三年　津田塾大学大学院国際関係研究科博士課程単位取得退学

現在　立教大学文学部史学科教授

〔主要論文〕

米軍統治下Aサインバーの変遷に関する一考察—女性従業員の待遇を中心として（『琉球大学法文学部紀要　日本東洋文化論集』一一）

戦後沖縄におけるAサインバー・ホステスのライフ・ヒストリー（同上、一二）

近代日本社会と公娼制度

民衆史と国際関係史の視点から

二〇一〇年（平成二十二）五月十日　第一刷発行

二〇二〇年（令和　二　）五月十日　第二刷発行

著　者　小野沢《おのざわ》あかね

発行者　吉川道郎

発行所　株式会社　吉川弘文館

郵便番号一一三—〇〇三三

東京都文京区本郷七丁目二番八号

電話〇三—三八一三—九一五一〈代〉

振替口座〇〇一〇〇—五—二四四番

http://www.yoshikawa-k.co.jp/

印刷＝株式会社　理想社

製本＝株式会社　ブックアート

装幀＝山崎　登

ISBN978-4-642-03793-8